中國古文書學綜論

黃正建／著

中西書局

图书在版编目(CIP)数据

中国古文书学综论 / 黄正建著. —上海：中西书
局，2024. -- ISBN 978-7-5475-2281-3

Ⅰ. K877-53

中国国家版本馆 CIP 数据核字第 2024ZN3899 号

中国古文书学综论

黄正建 著

责任编辑	吴志宏	
装帧设计	梁业礼	
责任印制	朱人杰	
出版发行	上海世纪出版集团	
	®中西书局（www.zxpress.com.cn）	
地　址	上海市闵行区号景路 159 弄 B 座（邮政编码：201101）	
印　刷	上海万卷印刷股份有限公司	
开　本	700 毫米×1000 毫米　1/16	
印　张	20.25	
字　数	312 000	
版　次	2024 年 8 月第 1 版　2024 年 8 月第 1 次印刷	
书　号	ISBN 978-7-5475-2281-3/K・467	
定　价	98.00 元	

本书如有质量问题，请与承印厂联系。电话：021-66012351

目　　录

下 编

前　言

2010年春天，所里几个年轻同仁找到我，说想联合所里研究各断代文书的学者办一个"文书研读班"（后改名为"古文书研究班"），想请我当"班长"。我听后十分赞同他们的建议，很爽快地答应了。爽快答应的原因是因为我很早就发现日本"古文书学"很发达，而中国却没有自己的"古文书学"。于是我跟他们说：要办就往大了办，定一个大目标，即创建中国自己的古文书学。随后我在5月份去日本参加第55届国际东方学者会议，借机实地了解了他们古文书学研究和普及的状况，回国后又在国家图书馆借了几本日本古文书学的入门书籍研读学习，遂于2010年6月22日下午1点半，在"古文书研究班"的开班会上致开班辞，介绍了西方和日本古文书学的历史，以及建立中国古文书学的设想，正式拉开了创建中国自己的古文书学的序幕。此后，我与"古文书研究班"的同仁（徐义华、邬文玲、陈丽萍、张国旺、阿风诸先生）共同努力，推动中国古文书学的建立和发展，到2014年申请到国家社科基金重大项目"中国古文书学研究"，2021年3月结项，标志着创建和发展中国古文书学有了阶段性成果。

2010年以后的10年中，我们从无到有，致力于建立"中国古文书学"。在这一过程中，我不断思考有关古文书学的理论、以往与古文书研究相关的历史、古文书学与古文献学档案学历史文书学的关系、与敦煌学吐鲁番学的关系，以及如何进行古文书研究等问题，并尝试从古文书学的视角、采用古文书学的方法来研究古文书。这些文章构成了本书的主体内容。

由于"中国古文书学"是一门新创建的学科，其所涉理论、内容、方法等问题都需要在借鉴国内外研究的基础上，从零开始进行不断探索。通过收入本书的文章，读者可以明显看出我在思考有关古文书乃至古文书学相关问题过程中的不断推进：从对古文书定义或范围一开始的模糊认识逐渐走向清晰，到2018年前后，提出"文书的'书式'（格式）研究就成了文书研究最重要的特点,也是区别于其他古文献研究的重要标志……'书式'(格式)是文书之所以成其为'文书'的决定性因素。文书研究,除了'内容'研究十分重要外,最重要的就是对'书式'(格式)的研究"①。到 2019 年前后,更明确提出"古文书学的灵魂是'样式'(亦称书式、格式)研究"②。把"书式"(格式)视为古文书最重要的特点、决定性因素,乃至古文书的灵魂,是我多年来对古文书研究的重要认识。

就具体研究而言,我尝试着从文书格式以及包含在格式中的各种因素出发进行探讨,以敦煌吐鲁番文书为对象,研究了唐代《辩》文书的格式、诉讼文书中《辞》《牒》《状》的格式及其演变,还研究了契约文书中显示其真实性即署名画指画押的方式及其演变、各种申请文书中的"保证语""官有政法人从私契"套话在文书中的意义等问题。

特别是这一两年,我撰写了两篇关于唐代文书格式比较宏观的文章。一篇讨论了唐代官文书的断句标点问题,尤其是文书中涉及"牒"字和"称"字如何断句标点,以及年月日署名如何标点,希望学界能总结出一些相对统一的处理意见。另一篇则提出辨别唐代文书类型的方法主要是看文书的结句。文章列举了十几类文书,其中不大被大家注意的,是以"谨言""谨奏""谨白""谨疏""谨议""谨上"等结句者。文章希望能帮助一般读者快速准确地辨别唐代文书的不同类型及其性质。

现在我们说的"古文书",在历史现场是当时政务或事务运作的载体,而文书格式则决定着政务或事务运行的方向、速度、效果等,对历史人物和事件也有重要影响。例如唐朝安史之乱爆发,永王璘在是否割据江南时犹豫不定,却被一件文书的格式激怒,引发了他的叛乱。《旧唐书·永王璘传》说:"(永王)璘虽有窥江左之心,而未露其事。吴郡采访使李希言乃平牒璘,大署其名,璘遂激怒,牒报曰:'寡人上皇天属,皇帝友于,地尊侯王,礼绝僚品,简书来往,应有常仪,今乃平牒抗威,落笔署字,汉仪隳紊,一至于斯!'乃使浑惟明取希言,季广琛趣广陵攻采访李成式。"③永王璘认为自己是玄宗之子、肃宗兄弟,李希言对他本应使用上行文书但却使用了平行文书,还直接

---

① 参见收入本书的《关于"中国古文书学"的若干思考》。
② 参见收入本书的《中国古文书中的公文书样式研究综述》。
③ 《旧唐书》卷一百七《永王璘传》,中华书局,1975 年,第 3265 页。

写上他的名字。这一"平牒"和"大署其名"的做法彻底激怒了永王璘,导致他决定起兵叛乱。文书格式的重要性于此可见一斑。

文书格式中的重要一环是署名画押。关于画押,学者多从敦煌文书中立论,以致认为到唐后期才出现,且多是画十字、圆圈等形式。其实不识字者在文书结尾以画押形式署名,很早就已出现,而且不限于一般百姓、不限于十字圆圈等。例如《南部新书》记载说:"(北齐)斛律金不解书,有人教押名云:'但如立屋,四面平正即得。'①安禄山押字,以手指三撮而成。"②画屋为"金",撮指为"山",这不是很有趣的有关文书、有关署名押字的史料吗?

不明文书格式,不仅不能正确理解文书内容,在现代整理古籍时还往往会出现标点不当的问题。例如点校本《元稹集》中有一则"中书门下牒御史台"的文字,标点为:

> 牒:奉敕积习多年,成此乖越,然在长吏,合寻根由。循失政之规,置无名之税,虽原情可恕,而在法宜惩。观察使宜罚一月俸,刺史各罚一季俸。仍令自元和四年已后禁断。牒至,准敕故牒。③

这个标点未能标出转述的"敕"的内容,牒尾的格式也不对,正确的标点应该是:

> 牒:奉敕:"积习多年,成此乖越,然在长吏,合寻根由。循失政之规,置无名之税,虽原情可恕,而在法宜惩。观察使宜罚一月俸,刺史各罚一季俸。仍令自元和四年已后禁断。"牒至准敕。故牒。

"奉敕"以下,转述的是"敕文",因此要加引号,而"牒至准敕"是牒尾的格式用语,不能断开。"故牒"则表示这是下行文书,也不能与"准敕"连读。

以上几个例子说明格式在古文书中所起的重要作用,以及如果没有古文书学知识,缺乏古文书学的立场、视角、方法等,不仅会看漏许多重要史料,影响对历史事件的研究,而且即使仅仅整理点校古籍,也会发生错误。

---

① 《北史》卷五四《斛律金传》说:"(斛律)金性质直,不识文字。本名敦,苦其难署,改名为金,从其便易,犹以为难。司马子如教为'金'字,作屋况之,其字乃就。"(中华书局,1974年,第1966页)知把"金"字画作屋形,确实是为了"署"名。

② 钱易撰、黄寿成点校:《南部新书》卷癸,中华书局,2002年,第165页。

③ 冀勤点校:《元稹集》卷三七《弹奏山南西道两税外草状》,中华书局,1982年,第429页。

由此可见具备古文书学知识、接受古文书学训练的重要性。

本书最后几篇文章研究的虽然不是典型意义上的古文书,但也属广义的敦煌吐鲁番文书范围,包括占卜文书、经济文书,以及敦煌本的残存典籍。这几篇文章涉及唐代的占卜、法律和教育,体现了敦煌吐鲁番文书作为唐史研究史料的重要性。

中国古文书学创建不久,相关问题的研究还很初步,因此本书所收文章是真正的抛砖引玉。如果读者诸君能通过本书对古文书和古文书学产生兴趣,并投入到学习和研究古文书的行列中来,那将是我最感欣慰的事情。

书中不可避免地会有很多问题和错误,期待来自各方面的批评和意见。

黄正建

2022 年 1 月

2023 年 12 月修订

上 编

"中国古文书学"：超越断代文书研究

中国古代史学界近代以来发展出几种新的学问，即简帛学、敦煌学、徽学，以及黑城学等。这些学问研究的主要内容，是出土或传世的文书，包括简帛文书、敦煌吐鲁番文书、黑城文书、徽州文书，时代从战国秦汉直至明清。但是，虽然上述学问研究的对象多是文书，中国却并没有自己的"古文书学"。原因当然是多方面的，其中一个重要原因就是这些文书研究是随着出土或传世文书的不断发现而逐步扩大兴盛、却又各自为界的，所以，只有在这些文书的数量足够多、研究足够丰富、积累足够厚重、交流足够频繁的情况下，才有可能建立"中国古文书学"。现在，中国社会科学院历史研究所跨断代的"古文书研究班"成立已经两年，举办了22次文书研读，各断代文书研究者进行了充分交流，成立"中国古文书学"的时机已经成熟。

那么，"中国古文书学"作为一门学问或一门学科，应该如何认识呢？这里想谈谈几点个人浅见，以为抛砖引玉。

第一，何为"文书"。"文书"在不同时代含义不同，即使在古代，各朝代各场合也有不同含义。《论衡》说"萧何入秦，收拾文书，汉所以能制九州者，文书之力也。以文书御天下"[①]。这里的"文书"实指律令图籍之"书"[②]，所以《论衡》又说："能斫削柱梁，谓之木匠。能穿凿穴坎，谓之土匠。能雕琢文书，谓之史匠"[③]；"萧何所以能使樊、郦者，以入秦收敛文书也。众将拾金，何独掇书，坐知秦之形势，是以能图其利害"[④]。到唐代，《唐律疏议》对文书有

---

① 王充：《论衡》卷十三《别通篇》，上海人民出版社，1974年，第206页。

② 《史记》卷五三《萧相国世家》即作"（萧）何独先入，收秦丞相御史律令图书藏之"。中华书局，1975年，第2014页。

③ 《论衡》卷十二《量知篇》，第195页。

④ 《论衡》卷十三《效力篇》，第205页。

明确定义,规定"官文书"指"制、敕、奏抄"之外的"文案及符、移、解、牒、钞、券之类"①,"私文书"则指"私文契及受领券、付抄帖"②之类。这时定义的"文书",已经与各种成书的著述有了明显区别。唐以后的"文书"基本延续了这一定义。也就是说,严格意义上的"文书"只指各类著述及诏书之外,官民处理各种事务时,按一定规格撰写的原始文件。

第二,何为"古文书"。按照以上关于"文书"的定义,举凡古代的文书都可以称为"古文书"。从上述《唐律疏议》关于文书的定义,可以看出举凡文书,都涉及上行、下行、平行、或付出领取,立契签约,总之并非只有单一作者。因此早期的日本学者认为只有"甲方向乙方传达某种意愿"者,才是"古文书"。它必须具备三个要素:发出者、接受者、事项。③ 当然,现在日本有的学者认为应该扩大"古文书"的范围,将虽无授受关系,但用于对证、核查意义上的帐簿、证书等也包括在内(但不包括典籍、日记等)。④ "中国古文书"的定义应该与此不同。⑤ 由于"中国古文书"的概念主要建立在对大量出土简帛和文书研究的基础上,因此"中国古文书"应该专指出土的文书(明代之前)及传世的文书(宋元之后),其中出土文书中既包括严格意义上的"文书"也包括帐簿等。这一点,是由中国近代以来各断代文书逐渐大量出土或发现以后,研究日益兴盛的现状决定的。

第三,何为"古文书学"。古文书学起源于欧洲,是伴随着对国王敕书及各种证明文件的辨伪,从实用走向一门学问的。1681年法国的修士撰写了6卷本的《古文书学》;18世纪中期,德国在两所大学中开设了古文书学课程。明治时代西欧的古文书学影响到日本,日本古文书学遂呈兴盛发达之势。在日本,与古文书学相关的著作不胜枚举,除研究著作、入门书外,还有专门为学生编辑的"练习"用《古文书选》,因为在日本,不懂古文书是考不上历史系"日本历史专业"研究生的。日本还有全国性的"日本古文书学会",编辑有《古文书研究》杂志,一年2期,到今年为止已经出版

① 《唐律疏议》卷二五《诈伪》,中华书局,1983年,第460页。
② 《唐律疏议》卷二五《诈伪》,第466页。
③ 参见福尾猛市郎、藤本笃《古文书学入门》,创元社,1974年;高尾善希《やさしい古文书の読み方》,日本实业出版社,2011年。
④ 佐藤进一:《新版古文书学入门》,法政大学出版局,2003年,第2页。
⑤ 按:这是当时的看法,现在看法与此不同,为保持历史原貌,这里不作改动。

了72期。日本古文书学兴盛的原因，在于日本自从六国史之后，再也没有修撰国史，大量处理行政事务的文书保存于寺院、神社（在日本，战火一般不会烧到寺院和神社）、战国大名家、村町的个人家中。研究日本中世和近世历史，若不懂古文书学是无法研究的。中国则不同，历代都有修史传统（唐以后形成官修史书制度），行政文书定期废弃，其内容写入国史。由于战乱频繁，早期的私人契约文书等也多未保存。这就形成了在中国研究古代史主要依靠史书、政书、笔记、文集等成文著作的传统。因此虽然中国现代史学受日本影响很大，但唯独"古文书学"似乎对我国史学界影响甚微。

这种情况近年有所变化。这首先是出土文书（这里的"文书"是最广义的概念）的大量涌现，特别是战国秦汉简帛、敦煌吐鲁番文书、黑城文书、明清传世文书等。随着对这些文书的整理研究，文书在历史研究中的作用越来越大，这是一个方面。另外与此同步，对各断代文书的研究渐成规模，各自形成了有相对固定对象、方法的专门学问，如文章开头所说的简帛学、敦煌学、徽学，乃至黑城学等。这些不同的专门之学又同时具有非常重要的共性，即研究的都是当时时代的原始资料，而以文书的形式存世。总结文书研究的共同经验，提高文书研究的学科地位，就成了现今史学界面临的重要问题。"中国古文书学"的建立就水到渠成了。

第四，中国古文书学的定义、研究对象、研究方法等。日本学界将"古文书学"定义为史学的辅助学科，似乎更偏重它的文献学意义。我想中国古文书学的地位应该不只是史学的辅助学科，而是史学研究的一个领域，既包含文献学意义的研究，也包括历史本身的研究。

日本古文书学界将古文书研究分为"外在"和"内在"两个方面。前者即所谓"物质史料"，包括文书的材料、形状、字形、花押、印章等。后者即所谓"文献史料"，包括样式（书式）、文章内容、文体、用语等。参照日本史学界的定义和分类，我对中国古文书学有以下意见。

1. 定义：中国古文书学研究的主要是出土或传世的、近代之前的文书资料。其特点是：第一具有原始性，是当时的遗存物；第二以手写为主，基本不包括雕版印刷的文献，但若有文书集成或文书档案类刊本，似亦可包括。至于材料，则不论甲骨、青铜器、简帛、纸张和砖石。但墓志类石刻不应包括在内。

这些文书资料是否应该包括"典籍"呢？似乎不应包括。李学勤先生就认为简帛学可分为"典籍"和"文书"两类，可"把简帛学划分简帛书籍、简牍文书两个学科分支"①。这"简牍文书"分支，就应该属于"中国古文书学"的研究范围。这一点与日本对古文书的定义相同，即日本学者也往往不把"典籍"包括在"古文书学"范围内。

这些文书资料是否只指"行政文书"呢？恐怕未必。由于我们的古文书学主要建立在出土文书(宋以后也有传世文书)研究的基础上，这一点与日本古文书学不大相同，因此所涉范围要适应已有研究范围而作相应扩大，即不仅行政文书，其他如法律文书、户口帐田亩帐差科簿名籍等各种帐簿，以及遣策衣物疏等，都应包括在内。

2. 研究对象：可参考日本学界的定义，将研究对象划分为形式和内容两部分。形式包括物质形态(书写材料)、花押、印章、文体、书式等；内容则指文书所涉内容。

3. 研究方法：各断代的文书学已经有了丰富的研究经验及方法，例如拼接的方法、认字的方法、辨伪的方法，以及考证的方法、比较的方法、统计的方法，等等。这一点还需要认真总结归纳。

最后谈一点今后的发展。

第一，建立"中国古文书学"，希望能得到国内学者的支持和响应，并共同探讨这门学问成立的可能性、必要性。第二，要进一步明确"中国古文书学"的概念、定义、研究对象、研究方法等，并与其他类似学科例如文献学、史料学、档案学等相比较。第三，要宣传"中国古文书学"的重要性，普及相关知识，将其作为今后中国古代历史研究不可或缺的一门学问来推进。第四，要拿出研究成果。首先可以是不同时代文书共性和个性的研究，比如同样是牒、帖、状、辞等，各时代的适用范围大不相同，有学者就提出某些文书可能存在从高层使用向底层使用即适用性下移的规律。这一问题就值得探讨。

总之，提出"中国古文书学"，是目前各断代文书研究走到一定阶段的必

---

① 李学勤：《当代中国简帛学研究(1949—2009)》序，中国社会科学出版社，2011年，序第2页。

然结果。建立了这一学科,就能充分发挥群体力量,整合各断代文书研究的特长,互相比较、互相启发、互相促进,将中国古代文书和古代历史的研究推向纵深发展。

　　本文为 2012 年第一届中国古文书学学术研讨会会议论文,经编辑稍作修改后发表于《中国社会科学报》2012 年 7 月 25 日 A - 05 版。

古文书学与档案学、历史文书学、古文献学异同刍议

——暨中国古文书学建立后近年来学界反响介评

一、古文书学与档案学、历史文书学、古文献学的异同

中国社会科学院历史研究所于 2012 年提出并建立了中国古文书学。① 中国古文书学建立后,立即引起了学术界的一些反响。例如当年就有学者在文章中指出:"2010 年 6 月份以来,中国社科院历史研究所发起成立'中国古文书研究班',将汉晋简帛、敦煌吐鲁番文书、黑城文书、徽州文书等中国前近代公私文书作为研究对象,采取读书会、主题报告等多种形式,介绍和研读中国历代的古文书,至今已经举行了若干次。今年 6 月 25 日,召开了中国社会科学院历史研究所主办、中国古文书研究班承办的'中国古文书学'研讨会,也许是中国古文书学形成的一个契机。"② 此外还有学者在谈到档案史研究时,指出档案学界对档案史的研究逐渐萎缩,而历史学界则参与进来,在举了若干论文的例子后,说:"尤其是中国社会科学院历史研究所在 2010 年 6 月成立'中国古文书研究班',截止到 2012 年 10 月共举办 24 次研讨,一直探讨'中国古文书学'的相关问题,并于今年正式提出创立'中国古文书学'。"文章在谈到有关甲骨档案、金文档案、石刻档案、简帛文书、敦煌文书、吐鲁番文书、明清档案、民国档案、徽州文书、契约文书等的研究史时,说其意图是"为建立中国古文书学提供参考"。③ 由此可见,以上学者已经认

---

① 关于"中国古文书学"创建缘起及定义等,参见黄正建《"中国古文书学":超越断代文书研究》,《中国社会科学报》2012 年 7 月 25 日 A - 05 版。文章已收入本书。
② 贾虎林:《文书档案与中国前近代史研究——兼论建立中国古文书学的重要性》,《齐齐哈尔大学学报》2012 年第 4 期,第 87 页。
③ 赵彦昌编著:《中国档案史研究史》,世界图书出版公司,2012 年,前言第 2—3 页。

为中国古文书学是一门正在创建的学问或学科了。

与此同时,学术界也开始从中国古文书学的角度或视野来对待研究对象。例如清水江文书是继徽州文书之后,目前所见第二大民间契约文书系统。在讨论这批文书的意义时,学者认为"扎实认真地开展清水江文书的整理研究工作,不仅标志着中国古文书学又有了新的资料与成果的积累,而且象征着创建乡土文献学基础学科已势在必行"①。

我们注意到,许多文章的作者都提到了古文书学和档案学以及文献学的关系,特别是档案学界,尤其是研究档案史的学者,他们比研究历史文书的学者更关注古文书学的建立。这也给我们提出了一个问题,即古文书学与档案学的关系如何?推而广之,古文书学与历史文书学,以及与古文献学的关系又当如何呢?

笔者与本所其他学者一起,致力于中国古文书学的建立,但鉴于学疏识浅,无法对以上问题进行深入探讨,只愿抛砖引玉,提出几点粗浅想法,以引起学术界的讨论,并接受学术界的批评指正。

(一) 古文书学与档案学的关系

所谓"档案学",是研究档案的学问。关于"档案"有种种定义,但无论哪种定义,似都应包括以下3个核心要素:一、基本是原始记录;二、有一定价值,以备查阅;三、采用一定方式保存于专门地点。② 古代档案也应具有以上核心要素。

古文书学是研究古文书的学问,在中国古文书学的范畴内,古文书主要指出土的古文书及宋元以后传世的古文书。这些古文书学中的古文书以写本为主,一般不包括撰写的典籍(以下所谓"古文书"专指此定义的古文书),具有原始性和实用性的特点。原始性比较好理解,即指其为当事人书写,未经后人改动。所谓"实用性"是指其产生于政治、经济、军事、文化、生活等实际事务中,是在实际行为或实际活动中产生的文件。如果将这种古文书与以上档案,特别是古代档案(档案学中如果按时期分类,一般分为古代档案、近代档案、现代档案)的定义相比较,它们之间有何异同呢?

---

① 张新民、朱荫贵、阿风、冯祖贻:《共同推动古文书学与乡土文献学的发展——清水江文书整理与研究四人谈》,《贵州大学学报》2012年第3期,第73页。

② 参见朱玉媛编著《档案学基础(第二版)》,武汉大学出版社,2008年,第4页。

第一，古文书与古代档案一样，都是原始记录，但同样是原始记录，古文书中有些是私人文书，如书信、契约、收据等。这些私人文书从古代档案角度看一般并不归入档案。换句话说，古文书的范围要大于古代档案。

第二，由于古文书中许多是出土文书，内容庞杂，零碎分散，或许价值很高，或许没有价值（这是相对的，在一些人看来价值不高，在另一些人看来很有价值），但无论有无价值，都是古文书学研究的对象。这一点与古代档案相当不同。能成为古代档案者，一般都是有一定价值、被当作档案保存起来的文献，基本不包括文书残片。

第三，还是由于古文书多源于地下出土，有些是出自墓葬，有些是出自洞窟，并非如古代档案那样，是经过一定手续、以一定方式保存在专门地点、以备查阅的文献，所以从性质和作用看，古文书都与古代档案有一定区别。

总之，古文书不一定是古代档案，从内容、种类、价值、作用等方面考虑，前者所涉范围都大于后者。① 这是因为中国古文书学是建立在近几十年对出土文书的整理和研究基础之上的。而出土文书虽也有作为档案保存者，但并非都是档案，特别是唐宋以前的文书，多出自墓葬或洞窟，有些是随葬品，有些是纸张的再利用，总之都不是作为档案而保存下来的。把古文书视为档案，会扭曲古文书的性质，降低其作用，缩小其范围，不利于古文书学的发展。

那么，明清档案是否属于古文书呢？

所谓"古文书"，其基本要素一是原始手写文献，二是具有非典籍性的实用性。只要符合这两点，无论是否是档案，都应包括在它的范围内。因此，从一般意义上说，明清档案应该算是古文书，应该包括在古文书学的范畴内。不过，明清档案的研究已经是一种专门学问了，其档案的性质比较确定，所以研究对象明确、研究成果众多，笔者以为还是将它归在档案学中的古代档案类比较妥当（当然也可以属于古文书学研究的范围）。

前面说过，中国古文书学建立在出土文书日益增多的基础上。出土文书众多，是它的重要特点之一，而出土文书中既有档案，也有非档案；既有公文文书，也有私人文书；既有处理事务、来往联系、留为凭证的文书，也会适

---

① 这是仅就古代档案而言。现代档案不仅包括书信、契约等私人文书，还包括照片、图像、录音，等等，又超出了"文书"的范围。

应实际情况,包含衣物疏之类的稀有文书。凡此种种,都与档案不同。为彰显这一特点,虽然古文书与古代档案在形式和内容上有所交叉,或者说"今天的文书就是明天的档案""文书整理归档后就是档案"云云,但我们仍然要强调两者的不同,以凸显对古文书特性的重视。

(二) 古文书学与历史文书学的关系

历史文书学是文书学的一个分支,①而文书学是研究文书和文书工作的学问。按照一般定义,文书学研究的"文书"主要指公文文书,是"用以传达意图、处理问题、反映情况、记录事项的一种书面工具"②,其核心是"处理事务"。历史文书学研究的是历史文书,也沿用了这一定义,即历史文书主要指历史上使用的公文文书,以处理事务的各种形式的公文文书为主。

而古文书学中所谓的"古文书"则不同。前面说过,中国古文书学建立在各朝代出土文书日益增多的基础上。古文书学所说的"古文书",以出土文书(或存于地方的传世文书)为重点,其中既包括处理事务性质的各类公文文书,也包括非处理事务性质的如计帐、契约、衣物疏等文书,还包括私人书信等。这些文书都不在一般文书学研究范围内,也不在隶属于一般文书学的历史文书研究的范围内。

因此,历史文书有所专指,其范围要小于古文书。同理,历史文书学研究的范围也就小于古文书学研究的范围了。

此外,历史文书学研究的重点在清代文书、民国文书,以及现当代文书,还包括文书工作。这些也都与古文书学研究的范围、对象有所区别。

(三) 古文书学与古文献学的关系

古文献学是文献学的分支(文献大致可分为古代文献、近代文献、现代文献、当代文献),③又称"古典文献学"④。古文献学研究的古文献,一般分为传世古文献和出土古文献。⑤ 从这个意义上说,出土古文书属于古文献范畴。现在的学科分类,也把出土文书归于古文献学科之下。

古文献学是关于古文献阅读、整理、研究和利用的学问,涉及音韵学、训

---

① 周耀林等:《文书学教程》,武汉大学出版社,2009 年,第 62 页。

② 周耀林等:《文书学教程》,第 10 页。

③ 杜泽逊:《文献学概要》,中华书局,2001 年,第 5 页。

④ 例如熊笃等《中国古典文献学》,重庆出版社,2000 年。

⑤ 孙钦善:《中国古文献学》,北京大学出版社,2006 年,第 1 页。

诂学、校勘学、版本学、目录学、辨伪学、辑佚学等，这些学问也可以用于出土文献。但是，因出土文献具有特殊性，一般的古文献学著作并不把出土文献列入研究范围。即使提到出土文献，也或者只说它们的价值是可以提供佚书、提供古本、进一步辨识真伪、更明确古书体制等，[①]从总体上只涉及出土文献中的典籍部分；或者只是进行一般介绍，并没有详细地分类和研究。[②]

由上可知，古文献学虽把出土文献列入古文献范畴，但看重的是其中的典籍，特别是古书古本，对大量官私文书并不关注，传世文书更不在其关注的范围内（传世文书在一般文献学的著作中，因其既不属于传世文献，也不属于出土文献，故而没有一席之地）。而这些古文书正是古文书学关注和研究的对象。此是古文书学与古文献学的不同之一，即古文书学研究的对象不是典籍，而是出土文书和传世文书。它们虽是广义的古文献，但一般又不在古文献学研究的范围内。

第二点不同是，虽然前述校勘学、版本学、训诂学、辨伪学等，也是研究古文书的重要手段，但古文书作为一类特殊文献，与一般传世文献相比有其特性，比如甲骨、简牍的分组分类；敦煌吐鲁番文书的纸面、纸背等。这些特性是一般古文献学所无法涵盖的。此外，不同时代古文书之间又有其共性，例如出土（或保存）环境的研究、拼接缀合的技术等，这些共性又是一般古文献学只将出土文献作简单分类介绍而无法涵盖的。

因此，古文书学所谓的古文书虽属广义古文献，但有其特殊性。其最根本的特殊性在于它们不是典籍，所以是古文献中特殊的一类。由于这种特殊性，古文书并不被一般古文献学所涉及，因此一定要以专门的古文书学来涵盖它、研究它。这就是古文书学与古文献学的关系所在。

总之，由于中国古文书学所涉文书具有或出土文书、或传世文书的考古学特性，具有或公文文书、或私人文书的庞杂特性，具有或意外发现、或未经整理的偶然特性，因此与档案学、历史文书学、古文献学在内容和范围上虽有交叉，却也有重要不同。为体现这种不同，突出古文书在古文献方面的特点，以及在历史研究中的重要作用，建立中国古文书学就是很有必要的了。

---

① 孙钦善：《中国古文献学》，第 20—21 页。
② 如前引《文献学概要》即如此，只是在"出土文献概述"中进行了一般性的介绍。

二、中国古文书学建立后近年来学术界反响介评

本文第一部分原为笔者提交 2013 年第二届中国古文书学学术研讨会的会议论文。鉴于学术界至今仍然少有专门文章全面探讨古文书学与档案学、历史文书学、古文献学之间的异同，因此不揣疏漏，将这篇小文公之于众，以期引起学术界的重视和讨论，并得到大家的批评指正。

与此同时，我们也要指出，在 10 年后的今天，中国古文书学的学术研讨会已经举办了 8 届（其中 3 届是国际学术研讨会），内容涉及官文书、经济文书、民间文书等。关于中国古文书学的学科性质、研究对象、研究范围的研究，学术界都有长足进展；采用古文书学的立场、视角、方法研究古文书的论著也多了起来。这些论著体现了学术界对中国古文书学的赞同和支持。为了解学术界对中国古文书学建立和发展的反响，本文此部分将介绍几篇相关文章以呈现这种反响的一般情况。由于近年发表的文章中提到"古文书学"者甚多，因此以下介绍基本只涉及题目中含有与"古文书学"相关字样的文章，且依然是很不全面的。① 以下分两部分作一简单介评。

（一）赞同中国古文书学的建立，采用古文书
学的视角和方法进行研究

中国古文书学建立后，在学术界引起了一定反响，《档案学通讯》还因此设置了一个"古文书学"专栏。在有关古文书学的文章中，有不少文章都提到了中国古文书学的建立及其意义，也有一些文章试图采用古文书学的视

---

① 题目中含有"古文书"或"古文书学"的文章（笔者文章之外），还有刘后滨《古文书学与唐宋政治史研究》（《历史研究》2014 年第 6 期，后收入氏著《唐代中书门下体制研究——公文形态、政务运行与制度变迁（增订版）》，中国人民大学出版社，2022 年，第 483—490 页），孙继民《古文书学视野下太行山文书的定位、特点和价值》（《河北学刊》2014 年第 6 期，第 166—173页），冯小红《古文书学视域下的明清民国时期太行山文书整理刍议》（《邯郸学院学报》2016年第 3 期，第 37—42 页），苏俊林、陈弘音《在简牍学、古文书学、法制史与秦汉史之间》（《文汇报》2017 年 2 月 3 日 W10 版），阿风、船田善之、吴才茂、赵思渊《笔谈：古文书的史料价值与研究路径》（《中国史研究动态》2017 年第 5 期，第 33—49 页），侯衡《电子时代档案学基础理论发展探究——读〈古文书学：旧学科的新用途〉》（《档案学研究》2018 年第 3 期，第 15—20 页），王微笑《古文书学视域下的燕行录研究献议——从奎章阁藏〈启下〉谈起》（《档案学通讯》2022 年第 4 期，第 93—101 页），等等。

角和方法研究古文书。这里按时间顺序介绍其中的几篇,并以"按"的方式作些简单评议。

冯金忠在《中国古文书学视阈下黑水城汉文文献整理范式与方法刍论——兼评孙继民等著〈中国藏黑水城汉文文献的整理与研究〉》一文中指出:

> 文书的整理与古籍整理是两个既有联系又有重要区别的概念。古籍整理发展较为成熟,属于中国传统学术范畴,而中国古文书学则是在西方特别是在日本直接影响下产生的,是近年来中国古代史学界新兴的一门学科,是由中国社会科学院历史研究所黄正建先生倡议创建的。

> 事实上,正如黄正建先生所言,20 世纪初,日本学者就已开始使用"中国古文书学"一词,但中国史学界却一直没有受到影响,在出土和传世文书大量涌现的基础上,虽然各断代的文书(广义的文书)研究成果丰硕,形成了诸如简帛学、敦煌吐鲁番学、徽学、黑城学等专门学科,时代上从战国秦汉,直至明清,积累了大量整理研究文书的经验。但与此同时,各断代之间各自为政、缺乏相互交流的弊端也日趋凸显,亟须加以整合。2010 年中国社会科学院历史研究所"中国古文书研究班"开班。2012 年 6 月,该所主办了"中国古文书学"研讨会,就是在此次会议上黄正建先生正式提出了"中国古文书学"的概念,反映了打通断代,对各断代文书整理与研究加以会通整合,以促进中国古文书学的系统化与理论化,创建有中国特色的"古文书学"。会后《中国社会科学报》刊发了黄正建《中国古文书学:跨越断代文书研究》一文,《文汇报》2012年 10 月 29 日还发表了《"中国古文书学"的创立——中国社会科学院历史所学者笔谈》,分断代介绍了各断代文书的存世和研究状况。黄正建先生指出:"中国古文书学研究的主要是出土或传世的、近代之前的文书资料。其特点是:具有原始性,是当时的遗存物;以手写为主,基本不包括雕版印刷的文献,但若有文书集成或文书档案类刊本,似亦可包括。"按照黄先生的界定,中国古文书与材质基本不相关,无论金石、简牍、纸质文书等均涵盖在内,从时段来看,不局限于某个断代,从先秦直至明清,只要符合定义的文书,均在研究范围内。中国古文书学笼括了简帛、金石、敦煌吐鲁番学、徽学、黑城学等专门之学,打通了彼此畛域

分野,使包括黑城学在内的诸专门之学可以在更广阔的视野上,吸收其他专门之学的成功整理研究经验,从而拓宽了各专门之学的研究空间。

孙继民先生的黑水城文献的研究,虽然起步于中国古文书学概念提出之前,以此视阈审视孙先生的整理研究文书的特点,这样或可以更深地认识孙著的价值和意义。①

按:本文全面阐述并接受了关于中国古文书学的理论和建立这一学科的意义,并试图由此视角对孙继民《中国藏黑水城汉文文献的整理与研究》一书予以评价,评价重点是文书整理的范式和方法。文章强调了古籍整理和文书整理的区别。

杨霞在《当前文书学理论研究的发展路径探析》一文中指出:

学科自觉,是指那些具有宏观视野、学科建构意识、顶层设计理念以及强烈的学科建设使命感的研究者,主动自觉地制定研究规划、自主钻研学科理论问题、自愿开展学科建设的行为。理论建构,是指研究者在经验概括的基础上通过思辨、洞察或直觉创造出新的抽象理论,来对某类社会现象做出系统性的解释的工作过程。理论研究者的学科自觉能激发其内在的自觉性和行动力,牵引并驱动其主动开展理论创新与建构行动。如"中国古文书学"就是中国社会科学院的一些具有强烈学科自觉精神的年轻学者2010年倡导建立起来的一门新兴学科。他们将分散在历史学、档案学、文献学、考古学等学科的古文书研究者团结起来,以学术研讨和项目合作等多种方式对"中国古文书学"的研究对象、范围、定义、方法、理论等进行有计划的系统研究与建构,推动了中国古文书学的建立与发展。②

按:本文高度评价了中国古文书学的建立,认为这是具有"强烈学科自觉精神的年轻学者"所进行的"理论建构",强调这一学科可以团结"历史学、档案学、文献学、考古学等学科的古文书研究者",是一种"有计划的系统研究与建构"。

---

① 冯金忠:《中国古文书学视阈下黑水城汉文文献整理范式与方法刍论——兼评孙继民等著〈中国藏黑水城汉文文献的整理与研究〉》,《宁夏社会科学》2018年第2期,第224—225页。
② 杨霞:《当前文书学理论研究的发展路径探析》,《档案学通讯》2018年第3期,第51页。

郭硕楠在《古文书学视域下的古代军事文书研究》一文中指出：

> 随着出土古文书的大量发掘和研究，"中国古文书学"应运而生。古文书研究的本质在于立足古代公文运行的"移动性"，确立发文和收文者的程序互动，在公文拟制和运行中，从文书本体出发研究古文书的历史发展和历史价值。……
>
> 本文在引证大量出土的军事类古文书的基础上，从古文书的形态和运行管理等角度厘清了军事文书的概念、分类、形态、运行程序、研究范畴及拟制等核心问题。其价值在于从古文书学的新视角，一方面对军事文书进行系统研究；另一方面将目前归位不清的古代军事类文本化零为整，以期促进古代军事文书整体性开发研究，拓宽古代军事文书的研究范畴和研究价值，引起更广泛的学术关注。[①]

按：本文认同"古文书研究的本质在于立足古代公文运行的'移动性'"，重视"发文和收文者的程序互动"，从文书本体出发，"在公文拟制和运行中"研究出土的军事类古文书。这是尝试从古文书学的新视角研究古文书的一个实例。

姚昊宇在《古文书学视域下北京契约文书整理方法初探》一文中指出：

> 近年来，"中国古文书学"学科话语的创设与研究理论的提出，为整理工作的进一步展开提供了有益的理论指导。……
>
> 2010 年，在中国社会科学院历史研究所（今中国历史研究院古代史研究所）一些青年学者的提议下，设立了古文书研究班。两年后，在该所召开的第一届"中国古文书学研讨会"上，正式提出了创建"中国古文书学"这一目标。中国古文书学从文书史料的特点出发，将历史时期形成的各种诏令、奏疏等公文书与房屋买卖契、土地典当契等私文书从历史文献学、档案学等专门学科的研究中分离出来，建立起跨越时间断代、涵盖公私文书的古文书学研究体系，充分体现文书作为一手史料的重要价值。
>
> 古文书学主要从"内""外"两方面对契约文书展开研究。"外在"主要研究契约的物质层面，包括纸张质地、尺寸大小、裁剪手段以及花

---

① 郭硕楠：《古文书学视域下的古代军事文书研究》，《档案》2018 年第 4 期，第 15 页。

押画法、钤盖何种印章等。"内在"主要研究契约所承载的历史信息，包括书式、用语、内容等。通过这两方面的研究，充分理解不同类型契约文书的主要功能、生成方式及运行模式，从而更加全面地解读其所承载的信息，揭示历史时期区域经济运行与社会生活实态。对整理者来说，该理论的核心要素是充分保护并尽量还原文书在形成、保存和流传的原生环境中所具有的系统性，为后续研究提供完整、准确的历史信息。①

按：本文充分肯定了中国古文书学的建立是为文书"整理工作的进一步展开提供了有益的理论指导"，即肯定了中国古文书学的理论意义。文章认为古文书学是一个"从历史文献学、档案学等专门学科的研究中分离出来"，"跨越时间断代、涵盖公私文书"的"研究体系"，指出古文书学"理论的核心要素是充分保护并尽量还原文书在形成、保存和流传的原生环境中所具有的系统性"，并尝试从这一视角探讨北京契约文书的整理方法。

以上几篇文章都从作者自己从事的研究领域出发，阐释古文书学建立的意义和作用，高度评价了古文书学的视角和方法，并尝试将这种视角方法运用到自己的研究中。古文书学是实践性非常强的新兴学科，只有在众多学者的共同研究实践中，才能不断补充、细化它的研究范围、研究方法，深化它所具有的独特学术价值。

（二）对中国古文书学进行理论探讨

以上文章虽然没有详细论述，但也或多或少作出了古文书学与古文献学不同，以及古文书学是从历史文献学和档案学等专门学科中分离出来的研究体系等判断。更详细的论述可以举出以下两篇文章。

王会斌在《中国古文书学研究范畴刍议》中论述道：

中国社会科学院历史研究所隋唐辽金元史研究中心②主任黄正建先生曾表示："中国古文书学所涉文书具有或出土文书、或传世文书的考古学特性，又具有或公文文书、或私人文书的庞杂特性，还具有或意

① 姚昊宇：《古文书学视域下北京契约文书整理方法初探》，《北京档案》2021年第8期，第24—25页。

② 此处表述有误，当为"隋唐宋辽金元史研究室"。

外发现、或未经整理的偶然性,因此与档案学、文书学在内容上虽有交叉,却也有重点不同。"①也就是说,中国古文书学不应是文书学或相关学科,如现代文书学、文件学、秘书学、档案学等学科的一个简单的纵向或横向截面,其在本质上与这些学科的研究方向和侧重点是不同的。从某种程度上讲,未来中国古文书学的开展正是要弥补这些学科研究上的不足,而它们之间存在一定的"互补关系"。

文章在引述了文书学、文件学、秘书学、档案学等学科的研究范畴后说:

这些学科的研究主要存在三方面的不足:

其一,这些学科的核心目的在于应用,因此其研究偏重于技术层面;而且其学科重点多在秦汉以后,尤以现当代时期为主,普遍对先秦时期关注较少。

其二,从各学科论述的整体结构看,文书学、文件学、秘书学等学科(档案学除外),都是从"动态"的角度分阶段对文书或文件的各方面问题进行研究。但这种"动态"研究显然并不充分,只是各个阶段"静态"分析的缀合。

其三,文书学、文件学、档案学等学科的研究以"物"(文书或文件)为核心,虽涉及部分文书或文件工作人员,但对这些人的关注并不够;而秘书学虽然对"人"的关注较多,但对物的关注又有所失;更重要的是,这些学科普遍缺乏对人与人、人与物之间关系的关注。

文章认为中国古文书学研究范畴应包含的基本要素是:

基于上述文书学、文件学、档案学、秘书学等学科研究范畴上的不足,及中国古文书学与这些学科之间所存在的"互补关系",可知未来中国古文书学研究的研究范畴应包含如下几个基本要素:一是要重点以明清之前的古文书为研究对象,并对先秦文书给予更多关注;二是研究过程中不应脱离古文书实际运行的具体环节,且应将其纳入到动态的观察视角之下;三是在研究中要对古文书及古文书相关人员作等量观,

---

① 这一段话即出自笔者在 2013 年第二届中国古文书学学术研讨会上提交的论文,见本文第一部分结尾,文字稍有不同。

且要对其两者各自内部及其两者之间所存在的诸如等级对应、种类对应等关系进行充分挖掘。而要实现这一目的，必然要求中国古文书学研究在立足于历史学的基础上，充分吸纳以上诸学科的研究理论与方法。

文章最后的结论是：

> 概括来说，中国古文书学的研究范畴应以古文书为视角，探讨古文书相关人员之间、古文书相关人员与其他人员之间的信息沟通方式，及古文书自上而下或自近而远的书写与传达过程，并应试图构建古代的信息沟通脉络，借以展现作为人为产物的古文书与整个历史大趋势的对立与统一，既而寻求出人与社会、人与人、人与物、人与自己等之间的相互关系。从方法上看，在研究分析中国古文书时，需要在运用文书学、文件学、档案学等学科的静态文书分析结构、方法等进行研究的同时，结合古文书在不同时期内发展的实际特点，以动态的视角对古文书、古文书相关人员及其之间关系的理论、原则、方法，以及上述三者产生、演变和发展规律等内容进行研究；充分挖掘古文书的历史意义，分析其与当时国家行政、司法、经济、军事等社会不同层面之间的关系，从而帮助我们更加准确地认识古代社会。①

按：这篇文章试图梳理古文书学与文书学、文件学、秘书学、档案学等学科的异同，划定古文书学的研究范畴，强调要重视先秦文书、重视动态研究、重视与古文书相关人员的研究。关于最后一点，我理解作者要表达的意思是在研究古文书时，应该关注参与古文书制作、传达、反馈、保存等工作中的人的身份、地位、职掌及其发挥的作用，以此将古文书研究与历史研究更紧密地联系起来。文章有意识地探讨古文书学的研究范畴，是不多见的对古文书学学科进行理论探讨的文章。

陈子丹、谯丹、李孟珂在《中国历史文书学的现状与思考》一文中指出：

> 与"历史文书"容易混淆的概念是"古文书"和"文献""档案"。"古文书"一词源于日本，日本学者将文书定义为"甲方为了将自己的意图

---

① 王会斌：《中国古文书学研究范畴刍议》，《档案》2016 年第 3 期，第 8—10 页。

传达给乙方而做成的一种意图表示手段",或"发件人为向收件人传达自己意志而用文字做成者"。中国古文书与文献、档案有着密切关系，同时又有自身的独特之处：第一，它主要建立在新出史料研究的基础上，因此其研究范围与对象受现有研究状况的制约；第二，它同时具有古文书学的一般共性，即它是原始文献，具有原始性，或称"第一手文献"。一般不包括典籍或宗教经卷；第三，它多以散件、簿册，即零散的状态存在，所以被称为"文书"而非"文献"。"档案"一词来源于满语的"档"（音 Dangse，一种记录在木质材料上的档案）和汉语的"案"，档案主要是从有留存价值的文书转化而来，今天的档案就是昨天的文书。我国档案界有"文书是档案的前身，档案是文书的归宿"的说法，"档案与文书之间实际上是一种时间性的继承转化关系，档案并不等同于文书，两者的侧重点不同"。因此，文书与档案虽然有着密切的关系，但从历史研究的角度来看，用"古文书"一词更能反映出这些原始文件的特征。

历史文书也有狭义和广义之分。狭义的历史文书仅指官方文书，即在"处理各种政务活动中直接形成的公务文书，主要包括诏令文书、上奏文书、官署往来文书等行政文书与各类专门文书"。这种文书经拟稿、审核、签发后可能会因处理事务的需要而被缮写成多份，分送多个机关，形成多个副本。广义的历史文书是指多元文本，除官用文书外，也包括民间各类私人文书、少数民族文书以及各种特殊载体材料的文书。

研究历史文书的学科，国外称之为"古文书学"。"古文书学起源于欧洲，是伴随着对国王敕书及各种证明文件的辨伪，从实用走向一门学问的。……受西欧古文书学的影响，日本古文书学也呈现兴盛发达之势。"其代表作有吉村茂树著《古文书学》、佐藤进一《古文书学入门》、日本历史学会《概论古文书学》等。

中国历史文书学是研究我国清代以前文书、清代文书、民国文书和革命历史文书的形式、内容、特点及公文处理的一门文书学分支学科。它以各个历史时期为序，阐述从古至今数千年中国文书、文书工作和文书管理制度的起源、演变过程，探索国家机关、社会组织、民间团体等机构或个人的公私文书及文书处理工作的概况、特点、用途和流程，目的是揭示文书和文书工作的发展规律,更好地管理和利用历史档案,为当今社会服务,为搞好现行文书工作提供历史借鉴。

文章在反思了"历史文书"的缺憾后,在"深化历史文书学研究的思考"一节中说:

> 近现代以来因甲骨文书、简牍文书、缣帛文书、敦煌文书、吐鲁番文书、黑水城文书、徽州文书、清水江文书、太行山文书的发现,兴起了甲骨学、简帛学、敦煌学、吐鲁番学、黑城学、西夏学、徽学、清水江学、太行山学等新学问,虽然这些学科的研究对象多为古文书,但其学术活动则是伴随着出土或传世文书的不断发现而逐步扩大兴盛,却又各自为界、互不相干的,因此在中国史学界迄今没有形成有自身特色的"古文书学"。

> 近年来,由于史学界掀起了回归史书编纂之前的原始资料,直接从原始文本进入"史实"的高潮,古文书再次成为史学界关注的热点。中国社科院历史所的部分学者在借鉴西方特别是日本"古文书学"的基础上,提出了创立"中国古文书学"的倡议,并得到了学术界的响应。但"中国古文书学"的研究下限为清末,基本不涉及近代,而对历史文书学而言,民国文书是其重要的研究对象。民国时期对文书学的研究是促成中国近代档案学产生的动力和内因。在这一学术传统下,历史文书的研究是回溯历史,是对历史的恢复和重建,在研究历史文书时既不能抛开古文书的特性,更不能将古文书与文献、档案的概念混为一谈。将历史文书与文献、档案区分开来,建立跨断代、跨领域的中国历史文书学,有助于正确认识历史文书的史料价值,更好地研究新出史料,从而推动中国文书学、档案学的创新和发展。①

按:本文几乎全盘接受了我们关于古文书学的看法,以及中国古文书学建立的原因、意义等,表明了作者对中国古文书学这一新学科的认同和支持。文章对古文书学与历史文书学、档案学的异同说得比较模糊,可以明确指出的大概有两点:一是认为古文书学研究的古文书基本以清代文书为界,而历史

---

① 陈子丹、谯丹、李孟珂:《中国历史文书学的现状与思考》,《学术探索》2020 年第 3 期,第 94 页。

文书学研究的重点是民国文书;二是认为历史文书学研究的"目的是揭示文书和文书工作的发展规律,更好地管理和利用历史档案,为当今社会服务,为搞好现行文书工作提供历史借鉴"①。这两点确实是古文书学与历史文书学的重要不同。

中国古文书学本质上属于历史学范畴,它处理的是历史研究的原始资料,特别是当时实际政务或事务过程中产生的各种文书。研究这些古文书的目的,不是如何管理和利用历史档案,也不是为现行文书工作提供历史借鉴,而是通过研究这些曾经使用过、在历史上发生过实际作用的古文书,来探讨历史制度的运行演变、历史事件的发生发展、历史人物的活动轨迹,从而更深刻地认识历史。

这就是中国古文书学建立的根本意义。正是在这一意义上,古文书学与档案学、历史文书学、古文献学都是有所不同的。

原载《中国古文书学研究(第一辑)》,广西师范大学出版社,2023 年。

---

① 陈子丹、谯丹、李孟珂:《中国历史文书学的现状与思考》,《学术探索》2020 年第 3 期,第94 页。

中国古文书学的历史与现状

　　"中国古文书学"是近年由中国社会科学院历史研究所提倡建立的一个学科。它在中国是一个比较新的学科，但从世界范围看，则并非如此。比如日本，很早就有这个学科，而且还有梳理该学科发展历史的文章。最近的文章是小岛浩之的《关于中国古文书学的札记（上）》。[①] 以下参考小岛文章，结合其他资料以及笔者的理解和判断，回顾一下日本"中国古文书学"的发展状况，以及中国"中国古文书学"的建立与这几年的发展。

　　日本的"中国古文书学"在20世纪50年代初还没有成立，因此1952年藤枝晃在《世界历史大事典》[②]中为"古文书"和"古文书学"撰写条目时，对日本和西方的古文书学有详尽解说，但对中国，只叙述了为何没有建立古文书学的原因。这个原因就是中国存世的古文书很少。而造成古文书存世很少的原因有三：一是由于王朝更替时的战争等，造成古文书的毁坏和消失。二是文书特别是政府的公文书存放一定时间后就被废弃。三是存在一个很长的版本（刻本）时代。

　　古文书学没有建立，并不意味着没有古文书的研究。事实上，从敦煌文书、明清档案的发现起，学者就开始对这些文书进行研究。内藤湖南在京都大学就曾以"中国古文书学"为题开设讲座，但所讲恐怕主要是"公牍"即清代的官文书。

　　此后对古文书本身进行研究，从而客观上推动了古文书学发展的是那波利贞与仁井田陞。

　　关于那波利贞的古文书学研究，竺沙雅章认为有三个特点：一、指出了以前不曾关注的私文书和杂文书作为史料的价值所在。二、将所阅读的伯

① 小岛浩之：《中国古文书学に关する觉书（上）》，《东京大学经济学部资料室年报》2，2012年3月。以下凡不注出处的论著，均见该文。
② 《世界历史大事典》，平凡社，1952年。

希和文书做了正确录文后提供给学界。三、将古文书纳入大学的授课和讨论，以施行实际的古文书教育。但竺沙雅章也指出那波利贞的古文书学有个缺点，即虽然忠实记录了文书的形状，但没有调查和记录文书的尺寸、纸质、笔迹等，而这应该是研究古文书时要首先做到的。换言之，那波利贞的古文书研究缺少了对文书形态（物质形态）的关注。原因当然是当时"中国古文书学"还没有建立。

仁井田陞的研究主要反映在《唐令拾遗》和《唐宋法律文书研究》中。前者复原了唐代的《公式令》，加上后来的《唐令拾遗补》，共复原了16种唐代官文书样式，是中国古文书学"样式研究"中的一大成果，或者说奠定了中国古文书学中"样式研究"的基础。在《唐宋法律文书研究》中，仁井田陞特别将"私法史相关文书"分为15类，其中包括可作为公证手段的"户籍"。池田温认为仁井田陞的研究建立了契约类文书的基本框架，至今仍是中国古文书学的重要书籍。但是小岛浩之认为仁井田陞的研究主要是广泛搜集资料并将其整理，然后体系化，还说不上是"样式研究"，只能说是样式研究的基础。

到20世纪50年代末，藤枝晃在《亚洲历史事典》[①]为"古文书学"所写条目中，将"古文书学"定义为：研究古文书外形（书式、书体、纸质等）、内容、相关人物、完成过程、作用和效力等所有方面的学问，是史学的重要辅助学科。在此条目中，藤枝晃提到了中国古文书学。

到20世纪70年代，日本学者已经开始对日本的"中国古文书学"现状予以总结了。这就是竺沙雅章在《书的日本史》第9卷中所写的《中国古文书学的现阶段》。[②]

在这篇文章中，竺沙雅章也指出中国没有古文书学的原因在于存世文书的稀少，而存世文书稀少的原因，除王朝更替销毁了前朝文书外，还有就是古代知识分子不关注文书。他们只重视书籍以及自己作品的流传（近年坂上康俊还认为，其原因盖在于中国有远高于日本的公权力。这种公权力能够保证领属关系，因此不必长期保存具有"权利认定"意义的文书。不过，

---

① 《亚洲历史事典》，平凡社，1959年。
② 坂本太郎等监修：《书の日本史》第9卷《中国古文书学の现段阶》，平凡社，1976年，第124—137页。

对于此观点,小岛浩之的文章已经提出了疑问)。文章接着以敦煌文献与宋元纸背文书为例介绍了中国古文书研究的现状。其中敦煌文献方面,介绍了藤枝晃将敦煌写本划分为初期、中期、后期三阶段的观点,并以户籍研究作为文书研究的一例予以说明。宋元纸背文书方面,指出这些文书仅当时所知就有 2 万多页,内容主要是"户口钱粮册",也有地方官府处理的案卷。文章最后说,随着出土文书的增加,古写本学或古文书学的必要性日益增大,虽然需要付出时间和努力,但期盼着能完成一部中国古文书本身的通史或概论。

竺沙雅章的这篇文章将古写本与古文书一并论述;与文书相关,主要举出的例子是户籍文书或户口钱粮册。这些都与一般理解的"古文书学"中的"文书"概念有一定距离。

20 世纪 70 年代以后,日本研究中国古文书的名家辈出,就研究敦煌吐鲁番文书"书式"方面的成果而言,主要有大庭脩、池田温、冈野诚、中村裕一、荒川正晴,等等,最近作出了较大贡献的是赤木崇敏。[①]

21 世纪以来对中国古文书学予以总结的,就是我们文章开头提到的小岛浩之的《关于中国古文书学的札记(上)》。

日本的"中国古文书学"包括哪些内容呢?小岛浩之参照"日本古文书学"中对近代以来古文书"群"的发现、整理和研究,提出了以下研究模式。

第一步是发现和调查;第二步是整理和公布。这两步可称为"基础古文书学"。第三步是大量搜集这些文书并予以分类、编年等工作;第四步是各论研究。"各论研究"又分为样式研究(文书书体、文体、授受人和机构、开头语、本文、结束语、署名等)、形态研究(文书的物质形态,包括纸张、用墨、用笔等)、机能研究(包括文书的完成、传达、受理、管理的过程,以及机能、效力等问题)、传承研究(文书传承的过程和保存的意义等)。这第四步可称为"应用古文书学"。而第三步既可以归入基础古文书学,又可归入应用古文书学。

以上就是参考小岛浩之文章,并归纳竺沙雅章文章内容后简化出来的日本的"中国古文书学"的大致情况。从中可知,早在 20 世纪初,日本学者

---

① 赤木崇敏最近的一篇文章是《唐代官文书体系とその変迁——牒・帖・状を中心に》,载平田茂树、远藤隆俊编《外交史料から十～十四世纪を探る》,汲古书院,2013 年,第 31—75 页。

就开始使用"中国古文书学"一词,这应该是受"日本古文书学"发达的影响。但在当时,这一词汇意味着什么,并没有明确定义。此后日本的中国古文书研究,虽然有许多成果,但文书研究的作者似乎并未自觉将其纳入"古文书学"范畴,像那波利贞、仁井田陞所谓在"中国古文书学"中的贡献,应该只是后人追述的结果。

因此,日本的"中国古文书学"有几个明显特点。第一,日本的中国古文书学没有一个相对比较明确的成立时间点。虽然这一词语出现较早,也不断有人将其总结为"中国古文书学"的起源和发展过程,但似乎并未有人或有某些人在某一时间段倡议或宣告建立"中国古文书学"。这一学科的发生发展是后人追溯归纳总结出来的。这一"中国古文书学"究竟成立于何时,未见有比较清晰的界定。换言之,日本的中国古文书学的成立,缺乏一个标志性事件或著作,它的成立和发展过程是相对比较模糊的。第二,因此,日本的中国古文书学没有一个相对严谨的定义,比如所谓"中国古文书"何指;官文书之外,私文书、杂文书何指。又如,所谓"中国古文书学"何指,它所涉及的范围(广度)、时代(长度)何在,如此等等,都没有相对统一而严谨的说明。前述竺沙雅章的文章就是混同写本——含佛典写本——与文书,以及混同典籍与文书而一并论述的;即使在论述"文书"时,又是首举"户籍"和"户口钱粮册"类文书。这些都与日本古文书学所谓严格意义上的"文书"定义并不相同。第三,这一状况的造成,可能是由于日本的中国古文书学主要建立在敦煌文书与吐鲁番文书(大谷文书)研究的基础之上。所谓日本的中国古文书学,包括其成果,主要是指敦煌吐鲁番文书及其研究成果,其所表述的定义和说明,主要建立在对敦煌吐鲁番文书研究的基础之上,而于简帛文书、黑城文书、徽州文书等很少涉及。①

此外,即如小岛浩之拟定的中国古文书学研究的四步模式(或两种分类即"基础研究"与"应用研究")虽然看起来很完备,其实也有可商榷处。第一,模式中的第一步"发现与调查"确实应该是古文书研究的前提,我们也应该鼓励学者去发现和调查古文书,但在目前的中国,特别是地下文物(窖藏文物)的发现调查,主要是考古工作者完成的。对于历史工作者而言,这一

---

① 当然,其中宋元纸背文书也有一些成果,但对古文书学的学科建设作用有限。不过近年以来,随着出土简帛文献的增多,始有"简牍文书学"之类的提法出现。

步不易做到。第二，模式中的应用研究包括四类：样式、形态、机能、传承。这四类研究不用说，是古文书研究非常重要的部分，是反映古文书学特点（不同于其他学科）的最重要的研究项目。但是对于历史研究者而言，文书内容的研究也是不可或缺的。通过研究文书内容，乃至利用文书内容来研究各时代的制度、历史，是古文书研究的重要一环。换句话说，上述样式、形态、机能、传承四类研究，涉及的基本都是文书的形式、文书的制度、文书的管理技术方面等，而没有包括文书的内容。比如一件文书，我们研究它是一件牒文，具有"上行"或"下行"牒文的书式，这属于样式研究；研究牒文的纸张、用笔等，这属于形态研究；研究牒文的发出者接受者、受理日期、粘连保管等，属于机能研究；研究该牒文如何残留或保存下来的，属于传承研究。但是这里缺少对牒文内容的研究。例如该牒文是为交纳租税事，或统计马匹事，或处理逃兵事，等等，也应该是文书研究的重要内容，特别是对历史研究者而言。缺少了对文书内容的研究，不能不说是小岛模式的一个缺陷。

以上介绍了"日本的中国古文书学"的情况，并简单作了一些也许不很妥当的点评。下面想介绍一下"中国的中国古文书学"。

虽然日本在20世纪50年代就有"中国古文书学"的词语出现，并似乎也有了这一学科，但中国历史学界却一直没有受到影响，一直没有提出或建立"中国古文书学"。直到2010年中国社会科学院历史研究所"中国古文书研究班"开班。

2010年，在几位年轻学者的倡议下，中国社会科学院历史研究所一些志同道合的学者，感慨于历史所拥有各断代文书的研究者，但都是各自为战，缺乏相互交流的现状，联合先秦甲骨文金文、秦汉简帛、隋唐敦煌吐鲁番文书、宋元黑城文书、明清徽州文书的研究者，开设了一个跨断代、跨研究室的文书研究班。这个研究班的设立，以建立"中国的中国古文书学"为目的。研究班每月一次，除开始几次由各断代学者介绍本断代文书研究概况外，主要是研读各断代文书，也邀请所内外文书研究专家来做讲座，至今已活动了39次。同时，在2010年的开班仪式上，我们已经提出了要以建立中国古文书学为目标。

到2012年6月，以研究班成员为主，我们召开了第一届中国古文书学研讨会，正式提出建立中国古文书学。会后，在《中国社会科学报》上发表了题为《"中国古文书学"：超越断代文书研究》的署名文章。① 文章解释了文书、古文书、古文书学的定义，以及中国为何没有建立古文书学的原因，并参考日本古文书学，提出了中国古文书学研究的范围、对象、内容、方法等问题，以便抛砖引玉。

我们提出的"中国古文书学"有以下特点：一、它是建立在出土和传世文书大量涌现的基础之上的，它的定义应该符合出土文书或传世文书大量存在的特点。二、它与材质基本不相关，只要符合我们的文书定义，无论金石、简牍、纸质文书，都在我们的研究范围内。三、它不局限于某个断代，从先秦直至明清，只要符合我们定义的文书，均在研究范围内。四、它对"文书"的定义大致有：1. 它基本是原始的、手写的、没有经过后人编辑的。2. 它基本不包括典籍（含宗教典籍），但极个别典籍或可从宽。3. 它既包括官文书也包括私文书，既包括档案文书也包括非档案文书。4. 它以有发出者与接受者的文书为主，但也包括籍帐、契约、衣物疏等文书。越是古代，其标准越是放得较宽。

这些特点，特别是关于文书的定义，只是我们的一孔之见，还有待学界的检验与批评。

这之后，研究班成员受《文汇报》编辑约稿，在《文汇报》上发表了《"中国古文书学"的创立——中国社会科学院历史所学者笔谈》的文章，分断代介绍了各断代文书的存世和研究状况，并在"中国古文书学"的名目下予以总结。②

建立中国古文书学的倡议提出后，在学界引起了一定反响。包括一些档案学、明清文书研究的学者都在文章中提到此事，并予以支持。他们都反映，有了这样一个学科，可以统筹各断代各地区零散的文书研究，使文书研究有了一个可靠的视角或比较新的立场，有助于对"古文书"这一具有特殊性质史料的发掘和利用。

2013 年 11 月，中国社会科学院历史研究所召开了第二届中国古文书学研讨会，会议提交的论文较第一届研讨会有所深入。比如，会议讨论了古文

① 黄正建：《"中国古文书学"：超越断代文书研究》，《中国社会科学报》2012 年 7 月 25 日 A - 05 版。文章已收入本书。
② 《文汇报》2012 年 10 月 29 日《文汇学人》版。

书学与档案学、文书学、文献学的异同；讨论了诏令是否算作文书的问题；讨论了告身文书的研究状况和今后的发展前景；等等。我们在这次会议上公布了我们研究计划的一部分，即打算编纂一部《中国古文书学读本》，内容包括五类古文书。每类文书均按断代编排，每断代各选文书图片若干件，加以录文、注释、解说，并附有研究概况，以向史学工作者提供一个中国历代古文书的选本，希望有助于他们在研究过程中自觉关注和使用古文书，并站在古文书学的角度重新看待史料，研究历史。

这次研讨会以后，中国古文书学的提法引起更大范围的关注，例如河北邯郸学院面对所藏数万件"太行山文书"，就有意借鉴古文书学的视角来整理和研究这批文书。

2014 年 10 月，历史研究所借助中国社会科学院"国学研究论坛"平台，召开了第三届中国古文书学国际研讨会，除国内各大学历史学者外，日本、韩国学者也参加了会议。从提交的论文看，既有讨论古文书学历史现状，古文书的概念，如何在古文书的视角下看待文书群，如何处理不具有上行、平行、下行性质的古文书，如何制定整理出土文书的规范等理论探讨；也有对具体文书的研究，而且学者在作具体研究时，已经开始自觉站在古文书学的立场上去分析和处理文书了。

在"中国古文书学"提出之前，各断代的文书（广义"文书"）研究已经取得了非常多的成果和非常辉煌的成就，形成了诸如简帛学、敦煌学、徽学等专门学科，积累了大量关于文书拼接、缀合、认字、定名、释读、辨伪的经验，以及对各类文书样式、形态、内容的研究。这些成果都是"中国古文书学"的组成部分，是中国古文书学建立和发展的基础。我们倡议建立中国古文书学，只是想把各断代文书研究中共同的东西提炼出来，在重视各断代文书差异的基础上，找出"古文书"作为史料所具有的共性，以便于更深入地研究历史。

目前国际上对原始史料日益重视，关于"手稿""写本"的研究日益增多。2014 年 9 月在北京大学就召开了一个名为"欧洲和中国中古写本史"的国际研讨会；张涌泉最近也刚刚出版了《敦煌写本文献学》。[①] 目前的一个研究趋

---

① 甘肃教育出版社，2013 年。

势是：当一个文献存在众多稿本或抄本时，研究者不再仅致力于追求哪个抄本更接近文献原貌或更真实，而是要研究这些不同抄本是如何出现的，它们的差异何在，以及导致这些差异出现的原因及其意义。这些研究都对"中国古文书学"的建立具有很好的借鉴作用。古文书学与写本文献学、手稿学等虽然角度不同，但宗旨有类似处，即都是重视和研究刻本之前的文献。但是这其中，将这种手写原始文献区分为典籍和非典籍，并对其物质形态、书写样式，以及由于样式不同造成的不同的行政、法律后果予以特别重视，则是古文书学的主要特征。

"中国古文书学"刚刚建立，关于它的研究对象、范围、定义、方法、理论等都还很不完备，还很粗疏，需要在各领域各断代学者的共同努力下逐渐完善起来。将来，如果中国的"古文书学"能像日本的"古文书学"一样，在大学历史教育里占有一席之地，真正成为研究中国历史不可或缺的一门辅助学科，古文书的价值能得到最充分的利用，建立"中国古文书学"的目的就达到了。

如上所述，20世纪70年代中期，日本学者竺沙雅章先生就期盼着能有一部中国古文书的通史或概论。他说，这需要相当大的努力和相当长的时间。近40年过去了，希望这样一部关于中国古文书学的通史或概论，能在我们中国学者的手中完成。

本文为2014年第三届中国古文书学学术研讨会会议论文，后发表于《史学理论研究》2015年第3期。

浅谈古文书学视角下的
经济文书研究

出土文书研究近几十年来持续发展,其中经济文书的研究占有很大比重。文书研究的另一趋势是 2012 年以后"中国古文书学"学科的建立。那么,何为经济文书? 它属于"古文书学"范畴吗? 如何从古文书学的视角研究经济文书呢?

何为"经济文书"

经济文书有多种定义。就现代社会而言,所谓经济文书是指在生产、分配、交换和消费,即社会生产总过程的经济活动中产生的文书,具有实用价值和固定模式,主要包括信息、规约、报告等种类。不过我们这里谈到的经济文书则与此不同,专指在中国古代史领域内出土和传世文书中的一类。这类文书与经济相关,因此被学者称为"经济文书"。

这类中国古代的经济文书包括哪些内容,学术界并没有确切定义,如果泛泛来谈,则与现代的经济文书大致相同,指在经济活动中产生的一切文书。从学者的具体使用来看,大致包括以下内容(以敦煌吐鲁番文书为例)。

王永兴在《敦煌经济文书导论》①一书中,将经济文书分为户籍文书、田制文书、差科簿和徭役文书、财务文书四类,其中的"财务文书"包括了符、关、牒、帖、状、辞等政府下达的经济命令或指令,以及涉及财产纠纷的诉讼文书。分类没有提及契约。郝春文在《石室写经:敦煌遗书》②一书中则认为:"敦煌文献中保存的经济文书主要有户籍、差科簿、契约等。"由于该书并非专门的经济文书专著,因此所下定义为列举性质。

---

① 王永兴:《敦煌经济文书导论》,新文丰出版公司,1994 年。
② 郝春文:《石室写经:敦煌遗书》,甘肃教育出版社,2007 年。

综合两种分类,可知出土或传世的中国古代经济文书,主要应包括户籍田簿、赋税徭役相关文书、契约,以及财务方面(预算决算、收入支出)的文书。现在的问题是:由政府下达的诏敕、符牒,以及因财产纠纷导致的诉讼文书是否属于经济文书呢? 我们认为,虽然这些文书中含有重要的经济活动内容,从广义上应该属于经济文书,但若从古文书学的角度说,这些文书具有官文书或法律文书性质,从形式上看并非典型的经济文书,因此如果从狭义上来说,经济文书应该只包括形式上是契约和帐簿的各类文书。至于诏敕、符牒等,应该归入古文书学中的官文书或公文书中去。那么,什么是古文书学呢?

何为“古文书学”

古文书学是研究古文书的一门学问。它产生于古代对各种证明性文书的辨伪活动,从实用变成了一门学问。现代的古文书学大致产生于西欧,发达于日本。由于日本古代从 10 世纪以后没有编过国史,但保存了大量古文书,因此研究日本古代特别是中世以来的历史,必须依靠古文书。这导致了日本古文书学的发达,不仅有全国性的调查整理古文书的活动,发表了为数众多的从入门到普及到研究的论著,大学中设有专门的古文书课程,而且成立了全国性的“古文书学会”,定期出版专业刊物。

反观中国,由于中国古代有发达的国史编纂制度和传统,政治、经济、军事等活动中产生的文书定期作废,内容归纳到国史或各种政书、类书中,因此研究中国古代历史,以往主要依靠正史、野史等各种著述。也正因为如此,中国过去保存下来的古文书不仅数量少而且不受重视。这种情况随着近几十年大量文书的出土、发现而有所改变。一种跨断代跨专业、以不断涌现的古文书为研究对象的学问呼之欲出。这样到 2012 年,在中国社会科学院历史研究所的倡导下,创建了中国自己的“古文书学”。这一新的学科目前正在发挥着越来越重要的作用。

按照古文书学的看法,古文书是有特定含义的。首先,古文书具有原始性,是从古代原样保存下来、没有经过后人改动的文书。其次,古文书不包括单纯表达个人思想的著述,换句话说,古文书不包括一般意义上的“典籍"。日本学者对古文书有一个经典定义,即严格意义上的古文书,是指"甲向特定对象的乙,为表明自己意愿而形成的一种意愿表达手段"①。这种意义上的古文书,一定要有发出者和接受者。像上文举出的符、牒、关、帖、状等,无论上行、平行还是下行,无不具有发出者和接受者,属于典型的古文书。古文书学首先要研究的就是这类典型的古文书。那么,上文所说契约与帐簿类经济文书属于古文书学视野中的古文书吗?

经济文书在何种意义上属于古文书

按照古文书的经典定义,即必须具有发出者和接受者才可以算是古文书,则上述经济文书中凡具有双方当事人的文书,无疑符合"古文书"的这一定义,比如各种契约、买卖文书、继承文书、转让文书、赐予文书,等等。日本学者将这些文书均归入"古文书"并给它们起了个总名,叫"证文"(可作为证据的文书),意味着它们同时具有持久的法律效力。

现在的问题是,经济文书中还有另外一大类,即"帐簿"文书,比如单纯的田亩帐、户籍、人名籍、收支帐等。这些不具有双方当事人的文书,属于"古文书学"范围内的古文书吗? 对此,日本学者也有一些考虑。最初这些文书是被排斥在古文书之外的,后来他们认为,这些文书基本是登记土地人口财产,作为案卷呈报给上级,以备核查。从逐级呈报看,也具有不同当事人的性质(哪怕是隐性的)。古文书最本质的特性,是在不同人或不同人群之间起作用,让这些不同的人或不同的人群按一定目的、意愿活动起来。土地人口帐簿,是官府分配土地、役使人口的依据,也是为了让所统治的人群按一定目的、意愿活动起来,因此应该属于广义的"古文书"。② 换句话说,这些帐簿虽然保存在接受者处不动,但它是为了实现人、物资、劳役的运行而制作的,具有多种功能。③

这样看来,日本古代史学界,为了处理例如"正仓院文书"(其中大量是

---

① 佐藤进一:《新版古文书学入门》,法政大学出版局,2003 年,第 1 页。
② 《新版古文书学入门》,第 2 页。
③ 大津透著,付晨译:《日本古代古文书学研究的进展及课题》第二节《正仓院文书研究与机能论的展开》,《中国史研究动态》2016 年第 1 期,第 77—81 页。

帐簿文书)之类的文书,正试图扩大古文书的定义,将这些帐簿文书纳入原有的古文书学体系。这是他们的古文书学界为适应新情况(新的文书种类)而作出的努力。根据他们的说法,这些帐簿文书归根结底是处于一种移动中的文书(虽然暂时不动),或为了促使移动而制作的文书。"移动(或促使移动)",构成了广义古文书应该具有的特性之一。

既然日本古代史学界都可以依据新情况,适应新的研究需要,修改、补充"古文书"的定义,以将那些重要的帐簿文书纳入"古文书学"体系,纳入研究者的视野,我们中国古文书学,也应该适应中国古代出土或传世文书的状况,对"古文书"作出适合我们自己情况的定义来。

根据以上介绍,我们以为"古文书"除了应该具有发出者和接受者这一经典定义外,具有"移动"性或可以促成"移动""运动""活动",总之可以让人、物资、劳役动起来,也可以是"古文书"的本质特性之一。从这一性质出发,那些"户籍"类文书,除"手实"具有明确的向上呈报的性质外,其他"籍帐"也都服务于田亩的统计、核查,为土地授受服务;"差科簿"类文书则服务于核查、派遣徭役差科人员;"收据""收支帐"类文书具有记录物资流动过程、结果等功能。这些文书在形成过程中其实暗含有不同主体的互动,形成后也服务于其后的人、物资、劳役的运动,因此都具有广义"古文书"性质。

将除了典型古文书如"契约"之外的经济文书纳入"古文书"研究范畴,具有重要意义:第一,它可以将一大批帐簿文书纳入古文书学研究者的研究范围,不至于使其无所归类,丧失其存在的重要价值。第二,它可以适应具体情况扩大"古文书"范畴,使中国的"古文书"更加适合出土或传世文书的实际情况。第三,它可以提醒研究者,在处理这些经济文书时,要考虑"古文书学"的视角,使文书研究可以多一种视角,多一种方法,更加充分地揭示古文书的内涵和历史价值。那么,如何从古文书学的视角去研究这些经济文书呢?

如何从"古文书学"的视角研究经济文书

从"古文书学"的视角研究经济文书,就是要重视文书本身所具有的"移动"性质;重视文书中明确的或潜在的发出者、接受者;重视文书所涉双方当事人的地位、权力、权利、作用等异同，以及重视文书起到的启动、发动、催动人或物资或劳役运动起来的作用。同时，在重视以上内容的过程中，运用古文书学的方法，关注文书的纸张、花押、印章、签署、书式、文字，即物质方面和格式方面的问题。只有这样，将经济文书纳入"古文书学"体系，才具有真正的理论和实践意义。

可以举两个例子。

例如中古的户籍文书。敦煌文书中所存的"西凉建初籍"（建初十二年，即 416 年），内容之外，从格式上说，户籍所在地写在每户之始，年月在每户之终，写作（数字是文书行号）：

1 敦煌郡敦煌县西宕乡高昌里

（以下为户内人口姓名、年龄、身份等）

6　　　　　　　　居赵家坞

7　　　　建初十二年正月籍

而"西魏大统籍"（大统十三年，即 547 年）则完全不同，户口所在地与造籍年月既不在每一户的开始和结尾，似乎也不在两纸的接缝处，推测可能写在每一卷（包括若干户）的开始处。

到唐朝，户籍形式又有所不同，造籍年和户籍所在地写在两纸的接缝处（并且钤印）。这其中又有不同：最初的户籍所在地只写到乡而并不写户口所在的"里"，后来则落实到了"里"。

例如"武周大足元年籍"（大足元年为 701 年）的接缝处写：

……沙洲……敦煌县……效谷乡……大足元年籍……

而"天宝六载籍"（天宝六载为 747 年）的接缝处则写作：

……敦煌郡……敦煌县……龙勒乡……都乡里……天宝六载籍……

从西凉户籍到唐代户籍的三百多年中，户籍格式发生了如此变化，[1]原因何在，与实行均田制以及国家对民众控制能力的大小是否有关，与文书制作本身的发展规律是否有关？这些都值得我们认真进行研究。

---

①　以上文书例子出自王永兴《敦煌经济文书导论》。

在古文书学的研究范式中,除了要重视文书的书写格式(书式)外,对文书上的附加成分也格外重视,比如签名花押之类。由于古文书学起源于文书(证书)辨伪,因此对签名花押的研究俨然是古文书学中的一大支系。

契约文书中如何签名花押,应该是经济文书中的一个研究重点。

我们知道,在文书中涉及内容是否真实时,现存敦煌或吐鲁番文书中的当事人往往在文书上画出指节印(一般是中指指节),通常是竖列的三横道或三个点(现代录文改成横写,往往录作三竖道,作︱︱︱)。但是契约文书中的当事人画指节印,并非各朝代古文书的共有现象。例如吐鲁番文书中的高昌延寿六年(629)租地契,在内容的最后一行明确写道:"各自署名为信",即当时在契约上只有署名。而到了唐朝,同样在吐鲁番文书中的唐贞观二十三年(649)租地契中,内容的最后一行变成了"两和立卷(券),画指为信"。那么,在这20年间发生了什么?为何当事人双方在契约上从"署名为信"变成了"画指为信"?它意味着什么?这种"画指为信"后来一直延续下来,在敦煌文书中的寅年(822)卖牛券中还能看到,但到五代后周广顺三年(953)的典地契中变成了画押(特殊符号)。这又是为什么?即"画指为信"到后代为何又消失不见了?如此等等,都是古文书学视角下的典型问题,值得我们进行深入研究。

以上例子说明古文书学研究者会特别关注经济文书中除内容外的一些形式上的问题。当然,相关问题还有许多,需要我们去继续发掘和探索。总之,以上我们讨论了经济文书的定义及其与古文书学的关系,但是一切定义和理论,都离不开研究实践。只有通过研究者对经济文书的持续研究实践,才能探明经济文书到底是否具有或在多大程度上具有"古文书"的特性,它们是否可以全部纳入"古文书学"范畴,以及应该如何从"古文书学"的立场、角度去研究经济文书。这些,也就是我们今后面临的重要课题了。

本文为2016年第五届中国古文书学学术研讨会会议论文,后经编辑略加删节发表于《中国社会科学报》2017年3月6日第4版。

敦煌文书与中国古文书学

一

中国本来没有古文书学，到 2010 年，在中国社会科学院历史研究所几位研究者的倡导下，成立了以商周金文、秦汉简帛、(隋唐)敦煌吐鲁番文书、(宋元)黑水城文书、(明清)徽州文书为主的"古文书研究班"。到 2012 年召开第一届"中国古文书学研讨会"，正式宣布成立了"中国古文书学"。此后，分别于 2013、2014、2015 年连续召开了第二届、第三届、第四届古文书学研讨会。通过几次研讨会，大致确定了"古文书学"研究的对象、内容、方法等。虽然仍有不同意见，但中国终于有了自己的"古文书学"，而且其影响也在逐渐扩大。采用"古文书学"的立场和方法研究出土或传世古文书，已经越来越成为学者的共识。

中国古文书学之所以能够成立，是因为出土和传世古文书的发现越来越多、研究越来越深入。这其中，敦煌文书的发现与研究，是古文书学得以成立的一个重要基础。

二

"古文书学"中的"文书"，是指狭义的"文书"。用古文书学的定义来说，就是指具有"发出者"与"接受者"的、具有移动意义的文书。这种文书保持了原有的"书式"，未经后人删改。典型的文书如官文书中的牒、符、帖、状，私文书中的契约、书信，等等。敦煌文书中保存了大量这类"古文书"，因此是"古文书学"得以成立的重要史料来源与基础。

但是，由于中国过去存世的中古时代的古文书数量极少，学人心目中没有"古文书"的概念，因此在"敦煌遗书"(以下暂称敦煌莫高窟藏经洞发现的所有纸质文字资料为"敦煌遗书")发现的当时,很少有学者关注其中的"文书"。即使看到这些文书的巨大价值,也没有从文书学的角度予以关注,更少有称其为"文书"者。

林聪明《敦煌文书学》①在第一章第一节《敦煌文书总名的商榷》中,按时代先后列出了中国学者对"敦煌遗书"的不同称呼,分别为:

书：　罗振玉,1909 年

遗书：罗振玉,1909 年

经卷：李翊灼,1911 年

佚书：罗振玉,1913 年

写本：罗振玉,1917 年

古籍：罗振玉,1917 年

本：　陈寅恪,1929 年

丛抄：向达,　1931 年

残卷：王重民,1935 年

写经：许国霖,1936 年

旧抄：闻一多,1936 年

写卷：吴世昌,1937 年

秘籍：罗振玉,1939 年

卷子：向达,　1939 年

遗籍：袁同礼,1940 年

古抄：陈祚龙,1961 年

文件：韩国磐,1962 年

文献：陶振誉,1962 年

藏经：苏莹辉,1965 年

遗经：雨弟,　 1972 年

从这个列表看,没有一位中国学者称其为"文书"。我们还可以补充几个例子。比如中国科学院历史所编写的《敦煌资料》第一辑,②"对推动我国

---

① 林聪明:《敦煌文书学》,新文丰出版公司,1991 年。

② 中国科学院历史所:《敦煌资料》第一辑,中华书局,1961 年。

敦煌文献研究的发展起了重要作用"①,收录的全部是经济文书,但总名则称之为"资料"。又,姜亮夫《敦煌学概论》,②是"根据他在1983年的讲课录音整理而成的……是我国第一本讲述敦煌学的简明教材"③。在这本《概论》中,总称敦煌这批发现物为"卷子"。在介绍"卷子"内容时,又称之为"经卷"。我们所说的狭义"文书"资料,被称为"史地材料"或"社会史材料",统统放到"经卷简介"章节中予以介绍。

当然,实际上自20世纪50年代以来,除敦煌遗书"总名"外,中国学者对这批敦煌发现物中的"文书"类,倒也有称之为"文书"者。例如上述《敦煌资料》第一辑,在"前言"中介绍本辑所收内容时,就提到有"契约文书"类。唐师长孺先生1964年发表的论文《敦煌所出唐代法律文书两种跋》,④也是径直称了"文书"的。

直到20世纪90年代以后,称"敦煌文书"或称其中某部分为"法制文书""田制文书""赋役制文书"等⑤才多了起来。但学者们并不清楚这其中"文书"的概念究竟为何,因此不仅"文书"与"遗书"混用,而且往往还将"文书"与其他典籍甚至宗教文献混同。⑥

总之,对于中国学者而言,由于不甚了解何为"文书",也没有"文书"的意识,因此自"敦煌遗书"发现伊始,就没有从"文书"的角度予以关心。以致后来即使使用了"文书"一词,但对它究竟有何种含义,仍是不太明了。这些都是因为中国当时还不存在"古文书学"。

三

但是反观日本,则有所不同。上述林聪明所引关于"敦煌遗书"的不同说法时,唯一一个称"文书"的,就是日本学者那波利贞。说法出自其文章

---

① 刘进宝:《敦煌学述论》,甘肃教育出版社,1991年,第285页。

② 姜亮夫:《敦煌学概论》,北京出版社,2004年。

③ 参见《敦煌学概论》柴剑虹序。

④ 见《中华文史论丛》第五辑。

⑤ 刘进宝:《敦煌学述论》,第200页。

⑥ 参见1990年代以后出版的多种敦煌学概论类著作。

《佛、独、英に於る敦煌文书の调查》，时间是 1933 年。① 那波利贞在这篇文章中将所有"敦煌遗书"都称作"文书"，实际反映了他对其中狭义"文书"类的高度关注。所以有时他会有意识地区别狭义"文书"之外的"敦煌文书"。比如在其他文章中对其中的《唐令》或《史记·孝景本纪》，就称之为"唐抄本"而非"文书"(1935 年)。②

日本学者大致从得知"敦煌遗书"开始，虽然对其也有不同称呼，但将其称为"文书"的已经比较多了。神田喜一郎《敦煌学五十年》③是 1953 年在龙谷大学演讲时的演讲稿，涉及内容自"敦煌遗书"传至日本一直到 20 世纪 50 年代中后期。在本书中，作者引用了大量当时的第一手资料(包括报纸报道、学者交往记录、讲演文字等)，如实反映了日本学术界面对"敦煌遗书"时对它们的用语。

根据本书中《敦煌学五十年》一文，作者是将"敦煌遗书"统称为"古书"的。④ 但同时又提到，在明治四十三年(1910)黑板胜美从欧洲回国，向日本学界介绍各种出土文物时，介绍了斯坦因藏品，其中提到有"唐代咸通九年的金刚经版本，还有称为书仪的文书类别"⑤。这里直接称"书仪"为"文书"。书中也提到在昭和十年至十一年(1935—1936)，日本学者纷纷到法国调查敦煌古书的事情，"其中在较偏僻的领域取得成绩的首推京都大学的那波利贞教授。调查研究敦煌古书的学者一般都将注意力放到佛典和汉籍上，而那波博士抄写了大量史料文书带回国"⑥。这里的"文书"主要指社会经济类文书。

在《敦煌学五十年》的《敦煌学近况(二)》中，虽然还在使用"敦煌古书"一词，但使用"敦煌文书"的明显多了起来。比如说介绍榎一雄教授"亲自执笔的《敦煌文书摄影回想》"说："如今我们就可以自由地查阅收藏于大英博物馆的敦煌文书"；说印度维拉博士"进行拍摄北京图书馆所藏

---

① 林聪明：《敦煌文书学》，第 3 页。
② 那波利贞：《唐代社会文化史研究》，创文社，1974 年，第 687 页。
③ 原书由二玄社于 1960 年出版。中译本为高野雪、初晓波、高野哲次翻译，北京大学出版社，2004 年。译文因为有日本学者参与，用词应该比较准确。以下引文均据译文。
④ 神田喜一郎：《敦煌学五十年》，第 2 页。
⑤ 神田喜一郎：《敦煌学五十年》，第 14 页。
⑥ 神田喜一郎：《敦煌学五十年》，第 23 页。

超过四千八百八十八卷敦煌文书的艰巨工作"。① 特别"要提到的就是与社会经济史和法制史相关的文书研究。东京大学的仁井田陞博士过去在这一方面曾经取得过出色成绩……在《东洋文化研究所纪要》上接连不断地发表了……《斯坦因在敦煌发现的唐代奴隶解放文书》《斯坦因发现的唐宋家族法相关文书》等多篇论文。同时山本达郎博士在《东洋学报》杂志上发表的《在敦煌发现的计帐文书残简》、在《东洋文化研究所纪要》上发表的《在敦煌发现的户制田制相关文书十五种》等等,皆为饱含心血的作品……大阪市立大学的内藤乾吉教授则选择了伯希和带回法国的敦煌文书中的《唐律》作为研究课题"②等等。可以说"敦煌文书"的使用逐渐普及开来。

日本学者之所以很快就以"文书"命名这批"敦煌遗书",原因可能有两点。第一,日本保留了从中世纪以来的大批古文书,以至从"正仓院文书"开始,一直将刻本以前的写本称为"文书"。第二,日本早在19世纪末就建立了自己的"古文书学",界定了古文书的定义、范围、研究方法等。日本学者很多接受过有关"古文书学"的教育,因此心目中具有"古文书学"意识,一旦看到与日本古文书类似的文物,就很自然地将其称为"文书"了。

关于后一点,还可举一个例子。在《敦煌学五十年》中有一篇《内藤湖南先生与支那古文书学》的文章。文章说:内藤湖南先生从明治末年到大正末年在京都大学东洋史课程中开设了中国古文书学讲座,当时称为"公牍",讲解了汉代公文书、唐代制文、《元典章》、清朝公文书等,使学生们(包括神田喜一郎)"掌握了正确阅读公文书的技巧"③。"内藤先生是我国中国古文书学的开拓者"④。可以想见,接受过这种古文书学训练的学者,当接触到"敦煌遗书"中有类似作品时,会很自然地以"文书"来称呼它们。这与没有古文书学、没有接触过古文书学知识的中国学者有着很大的不同。

称"敦煌遗书"为"文书",并有意识地与古文书学联系起来的是那波利

---

① 神田喜一郎:《敦煌学五十年》,第40—41页。
② 神田喜一郎:《敦煌学五十年》,第41—42页。
③ 神田喜一郎:《敦煌学五十年》,第84页。
④ 神田喜一郎:《敦煌学五十年》,第83页。

贞。他在《千佛岩莫高窟と敦煌文书》的长文①中谈到了敦煌文书的四点价值。其中第四点价值为：②

> 中国中世以前的古文书，传世遗存者稀有。故而诸种文书本来的书式，现今不明者甚多。此乃不必絮说之现象。文书的文字虽然往往登载于《全唐文》《唐文粹》《文馆词林》残卷等已刊刻的图书中，使我们得以知道其内容，但记录的书式则被完全破坏。因此想要知道文书书式，殆属不可能之事。甚至只能以我国王朝时代的现存古文书——其范式仿照唐制——的样式类推。然而敦煌文书中保存有自南北朝至北宋初期丰富的文书，包括有任命官吏的任命书、官吏致地方长官的书信、买卖借贷契约等契书、民间结社的社条、官署的告示等种种文书的书式。单是能知道这些文书通行的是何种书式，就已经很多，何况其中还有不少带有花押、指画。仅此，即这些文书仅在研究中国中世时期文书的各种样式方面，就具有绝大的史料价值了。特别是，若站在法制史的立场上，应该关注的最贵重的文书，是那些可以称为"公文书书式样本"的遗存。在那遗存上面列举、登载了唐代官署的公式文书样式。登载此种文书样式的唐代书籍现今已基本佚失，能够知道唐代过往书式的，只有我国滋贺县三井寺所藏智证大师圆珍在唐时使用的越州都督府发行的旅行许可证。在这种情形下，我们看到了法国第二八一九号纸背文书。文书虽然首尾阙如，是个残卷，但尚完整保存了关式、牒式、符式、制授告身式、奏授告身式共五种书式的格式。单是记录了关、牒、符等书式名称，就能补充不能提供这些书式格式的《大唐六典》的阙文。这在中国古文书学、中国法制史的研究方面，是难得的好资料。确实可以评价为唐代古文书书式的吉光片羽了。③

那波利贞提出的敦煌文书的其他三点价值分别是：提供了构成编纂史书的根本性资料；提供了研究东西方文化交流的资料；提供了众多已亡佚的书

---

① 载《西域文化研究第二：敦煌吐鲁番社会经济资料（上）》，法藏馆，1959 年，第 13—68 页。
② 文字为我所翻译，缺乏推敲，请读者见谅。
③ 《西域文化研究第二：敦煌吐鲁番社会经济资料（上）》，第 67 页。

籍。将提供了古文书的书式列为敦煌文书价值的第四点，可见日本学者对古文书"书式"的关注和重视，而这一点正是古文书学的精髓所在。

池田温也是深谙古文书学的日本学者。他在《敦煌文书的世界》①中主张使用"敦煌文献"一词，认为它"是对在敦煌地域发现的古代文字资料的总称"。他还辨析说："另外'文书'一词在历史的史料学和古文书学中，是有别于书籍的带有限定的专门用于记录的意思（是有特定发信人和收信人）的文件，②因此对包含有典籍、文书、记录在内的敦煌资料，比起称为'文书'来，使用'文献'的通称更好一些。"③

这就明确了狭义"文书"的特有性质。在这一立场上，池田先生把敦煌文献区分为"书籍和文书"④，并且特别强调了其中文书的价值，以及日本学者因具有古文书学立场而拥有的优势。他说："文书类虽只占全体数量的百分之几，但是在传世古文书几近绝迹的中国，其珍贵的文物价值就非常值得重视了。"⑤"宋代普及了刻版的结果，使唐末之前的写经、写本在中国传承下来的几近于无，与继承了不少8世纪之后写经和舶来的唐钞本的日本相比有相当大的差异。敦煌写经对中国人来说，可以说是头一回到手的此类古代遗物，同类的古写经在日本也有少量传存下来，在对它们进行研究时应该掌握的常识，日本人已经具有了。在适应实物（？）的古写本

---

① 原书由名著刊行社于2003年出版。中译本由中华书局于2007年出版。译者为张铭心、郝轶君。据"译后记"，译文还经过日本学者广中智之的修改，因此是可以信赖的。以下引文均出自译文。但要说明一点："译后记"说"池田先生主张统一使用'敦煌文献'的名称，但是书中有的地方用'敦煌文献'，也有的地方用'敦煌文书'，等等。鉴于各章节的行文内容，我们基本上没有进行统一处理"（313页）。没有统一处理是对的，因为实际上池田先生使用"文书"一词时有着特定含义，并非随意混用。又，本译文在翻译英文时，存在用词不统一的地方。比如山本达郎、池田温等编纂的英文版的《敦煌吐鲁番社会经济史文书》，在本译文中就有4种不同译法：1.《敦煌吐鲁番社会经济史资料系列》（92页）。2.《敦煌吐鲁番社会经济资料集》（163页）。3.《敦煌吐鲁番社会经济史料集》（262页）。4.《敦煌吐鲁番社会经济史文书》（279页）。可见如何翻译"敦煌资料""敦煌文书"，是个很复杂的问题。

② 这句关于文书的话，翻译得很别扭。查原文第45页，此句话似应译为："文书一词在历史史料学与古文书学中，是在区别于书籍和记录的、特定意义上（有发出者与接收者的文件）使用的。"——2018年3月25日补记。

③ 池田温：《敦煌文书的世界》，第41—42页。

④ 池田温：《敦煌文书的世界》，第190页。

⑤ 池田温：《敦煌文书的世界》，第45页。

学、古文书学的领域，①日本研究者所做出的显著贡献，由此背景看是理所当然的结果"②。换句话说，在"文书"研究领域，日本学者正因为具有古文书学的常识，因此会很快在"敦煌遗书"中找出"文书"，并立即采用古文书学的方法对其进行研究。而对于此前很少有古文书存世的中国，学者没有古文书学的常识，对"文书"的关心就相对要迟缓一些，对"文书"书式的关心就会很淡漠了。

四

通过以上分析，可知在"敦煌遗书"公布后，对其中的"文书"类资料，日本学者基于其自身的古文书学传统，很快以古文书学的立场和方法，对其进行研究，并进而出现了将这批"敦煌遗书"称为"敦煌文书"的做法。严谨一点的学者，也会将书籍和文书区分开来，用"文书"特指那些非撰述的原始记录，甚至是具有发信者和收信者的，即有一定格式的文件。

现在尚不能判定中国学者称这批资料为"敦煌文书"是否受到日本学者的影响。从前引林聪明《敦煌文书学》排列的史料看，中国学者在20世纪60年代之前，很少将其称为"敦煌文书"，而如前述，那波利贞早在1939年就使用"敦煌文书"的称谓了，到1959年更发表了全面介绍"敦煌文书"的长文，并用很大篇幅指出了它在古文书学上的贡献。由此来看，中国学者称"敦煌遗书"为"敦煌文书"很可能是受到了日本学者的影响。当然，要想落实这一推测，还需要更多的资料支持。

不过，自20世纪60年代以来，尽管中国学者也使用了"敦煌文书"的称谓，但其实并不清楚这其中"文书"的含义，因此才有与"遗书""文献"等的混用。究其原因，就是因为中国没有自己的古文书学，学者们没有掌握古文书学的知识，也没有受过古文书学的训练。因此，要想真正弄懂"文书"的含

---

① "在适应实物的古写本学、古文书学的领域"一句不通，似有误字，因未见原文，不能确定，特加问号以存疑。后查原文第69页，此句话似应译作"在与实物密不可分的古写本学、古文书学领域，日本研究者能做出显著贡献，由此背景看也是当然的结果"——2018年3月25日补记。

② 池田温：《敦煌文书的世界》，第62页。

义,弄清日本学者区别书籍和文书的用意,了解文书书式的价值,就必须学习古文书学。这也是我们成立"中国古文书学"的初衷之一。

前述神田喜一郎认为内藤湖南是日本"中国古文书学"的开拓者,但实际上,当时并没有多少可供研究的中国古文书,因此一般并不认同神田喜一郎的说法。直到敦煌文书发现、特别是对"敦煌遗书"中的"文书"研究成果斐然之后,才可以说日本的"中国古文书学"出现了。而日本的"中国古文书学"其实就主要建立在对敦煌文书和吐鲁番文书(大谷文书)研究的基础上。① 换句话说,如果没有敦煌文书的发现,日本的"中国古文书学"就不会出现。敦煌文书及其研究是日本"中国古文书学"建立和发展的基础所在。

这就是敦煌文书与中国古文书学的关系。回望中国,敦煌文书及其研究,也是中国"中国古文书学"建立的基础之一。由于在出土文献的研究中,敦煌文书的研究起步早、成果多、水平高,特别是其中关于狭义"文书"的研究,包括公私文书的纸张、字体、书法、签署、画押、书式、内容、性质等的研究,走在整个古文书研究的前列,甚至带动着其他如黑水城文书的研究,因此可以毫不夸张地说,敦煌文书及其研究,也是构成"中国古文书学"建立的一个非常重要的基础。

从中国古文书学的立场看,敦煌文书的重要性是不言而喻的。这一点上述那波利贞已经谈到了。如何有意识地从古文书学的视角,使用古文书学的方法,去研究敦煌文书中那些典籍之外特别是具有"书式"的文书,是我们今后努力的方向之一。而也只有有意识地从古文书学的立场去重新审视那些"文书",才能使敦煌文书的意义和价值更加升华,反过来促进中国古文书学的进步。这一点,也是我们所深深期待的。

本文为"2016 敦煌论坛:交融与创新"学术研讨会会议论文,后发表于《隋唐辽宋金元史论丛》第七辑,上海古籍出版社,2017 年。

---

① 参见黄正建《中国古文书学的历史与现状》,《史学理论研究》2015 年第 3 期。文章已收入本书。

关于"中国古文书学"的若干思考

　　中国古代史学界近代以来发展出若干研究出土或传世文书的新学问，时代涵盖战国秦汉直至明清。虽然这些学问研究的对象多是文书，但却并没有形成和建立起自己的"古文书学"。2010年，在中国社会科学院历史研究所一些研究甲骨文金文、秦汉简牍、敦煌吐鲁番文书、黑水城文书、徽州文书的年轻学者倡导下，成立了"古文书研究班"。到2012年，召开了第一届"中国古文书学研讨会"，标志着"中国古文书学"正式成立。"中国古文书学"从成立到现在已经过去了5年。在5年的实践中，我们对有关"中国古文书学"的成立背景、定义、研究范围、研究方法、性质和特点等逐渐有了一些思考。不过由于"中国古文书学"是实践性非常强的学科，只有在不断实践中，才能更清晰地看到或说明上述问题，因此以下所谈必定十分浅显，属于真正的抛砖引玉，希望能引起学术界对这一新兴学科的重视并开展积极讨论。

一

　　促成"中国古文书学"成立的因素或曰其成立背景，可以分为内部和外部两个方面。

　　从外部因素说，近年来历史学界有一种理论影响很深，即所谓"后现代主义"或历史相对主义。这种理论认为一切史学著作、所有历史撰述都是人为完成的，都含有作者的主观意图，因而都是靠不住的。面对这种影响甚广的思潮，学术界出现了两种回应。第一种回应是因此更加重视史书作者的主观表达，试图在史书呈现的"史实"中找到作者对史料的选择、裁剪、改造，从而挖掘史书表达背后的真相。这种探究史书作者如何撰述"史实"的做法，就形成了现在十分流行的关于"书写方式"的研究热潮。第二种回应则是倡导回到史书编纂之前的原始资料,直接从原始资料进入"史实"。于是我们看到近年来新建立了一些与此有关的学科,比如"写本学",比如"古典学"。所谓"写本学",研究的是刻本之前的写本;"古典学"则致力于对经典原始形态进行研究。"古文书学"的成立,也是这后一种回应即重视原始资料潮流的产物。

虽然同是重视原始资料,但"古文书学"与"写本学"不同,并不研究典籍,同时与"古典学"专注于古代经典也有所不同。"中国古文书学"致力于研究原始状态下的"文书",与历史研究的关系比"写本学""古典学"要更紧密一些。

从内部因素说,以往中国没有"古文书学"主要因为存世文书太少,因而文书在历史研究中发挥的作用不大,学者也缺乏利用文书从事历史研究的自觉意识。近年来,随着历代简牍、文书的大量出土,以及传世文书的成批发现,相关研究日益兴盛,陆续形成了简牍学、敦煌学、吐鲁番学、黑城学、徽学等专门学科,文书在各断代研究中的作用越来越大,以至于有必要建立一个跨断代、跨领域的统一以"文书"为研究对象的新学科了。"古文书学"于是应运而生。

以上两个因素其实都可以归结为对原始资料(如何认识、如何利用)的重视。我们知道,研究历史离不开史料。一般而言,史料可分为物质史料、文献史料和精神史料。物质史料如遗迹遗物,精神史料如传统习俗,此外最主要的是文献史料。文献史料又可分为处理事务的文书、个人撰写的著作、编纂的史书等不同层次不同类型,其中"文书"就是最原始最基础的史料。① 建立"古文书学"的目的,就是倡导重视"文书"这一原始史料,并提倡一种符合"文书"性质与特色的研究视角及研究方法。

二

"古文书学"研究的是"古文书"。所谓"古"文书,只是一个相对概念,对于中国古代史研究者而言,"古"文书一般应指 1911 年清朝灭亡之前的文

① 　参见阿风《文书与史料系统》,《中国史研究动态》2017 年第 5 期。

书。那么什么是"文书"呢？古文书学中的"文书"与过去我们一般泛称的例如"敦煌文书"之类文书并不相同。古文书学中的"文书"有其特定含义。

"中国古文书学"的建立借鉴了日本古文书学。这是因为日本古文书学十分发达的缘故。就"文书"定义而言，"日本古文书学"对其有个经典定义：文书是"甲方为了将自己的意图传达给乙方而做成的一种意图表示手段"①；或者是"发件人为向收件人传达自己意志而用文字做成者"②。这个定义规定了"文书"的性质：第一，必须有甲方乙方，或发件人收件人，若只有单方作者不成其为文书。第二，必须是将一方的意图或意志传达给另一方，即有一种传递传达的功能。第三，必须是使用文字（而非图像、声音）做成的。至于材料则不限，竹木、纸张、金石皆可，当然主要是纸张。后来，日本学者对这一定义也有补充。一个补充是：收件人若是非特定的多数或是潜在者也可以，比如涉及众人的"布告"之类。另一个补充是除契约这种有双方当事人的文书之外，"帐簿"等能促使人力或物资移动的经济文书，也属于"文书"范畴。

结合日本学者的定义，我们认为古文书学意义上的"文书"应该具有以下性质或特征：第一，它是未经后人改动过的原始资料。第二，它不包括各种撰写或编纂的典籍。第三，它一般是用文字书写的。第四，它以发件人向收件人表达意图者为主，同时包括帐簿等经济文书。第五，它应具有完整格式，例如牒、状类文书一般应包括发件者、收件者、结尾用语、日期等要素。

文书与典籍不同。这种不同不仅在于它是当时处理事务的原始文件，不同于反映个人意志的编纂物，尤为重要的是它根据文书传递对象身份地位的高低，具有上行、平行、下行等各种类型，并因此而有不同格式，同时依时代不同，还具有署名、画指、画押、钤印等显示权力或保证真实性的不同方式。这些格式与署名画押钤印等，是文书区别于其他文献的极重要的特征。

因此，所谓"古文书"，主要包括历史上曾经使用过而现在已经不再使用的诏、敕、牒、符、辞、状、表、启等由一方发给另一方的官文书（公文书），也包括具有双方或多方当事人的契约文书、诉讼文书，还包括能致使（促使）人和物移动（活动）起来的帐簿类经济文书，以及用于个人交往的书信文书。契约文书和书信文书等又可称为"私文书"。

---

① 佐藤进一：《新版古文书学入门》，法政大学出版局，2003 年，第 1 页。
② 日本历史学会编：《概说古文书学：古代·中世编》，吉川弘文馆，2012 年，第 1 页。

　　"古文书"的主体类型,是那些由一方将自己意图传达给另一方的文书。由于发件者与收件者的身份地位不等,体现在文书上就有纸张、格式、用语、平阙等种种不同。此外时代、地域的不同也使文书面貌千差万别。为了综合研究这些文书存在的等级差别,探讨不同文书具有的作用大小和价值高低,找出各种文书内含的统一特点和规律,就需要一种能涵盖各种文书并能研究各种文书的学问,这种学问就是"古文书学"。

　　古文书学主要从内在与外在两方面研究文书。所谓"外在",主要研究文书的物质方面,包括材料(竹木、金石、纸张)、形制(尺寸大小、剪裁修整、封口方式)、字体、印章等。所谓"内在",主要研究文书的史料方面,包括文书的样式(书式、格式)、用语、内容等。[①] 研究古文书,归根结底是要研究这些文书所起的作用: 既包括它们作为实用文书在当时所起的作用,也包括丧失了当时作用之后在后来的历史研究中作为史料所起的作用。研究形制也好、研究书式也好,都是为了更好地理解这些文书所起作用的大小。

　　在古文书学上述两个研究领域中,对于研究早期文书(宋元之前)的多数学者而言,能够接触到文书原件的机会很少,因此所谓文书物质方面的研究很难进行,对文书的研究就集中在书式(含署名画押铃印方式)和内容方面。由于内容方面是所有古文献研究都会关注的,因此文书的"书式"研究就成了文书研究最重要的特点,也是区别于其他古文献研究的重要标志。

　　所谓"书式"研究,就是要研究文书的格式。不同等级不同用途的文书,有不同书式,起着不同作用。其中官文书的书式,一般规定在法典或官方文件中。例如唐代《公式令》规定了《牒》的书式如下:

　　　　牒式:
　　尚书都省　　为某事
　　某司云云,案主姓名,故牒。
　　　　年月日
　　　　主事姓名
　　左右司郎中一人具官封名　　令史姓名
　　　　　　　　　　　　　　书令史姓名

---

① 参见福尾猛市郎、藤本笃《古文书学入门》,创元社,1974 年。

这是"尚书都省牒省内诸司式",是上对下的文书。我们注意到,《牒式》关于内容方面只用"云云"代替,其他都是格式,包括年月日位置、各级官吏署名位置,以及是否要写"姓名"等。可见法律对文书的规定主要是一种格式规定,格式的重要性就不言而喻了。

从"古文书学"的立场研究文书,基本一点就是要研究如《牒》式这样各种文书的不同格式,从而正确判断它在当时起到的作用。复杂的文书,层层转述,间有判语,不懂其中的格式,就无法正确理解其内容,甚至会导致对史实的错误解释。因此,"书式"(格式)是文书之所以成其为"文书"的决定性因素。文书研究,除了"内容"研究十分重要外,最重要的就是对"书式"(格式)的研究。

<h1 style="text-align:center">三</h1>

中国古文书学与其他国家比如日本古文书学相比,具有哪些特点呢?这个问题的详细研究有待来日,这里只想指出两点:第一个特点表现在古文书的来源上。日本的古文书主要是传世文书,保存在寺院、神社、村邑、家族中,大都比较完整,有些土地所有文书延续三百年以上。中国的古文书,宋元以后特别是明清文书,除内阁大库档案与部分地方衙门档案外,多数保存在地方村镇组织或家族中,这点与日本古文书的保存类似。但同时,宋元以前的古文书,则多来源于墓葬或石窟等,保存具有偶然性。这些出土的文书很多有残缺,有些是因为其背面的再利用而被保存下来。这些出土文书数量现在越来越多,而日本的古文书缺少这种来源的文书。这两种不同来源的文书,在当时的作用其实有所区别。保留在寺院、家族中的文书,是为了证明所有权及其继承性,而出土于墓葬的文书,除了证明所有权者外,还有的为了证明身份,有的是被再利用,有的甚至可能具有术数文化性质。

第二个特点表现在文书的类型上。日本自公元 9 世纪以后,天皇权力逐渐缩小,幕府将军权力增大,后来战国大名也拥有很大权力。不同的掌权者设立不同权力机构,下达不同类型命令,于是造成日本古文书类型的复杂。例如除学习唐朝的"公式样文书"诏敕牒符外,还有"公家样文书"的下文、宣、纶旨、教书,"武家样文书"的印判状、纷失状、起请文、军忠状等。同样是书状,又有"奉"和"直"的区别;同样是下文,还有"奥上署判"与"袖判"即判语位置的不同。这些不同均与发件者身份地位、权力大小相关,文书形成后也有作用大小的不同。反观中国,自秦朝建立中央集权政治体制后,两千年基本没有变化(即使分裂时期,制度仍是集权政治),上级下达命令与下级汇报事务遵循大致相同途径,文书类型也就相对比较简单(虽然各朝都有不同)。换言之,政治体制的不同造成文书类型和作用的不同,致使日本古文书种类繁多而中国古文书种类相对简单。

与以上两个文书特点相适应,"中国古文书学"除上节所说定义外,还应注意两点:第一是中国古文书学建立在近年来出土文书与传世文书增多的基础上,对于宋元以前文书而言,由于出土文书总体数量还不够多,因此似乎应该适当扩大"文书"范围,将那些官吏名簿、遣策、衣物疏等也包括在文书之内。第二是中国古文书中的官文书,具有极强的延续性,同时在延续中有所变化,比如汉代的"辞"与唐代的"辞"不同,唐代的"帖"与明代的"帖"也不一样,此外牒、状,以及私文书中的契约等都是如此。因此我们在研究中国古文书时,一定要注意那些看上去简单一致实际有很大不同的文书类型的延续与演变。

中国古文书学自成立以来,每年举办一届研讨会,到 2017 年已经举办了六届。其中第四届是"官文书"研究专题,第五届是"经济文书"研究专题。第三届和第六届都是国际会议,除中国学者外,日本和韩国学者也积极参加并提交了论文。以第六届古文书学国际会议为例,发表的论文有日唐古文书学比较(以文书处理为中心)、契据文书中的署名画指画押、古文书与《文集》文书比较、官文书书写、"王言"传播、朝鲜时代古文书规式研究、公文碑的格式与功能、日本近世文书调查、秦汉司法文书的虚与实、汉魏户籍文书的判断标准、"私学"相关簿籍与文书的地域考察、政务沟通中的文书与口头传达、从古文书视角比较唐代告身与日本位记、宋元公文书的事务处理手续、赋役书册纂修的行政流程、纸背公文、元代户籍文书系统、契约书写变化、契约文书对中国历史研究的重要意义、从古文书看朝鲜女性地位、文书与史料系统,等等。通过这些论文可以看到,主动从古文书学视角研究各类文书的学者有所增加,对古文书学的认同正在扩大,相关成果的水平也在逐步提高。

展望未来，"中国古文书学"扩大了基本史料研究领域、增加了处理原始史料的视角和手段，有着广阔发展前景。我们期待着它能成为与古文献学并列的、历史研究的基础学科，为深化中国古代历史研究贡献一份力量。

原载《中国史研究动态》2018 年第 2 期。

吐鲁番学与古文书学

——陈国灿先生《论吐鲁番学》读后

中国古文书学是近年来兴起的一门新学科。中国古文书学研究以原始形态存在的文书,包括出土文书与传世文书(不含其中的典籍),特别关注文书的外在形态,关注有双方当事人的上行、平行、下行官方文书、契约文书,以及私人书牍,认为"格式"(书式)是文书之所以成为文书的关键所在,没有了格式,文书就与一般文章没有区别,就会丧失其中包含的人事、权力、程序、行政运转等信息。古文书学是研究古文书的重要视角和方法。

陈国灿先生长期从事整理和研究吐鲁番文书的工作,将他有关吐鲁番学的思考,包括整体思考和具体方法,都集中收入其大著《论吐鲁番学》一书[1]中。研读这本大著,我们深深感到,虽然陈先生在整理和研究吐鲁番文书时,中国还没有古文书学,但他采用的方式方法,却与古文书学的视角与方法暗合。这是令我们深为感佩的。

具体说来,可以指出以下两个方面。

第一,古文书学在研究文书时,提倡注重文书的外在形态,包括纸张、印章,等等,因为这些外在信息对理解文书内容极为重要。陈先生由于能接触到文书原件,对文书的这些信息十分重视,在整理和录文时尽可能将这些信息传达给读者,使无法看到原件的读者能最大限度地了解文书的外在形态。

例如关于出土文书纸张的尺寸,在最早整理敦煌吐鲁番文书时,并未充分注意,[2]因此在《吐鲁番出土文书》(十册录文本)中,没有给出每件文书用纸的尺寸。到图版本《吐鲁番出土文书》依然如此,仅在文书的图版中标有比例尺。但随着整理的规范化和研究的深入,陈先生意识到尺寸的重要,因此在整理鄯善新发现的唐代文书时,就对每件文书的尺寸做了详细记录,并

---

[1]　陈国灿:《论吐鲁番学》,上海古籍出版社,2010年。
[2]　再早的《敦煌资料(第一辑)》(中华书局,1961年)没有关于尺寸的任何信息。

公布于众。例如第三件文书《唐光宅元年十二月以甜浆租田契》在录文后写道:"本件由两片组成,1—5行为一大片,高10.6 cm,宽13.7 cm;6行为一小片,高5.5 cm,宽10.0 cm。拆自纸鞋3号鞋面里第三层。"①其他20余件文书,都详细给出了尺寸,以及拆自何处。这些信息对于研究那些残破的文书是非常有用的。这种记录文书尺寸的方法,应该为后来的文书整理者继承和发扬。

再如关于印章。有无印章,关系到是否官府文书,以及是何种机构发出的何种等级文书等重要问题。在这方面,陈先生也是特别留意的。例如在甄别俄藏敦煌文献中的吐鲁番文书时,印章就成了重要证据之一。比如他甄别出来的第二件文书《唐开元九年十一月十四日北庭都护府长行坊状为营田典孟索马事》,最后定谳的依据是"在后一件牒文上,钤有'北庭都护府印',由此可以确认,本件为北庭长行坊的状文"②。又如辽宁省档案馆所藏一件吐鲁番文书,陈先生原来认为是蒲昌府上西州户曹的牒文,后来再仔细辨认,"从原件上看,本件钤有朱色的'蒲昌县之印'三方,说明这是由蒲昌县发出的牒文"。从而纠正自己原来定名,将此件文书判定为"蒲昌县发给蒲昌府的牒文"。③

出土文书,往往纸张的正、背面都有字迹,因此需要仔细辨认何者为正、何者为背,正背之间的关系如何。这一点,是唐以前出土文书极重要的特点。不了解这一文书的外在特点,往往会弄错正、背面,或者无视正背面之间的关系,从而不能正确理解文书的内容和价值。在这方面,由于陈先生过目文书原件甚多,能够迅速联想彼此,因此有很精彩的整理成果。

例如日本大谷探险队曾经从阿斯塔那225号墓获得一批文书,1972年重开此墓,又清理出一批同类文书。陈先生注意到,这两批文书大多正背面都有书写,时间分别是武周圣历二年(699)与长安三至四年(703—704)。于

---

①　陈国灿:《鄯善新发现的一批唐代文书》,氏著《论吐鲁番学》,第202页。原载《吐鲁番学研究》2005年第2期,第123—141页。

②　陈国灿:《〈俄藏敦煌文献〉中吐鲁番出土的唐代文书》,氏著《论吐鲁番学》,第181页。该文原载《敦煌吐鲁番研究》第八卷,中华书局,2005年,第105—114页。

③　陈国灿:《辽宁省档案馆藏吐鲁番文书考释》,氏著《论吐鲁番学》,第174页。该文原载《魏晋南北朝隋唐史资料》第十八辑,武汉大学出版社,2001年,第87—99页;又载《吐鲁番学研究》2001年第1期,第3—14页。

是陈先生将这两批文书的正背面进行了对比排列如下：

圣历年间的一组文案：

1. 大谷 2834a　　　敦煌县诸户作物种类段亩簿（一）

2. TAM230 · 47a　敦煌县诸户作物种类段亩簿（二）

3. TAM225 · 23a　敦煌县诸户作物种类段亩簿（三）

4. 大谷 2839a　　　敦煌县诸乡营种麦豆顷亩数计会

5. TAM225 · 16a　敦煌县合计僧尼道士女冠数帐

6. 大谷 2835a　　　敦煌县勋荫田簿

7. 大谷 2836a　　　圣历二年三月廿日敦煌县平康乡里正牒为官人在
　　　　　　　　　　当乡田地营种事

长安年间的一组文案：

8. 大谷 2836b　　　长安三年三月一日敦煌县录事董文彻牒为劝课百
　　　　　　　　　　姓营田判下乡事

9. 大谷 2835b　　　长安三年三月十六日敦煌县牒上括逃御史并牒凉
　　　　　　　　　　甘肃瓜等州事

10. TAM225 · 16b　长安三年五月廿日敦煌县史宋果牒

11. 大谷 2839b　　　长安四年二月廿日敦煌县洪闰、敦煌乡里正牒为军
　　　　　　　　　　人娶妻妾事

12. TAM225 · 23b　王进成妻杨氏等名籍

13. TAM230 · 47b　敦煌县牒为镇果毅杨奴子等娶妻事

14. 大谷 2834b①　长安四年二月廿一日敦煌县史阎逪帖为改配逃人
　　　　　　　　　　田事

通过排比以上 7 件文书正背面的一一对应关系,陈先生得出结论说"从长安
年文书的年月序列可以明显看出,是对圣历年文案逐件有序利用的结果,也
是圣历二年文案经过满三年后的再利用,第 11—14 件之间,有两件(第 12、
13 件)无纪年,但内容与第 11 件一致,可以认定为长安四年二月廿日的同日

---

① 原作"大谷 2834a",误,当为"大谷 2834b",参见陈国灿《略论日本大谷文书与吐鲁番新出墓
　葬文书之关联》,氏著《论吐鲁番学》,第 127 页。该文原载《敦煌吐鲁番研究论文集》,汉语大
　辞典出版社,1990 年,第 268—287 页。

文书。正由于县衙署为节约用纸,在长安年审批文案时,逐件有序利用了圣历年文案的背面,可以推断,第1—6件缺纪年的文案,只能是圣历二年三月廿日以前不久的文书"①。

这种充分利用背面信息推断正面年代,从而将一组文书统一考虑、一并研究的做法,是从文书外在形态入手,整理和研究文书的极好典范,值得我们认真拜读学习。

第二,古文书学如上所述,特别重视文书格式(书式),认为格式是古文书的灵魂。陈先生在整理和研究吐鲁番文书的实践中,充分认识到格式的重要。这可以分三方面来说。

首先,在整理文书时重视格式。陈先生总结了自唐长孺先生以来整理文书的经验,在提到给文书录文时说:"对出土文献的录文,应尽量保持原貌,如所存文字前面有缺文,应标明(前缺);如所存文字后面还有缺文,应标明(后缺)。对文书的每一行应给予一个行号,文书中表示的平阙式,也应遵照原式而录。"②按文书原格式录文,尽最大可能保持文书原貌,是整理古文书的重要原则,也是古文书学的基本要求。

其次,在给文书断代和定名时重视格式。陈先生指出不同时代的文书有不同格式,这是断代和定名的重要标志之一。他说"各个时期的制度、职官用语不同,文书书写的格式也不相同。如十六国高昌郡时期……文书的格式有'条呈''班示''属''启'等。官文书结束时常有'事诺奉行'或'纪识奉行'一类的话,这些多为后来文书所不用"。"高昌王国时期又不同了。……在官文书结尾常有'奏诺奉行''承旨奉行'等。这些制度及称谓到了唐代则完全消失"。③

特别是,陈先生注意到不同时期的纪年也有不同格式,可以作为断代的依据。他说:可以"依据不同时期不同的纪年书写方式对文书时代做出判断。十六国时期文书开头多是年号 + 年 + 月 + 日,如……'升平十一年四月十五日王念以兹驼卖……'。到了高昌王国时期,纪年则增加了干支纪岁,

---

① 陈国灿:《略论敦煌吐鲁番文献研究中的史学断代问题》,氏著《论吐鲁番学》,第78—79页。该文原载《敦煌研究》2006年第6期,第124—129页。
② 陈国灿:《吐鲁番出土文书的整理、分类与定名》,氏著《论吐鲁番学》,第59页。
③ 陈国灿:《略论敦煌吐鲁番文献研究中的史学断代问题》,氏著《论吐鲁番学》,第74—75页。

即年号＋年＋干支岁＋月＋日，如……'章和五年乙卯岁正月　日……'，有的或径写干支岁。唐代，纪年又恢复了十六国纪年模式。吐蕃占领敦煌时期，变成了地支纪年，如……'未年十月三日，上部落百姓安环清……'。归义军政权成立以后的敦煌文书，由于与中央朝廷音讯时通时断，故在书写纪年时，有两种方式书写，一种是年号＋年＋岁次干支＋月＋日，如……'天复四年岁次甲子捌月拾柒日立契……'；另一种是直接用干支纪年，如……'乙亥年二月十六日，敦煌乡百姓索黑奴……'。不同时期的这种不同纪年方式，也可给文书断代提供依据"①。重视文书纪年格式，也是古文书学要特别强调的。

最后，在研究文书时重视格式。陈先生在研究文书以及通过文书研究历史时，十分重视文书格式。例如唐初安西都护府曾一度设制于西州，那么唐初如何经营西州？西州与安西都护府是何关系？陈先生研究了一批"安西都护府"管理西州地方事务的文书，认为从这些文书里看，是安西都护府直接向县级机构发号施令，承旨下符。如唐朝廷尚书省于贞观二十年（646）三月签发敕旨给"安西都护府主者"，六月廿□日到，都护府七月五日便签发下交河县，其中3行为：

31　都护府

32　交河县主者：被符奉敕旨连写如右，牒□□□□□□

33　敕者，县宜准敕，符到奉行。

从这件符文格式，可以清楚看到都护府直接下符给交河县，中间没有经过西州这个环节，因此此时的西州，实际是安西都护府在行使州官的职权，而西州虽有其名，实无其制。②

又如，在探讨大谷文书与阿斯塔那501号墓关联问题时，也首先从文书格式入手。比如其中的征镇及诸色人名籍，陈先生指出："501号墓新出征镇诸色名籍，在书式上可分为两类，一是事类、总人数与诸姓名分行列出……另一种方式是不分行，总人数、事类及姓名直书而下"，两类名籍大谷文书中均有。再如其中的军团番上文书，陈先生比较了大谷文书与501号墓此类

① 陈国灿：《略论敦煌吐鲁番文献研究中的史学断代问题》，氏著《论吐鲁番学》，第76—77页。

② 陈国灿：《吐鲁番出土汉文文书与唐史研究》，氏著《论吐鲁番学》，第104—105页。

两件文书后指出："从(以)上比较看,两件均属某团通当团破除、见上兵名籍,书式一致。"①这里陈先生明确提到了以"书式"区分类别,以及通过"书式一致"判断文书关联性的问题。

再如,小田义久在《大谷文书研究》中依据高昌官府文书中有"条列""记识"的用语,认为《高昌乙酉、丙戌岁某寺条列月用斛斗帐历》及其他佛寺《条列粮食帐》,是"由佛寺向中央官厅上奏的文书"。陈先生则利用他丰富的文书格式知识,不同意这一看法,指出"从吐鲁番或敦煌所出佛寺文书中可以明显看到,佛寺内部有一整套严格的管理系统,其行文常仿官府文书中之一般用语,如'谨案条列斛斗如右,请僧记识施行',而且帐历每月月尾均有此语。值得注意的是,这里没有用向中央官厅上奏用语'奏诺奉行'之类的话,而是'请僧记识施行',然后是'上座、中座、下座'的签识认可,显然是寺院执事者将全寺月用情况向上座等人的月报帐,它不具备上奏奏行文书的格式,恐怕与奏行文书还应有所区别"②。这一商榷的依据,实在于上奏文书格式的异同。

总之,由上可知,无论是录文、断代、研究的各个环节,陈先生都很重视文书格式,以此作为断代定名的依据,以及研究内容的出发点。

这样我们就看到,虽然陈先生并不清楚古文书学的内容和采用的视角、方法,但他在整理和研究文书的工作实践中重视文书的外在形态,重视文书的行文格式,与古文书学的方法是一致的。当然,毋庸讳言,以上所说陈先生对文书外在形态以及格式的重视,是我们从他的文章中总结、提炼出来的,陈先生未必有这样的自觉。这从他对文书格式的不同表述也能看得出来,即在涉及文书格式时,陈先生有时用"格式",有时用"书式",有时用"书写方式",有时称为"制度及称谓",有时又说是"特殊用词",反映出陈先生还没有完全自觉地看待和重视文书格式。虽然如此,我们依然要说陈先生重视文书的外在形态和文书格式,是因为通过以上的梳理或提炼,我们能够清楚看到陈先生在这方面所下的功夫与取得的成就。因此,将陈先生在整理

---

① 陈国灿:《略论日本大谷文书与吐鲁番新出墓葬文书之关联》,氏著《论吐鲁番学》,第131—133页。

② 陈国灿:《小田义久〈大谷文书研究〉评介》,氏著《论吐鲁番学》,第245—246页。该文原载《敦煌吐鲁番研究》第三卷,北京大学出版社,1998年,第381—391页。

和研究实践中重视文书外在形态与文书格式的思想和做法提炼出来,符合他整理和研究吐鲁番文书时的一贯做法,也是他能够在这一领域取得丰硕成果的重要原因之一。仅此一点,就值得我们不断地去学习和阅读他的文章,领会其中包含的视角与思考,并对陈先生采用的正确整理和研究文书的方式方法表示由衷的敬佩。

本文略加删减后,发表于《敦煌学辑刊》2019 年第 1 期。

中国古文书中的公文书样式研究综述

——以中国大陆研究成果为中心

　　古文书学的灵魂是"样式"(亦称书式、格式①)研究。文书样式特别是公文书样式是古文书学研究的重要方面。为总结以往研究成果,本文拟极粗略地将近年来中国大陆公文书样式的研究状况作一简单回顾,以期引起学界注意,推动公文书样式研究在今后的深入开展。

　　公文书是古文书中的重要组成部分。所谓公文书,即指官府间往来的文书。公文书一词,史籍少见,唐代有官文书而没有公文书。不过唐代法典中有关于"公文"的解释,是"在官文书"②,所以"公文书"就是由官府运行的文书。③

　　公文书历代均有,其样式规定在法典或朝廷、政府发布的文件上。据研究,这些公文书共有三四十种。其中先秦时期大致有六种,即典、谟、誓、命、训、诰。秦汉以后历代有不同,一直延续下来的有诏、制、敕、谕、教、檄、策、册、疏、表、奏、书、议、露布等,其他各朝或存或无的有赦书、令、指挥、符、牒、移、关、状、启、札子等。④ 现代当然也有公文书,其种类与格式也通过政府法令发布。例如1973年台湾地区公布的所谓"公文条例",规定的公文类型有:令、呈、咨、函、公告等。⑤ 大陆也不断有地方或中央出台的各种规定:例如1949年苏北行政公署就规定上行文用呈、报告;平行文用公函、通知、通报;下行文用指令、训令、通令、委令、指示、决定、通报、通知、批示、布告、通

---

① 以下行文,或曰样式或曰格式或曰书式,用词虽异意思则相同。

② 《唐律疏议》卷十《职制》,中华书局,1983年,第203页。

③ 中村裕一认为"王言"加上官文书,就是公文书。见所著《唐代公文书研究》序言,汲古书院,1996年,第1页。

④ 谢朝栻:《中国古代公文书之流衍及范例》,文史哲出版社,1986年。

⑤ 谢朝栻:《中国古代公文书之流衍及范例》,第176页。

告、公告；1956 年国务院秘书厅规定国家机关公文用纸改为横排横写，纸张用十六开，①如此等等。

虽然中国大陆在 2012 年以前还没有建立"古文书学"，但并不是说以前没有古文书研究，也并不是说以前没有对古代公文书的研究。这是因为中国大陆很早就有历史档案学，在历史档案学中有"文书学"，其中包括对公文书的研究。例如中国人民大学建有历史档案系，他们在 1962 年就编辑了两辑《文书学参考资料》。② 这本书按时代选择历史资料编排，分类各断代不同，大体包括三类，即"文书种类与用途""文书制度""文书工作的组织与文书工作制度"。其中关于文书种类就涉及公文书的样式。例如秦汉时期的文书种类，选择了蔡邕《独断》中的话："汉天子命令，一曰策书，二曰制书，三曰诏书，四曰戒书"；"凡群臣上书于天子者，有四名：一曰章，二曰奏，三曰表，四曰驳议。"在明朝部分选录《明史》中关于公文书的种类："凡上之达下，曰诏、曰诰、曰制、曰册文、曰谕、曰书、曰符、曰令、曰檄"；"凡下之达上，曰题、曰奏、曰表、曰讲章、曰书状、曰文册、曰揭帖、曰制对、曰露布、曰译"；并依据《明会典》选录了有关奏启题本格式、表式、行移署押体式、照会式、咨呈式、平咨式、札付式、呈状式、申状式、平关式、牒呈式、平牒式、牒上式、故牒式、下帖式等文书的样式。③

在此基础上，历史档案系文书学专业又有了"历史文书"课程。与上述资料汇编不同，从这一课程中逐渐生发出一种集叙述、资料、研究于一体的教材，例如裴燕生主编的《历史文书》。④ 此书虽然重点在"清代文书"与"民国文书"，但对清以前的文书也有简明扼要的梳理。以《隋唐时期文书》一章为例：该章四节，分别是《文书机构的发展及其职官设置》《文书与文书制度》《文风整顿和文书写作》《文书体式》。在《文书制度》一节中，包括文书的避讳、称谓制度，文书用纸制度，一文一事制度，文书折叠制度，文书的拟制和誊写制度，文书的贴黄制度，文书的签押判署制度，文书的封装和编号制度，文书的移交制度，文书的收发登记和催办制度，文书的勾检制度等，虽然简单并不够严谨，但几乎包括了文书制度的方方面面。特别要指出的是，在本

---

① 中国人民大学历史档案系编：《文书学参考资料》（第二辑），1962 年，第 87、120 页。
② 校内使用，未公开出版。
③ 中国人民大学历史档案系编：《文书学参考资料》（第一辑），第 22、25、155—170 页。
④ 裴燕生主编：《历史文书（第二版）》，中国人民大学出版社，2009 年。

章中还提到了敦煌发现的《书仪》，并抄录了一件《沙州归义军致甘州状稿》，①以状稿的原文照录形式展示了当时文书的格式。

"历史文书"课程与我们现在建立的"古文书学"学科在研究公文书方面有重合处，但前者属于"历史档案学"，主要关注成为档案的文书，着重研究清及以后的文书，并不特别注重出土文书，也不关注契约、籍帐等文书，与历史学关系不很紧密。后者则在重视清代文书的同时，更关注清以前文书，尤其关注出土和传世文书。特别是，"古文书学"自成立起就是为历史研究服务的，它不是为如何处理档案而研究文书，而是通过对文书的研究来深化历史研究。

中国大陆关于公文书的研究，与出土这类文书的多少成正比：出土的越多，研究也就越兴盛。其中最盛的应该就是唐五代时期的公文书了。

以下就按朝代顺序简单梳理一下关于公文书样式的研究状况，挂一漏万，在所难免。

一、秦 汉 时 期

最近几十年秦汉简牍有大量出土，总数当在 30 万枚以上，②其中文书类简牍占八成左右。③ 这些文书可以分为六大类：书檄类、律令类、簿籍类、录课类、符券类、检楬类。"书檄类"基本就是公文书，包括：皇室文书、章奏文书、官府往来文书、司法文书、檄、记。对于简牍中的公文书从文书学角度进行研究的首先是日本学者。④ 中国学者后来也撰写了《简牍文书学》，⑤并出版了《简牍文书学》丛书。对汉代公文书作过系统研究的汪桂海《汉代官文书制度》⑥就是这丛书中的一种。就公文书的样式而言，这些研究关注了各类公文书的程序（样式）、用语、行文制度等，特别关注了史籍中少见的官府

---

① 裴燕生主编：《历史文书（第二版）》，第 79—81 页。
② 近年有人估计总数在 70—100 万枚，见周东平《〈晋书·刑法志〉译注》前言，人民出版社，2017 年，第 10 页。
③ 李均明、刘国忠、刘光胜、邬文玲：《当代中国简帛学研究（1949—2009）》，中国社会科学出版社，2011 年。以下介绍除注明者外多出自该书。
④ 除大庭脩等人外，主要有永田英正《汉简的古文书学研究》，《简帛研究》第三辑，广西教育出版社，1998 年。
⑤ 李均明、刘军：《简牍文书学》，广西教育出版社，1999 年。
⑥ 汪桂海：《汉代官文书制度》，广西教育出版社，1999 年。

往来文书。举例而言：

1. 研究了公文书的抬头与提行。一般而言，皇室称谓及其批语抬头居简首。如：

尚书臣昧死以闻

制　曰：　　可。购校尉钱人五万；校尉丞、司马、千人、候，人三万……（《敦》1300）

"制曰可"在这里就是抬头书写的。

2. 研究了公文书行文的特定用语：诏书开头语，必称"诏曰"或"制曰"，或"制诏"或"制诏可"，其文尾写"某人下某人，承书从事下当用者，如诏书律令"等语。① 这一形式从中央经郡县，下至候官乃至部隧都遵循这一格式。官府间上下行文的用语如"某某人行或兼行某某事，告某某官"，多用于同等级别的机关或同等级别官员之间的文书称谓。"某某官谓某某官"或"某某人谓某某人""叩头、死罪、敢言之、谒报、谨移"等词组，均为下级向上级呈报文书时的专用语，如"某某叩头死罪敢言之，谨移或谒报某某书一编敢言之"即是如此。

3. 研究了公文书的文稿形态：包括草稿、定稿、手稿；正本、别书、正移书、录本等不同形态。

4. 由于具有完整格式的官府往来文书在史籍中留存极少，因此对这一类公文书的研究主要就集中在简牍文书中。以往的研究在这一方面成果最多。这些成果一方面揭示了官府往来文书的原格式。比如"除书"：

建武五年五月乙未朔壬午，甲渠守候博谓第二隧长临。书到，听书牒署从事，如律令。（《新简》EPF22.247A）

掾谭（《新简》EPF22.247B）

第二隧长史临，今调守候长，真官到若有代罢。（《新简》EPF22.248）

万岁候长何建，守卅井尉。（《新简》EPF22.249）

此例中首简为除书本文，内容是调遣第二隧长史临代理候长职务。后二简所见名籍为附件。

再如"病书"：

① 李均明、刘国忠、刘光胜、邬文玲：《当代中国简帛学研究（1949—2009）》，第 268 页。

　　　　三月丁亥朔辛卯,城北守候长匡敢言之。谨写移隧长党病书如牒,
敢言之。今言府,请令就医。(《新简》EPF22.82)。

此例为"病书"呈文,其中的"今言府,请令就医"属第二次书写笔迹,当为甲
渠候官的批示语,谓再将此事上报都尉府,并令患者就医治疗。

　　研究的另一方面是归纳了官府往来文书的结构程序,指出"无论上行文
还是下行文,大多数包括有具文日期,发文机关或发文官员的职衔、名字,收
文机关或官员的职衔、名字,正文内容,结束语以及文书吏的签署等几个部
分"①,并对各部分举例进行了研究。

　　秦汉公文书样式的研究随着出土简牍的增多和研究的细化而日趋增
多。近年的例子如对官文书中"告""谓"句式的研究②、对东汉官文书中"解
文"的研究③、关于"劾文书格式"的研究等。依据后者,秦至汉初的劾文书比
较简单,仅包括被劾者的罪名,结构为:

　　　　劾 + 某劾 + 某敢言之;上劾……

西汉中期,劾文书的格式和内容开始繁化:以"案"开始,之后详细叙述案件
的调查经过、结果。原先两重呈文结构融合为:

　　　　年月日 + 某劾、敢言之 + 被劾者信息 + 写移,谒某县某狱以律令
从事。

至迟到西汉末发展出"劾状"格式,其构成为:

　　　　1. 劾,2. 状,3. 呈文。

前两者为附件,呈文属正件。"劾"的部分以叙述案情开始,最终以概括被劾
者罪行的"案"结束。"状"的部分一般以"状辞曰"开始,后接举劾人的身份
等个人信息,用"以此知而劾,无长吏教使劾者,状具此"套语结束。④

---

① 汪桂海:《汉代官文书制度》,第 67 页。
② 苏卫国:《小议简牍文书中的"告""谓"句式——秦汉官文书用语研究之一》,《简帛研究二
　〇〇五》,广西师范大学出版社,2008 年,第 222—234 页。
③ 侯旭东:《长沙东牌楼东汉简〈光和六年诤田自相和从书〉考释》,《汉帝国的制度与社会秩
　序》,香港:牛津大学出版社,2012 年,第 247—275 页。
④ 唐俊峰:《秦汉劾文书格式演变初探》,《中国古代法律文献研究》第十一辑,社会科学文献出
　版社,2017 年,第 131、145 页。

可以想见,关于秦汉时期公文书的样式今后还将更加受到研究者的关注。

二、魏晋南北朝时期

这一时期由于完整格式的公文书存留和出土极少,因此相关研究不多,集中在对吐鲁番出土文书的研究中。例如《新获吐鲁番出土文献》中所收"五胡"时代的公文书,先有孟宪实的初步研究,[①]认为出土的 6 件北凉时期公文书,1 件是"辞",3 件是上行文书的"启",2 件是下行文书的"符"。但是关尾史郎不同意,认为这 6 件都是上行文书的"白"文书,并归纳了"白"文书的格式:

① 姓名("白"的发出者)
② "白":正文(文末有"谨启")
③ 官员的签署
④ 月日"白"(或替换③)

文章还将"白"文书与"启"文书作了详细区分。[②]"白"文书之外,黄楼研究了北凉的"解"文书,认为这种文书以"某某言"为主要特征,并复原了北凉解文的格式:

1　某县/某幢言:
2　[若为回复,则有被符某某人为某某事]谨案,某某人为某某事。请如解某(注籍/纪识等)
3　　　　某年某月某日某言
4　　　　[日期][画押]长官　某
5　　　　　　主者某　注[③]

解文实物是否存在于从东汉到北凉再到后来唐代的各个时期,值得重视。

---

① 荣新江、李肖、孟宪实主编:《新获吐鲁番出土文献研究论集》,中国人民大学出版社,2010 年(初刊于 2007 年),第 71—86 页。
② 关尾史郎:《〈新获吐鲁番出土文献〉所收"五胡"时代公文书试探》,刘进宝主编《丝路文明》第二辑,上海古籍出版社,2017 年,第 61—74 页。
③ 黄楼:《吐鲁番文书所见北凉解文的复原及相关问题研究》,《敦煌研究》2016 年第 3 期,第 66—73 页。

不过最近出了两种综合性的研究。其一是王兴振《北魏王言制度研究》。^① 该书主要讨论北魏王言的生成机制,但在第一章专门探讨"王言之体与制式",主要依据日本学者中村裕一的研究,分"册书""制书""诏书""敕书""玺书"。研究它们各自的"书式",例如复原北魏诏书式为:

门下:云云。主者告下。时速施行。
　　年月日
　　　　中书令具官封臣姓名　　宣
侍中具官封臣明
侍　中　具　官　臣信相　等言。奉被
诏书如右。
臣闻:云云。谨重申闻。
请可付外施行。谨启。
　　　　年月日
可^②

另一种研究是王素《高昌王令形制综论》。^③ 文章认为高昌王令形制可分为"下令"和"传令"两大门类,着重分析了麴氏王国的追赠令、传辞令、传奏令、传帐令、传符令。例如文章从分析吐鲁番出土文书的文本出发,探讨阚氏王国与麴氏王国传辞令的形制以及异同如下:

① 陈辞时间(年号 + 年数 + 月日)。② 陈辞人身份姓名。③ 陈辞内容(以"辞"开始,以"谨辞"结束)。这三条两者相同。④ 传令人职官、姓名。麴氏王国单作一行;阚氏王国接写在"谨辞"之下。⑤ 特别书写"传令"二字。此二字不同行。麴氏王国的"传"字接写在传令人职官、姓名下;阚氏王国的"传"字另行抬头。两者"令"字均为粗笔大字。另行抬头。⑥ 令文。尤其不同的是,阚氏王国的"令"字不一定是别笔,可能并非高昌王亲画;麴氏王国的"令"字确信是别笔,应为高昌王亲画。^④

---

① 甘肃人民美术出版社,2018 年。
② 王兴振:《北魏王言制度研究》,第 74 页。
③ 原载《西域研究》2019 年第 1 期,增订后收入刘安志主编的《吐鲁番出土文书新探》,武汉大学出版社,2019 年,第 50—82 页。
④ 王素:《高昌王令形制综论》,《吐鲁番出土文书新探》,第 68 页。

三、隋唐五代时期

这一时期的文书主要以敦煌文书与吐鲁番文书为主。敦煌文书大约有 6 万余件,其中 90% 是佛教文献,10% 是其他宗教与典籍、文书。文书(又称世俗文书)大致可分为六类:1. 行政文书(官府往来文书)。包括诏敕、敕文、表状牒帖等。2. 法律文书。包括律令格式等。3. 经济文书。包括户籍、手实、差科簿、契约等。其中的"契约"也有的将其归入法律文书。4. 社会文书。包括谱牒、书仪、社邑文书等。其中书仪虽亦可属于典籍,但因多数为存世书籍中所未见,故一般称其为文书。5. 寺院文书。包括什物历、入破历、斋文等。虽然其中有的也可属于经济文书,但一般将其单归一类。6. 杂文书。包括与游戏、占卜等相关文书。其中占卜或亦可属于典籍。吐鲁番文书的数量无法确定,因为不断有新的出土(这几年在吐峪沟寺院遗址就出土了上万件文书,当然主要是佛经也主要是碎片),目前所知有 1 万余件,但常见的只有 2 千件左右。吐鲁番文书中,就已公布者论,佛典和古籍相对比较少,最多的是官、私文书。[①] 官文书包括敕、牒、状、符、帖、辞,以及告身、过所、公验、各类帐历、各类案卷等;私文书以契约最多,其他则有记帐、抄条、杂记、书牍等。当然,法律文书、医书、历书、书仪、占卜书等也都有一些。

隋唐五代时期的公文书样式研究,由于上述敦煌吐鲁番文书的大量出土,特别是敦煌文书中《公式令》的发现,从 20 世纪初期以来一直呈兴盛状态。在这方面日本学者从文书学方面进行了很好的研究。[②]

中国大陆学者对这一时期公文书样式(形态)的研究,可以举出以下一些。

---

① 参见王素《敦煌吐鲁番文献》,文物出版社,2002 年。
② 除仁井田陞、池田温等前辈学者外,主要有中村裕一《唐代制敕研究》(汲古书院,1991 年)、《隋唐王言の研究》(汲古书院,2003 年)《唐代官文书研究》(中文出版社,1991 年)《唐代公文书研究》(汲古书院,1996 年)的系列著作,以及赤木崇敏有关地方公文书的研究,例如《唐代前半期的地方公文体制》(载邓小南、曹家齐、平田茂树主编《文书·政令·信息沟通》,北京大学出版社,2012 年)、《唐代官文书体系とその变迁——牒·帖·状を中心に》(载平田茂树,远藤隆俊编《外交史料から十一—十四世纪を探る》,汲古书院,2013 年)。

　　刘后滨《唐代中书门下体制研究——公文形态·政务运行与制度变迁》①讨论的是一个唐代政治体制从三省制向中书门下体制过渡的大问题，其中一部分内容是通过公文形态（包括制作流程、制敕中的署名等）来论证这种过渡，因此研究了许多公文书（主要是制敕）。

　　唐代告身由于出土和传世较多，研究成果丰富。据徐畅《存世唐代告身及其相关研究述略》，存世唐代告身有 41 件。就其中告身样式而言，首先是研究了各种告身的制作和发给程序。例如制授告身，在宰臣进拟某人"可某官"后，中书省宣奉行，门下省署名审核，御画可，下尚书省，由左右丞相、吏部尚书、吏部侍郎、尚书左丞等人署名，然后由书令史抄写，以符文形式下发。其次研究了告身的样式和用语。此外还研究了告身的用印问题。具体研究中，对出土于吐鲁番的氾德达两通告身研究较多。这是因为其告身是太子监国时"令书样告身"的代表，宣奉行的中书省官员和审核的门下省官员分别由太子东宫官员替代，所以有"令书如右请奉""令付外施行""令诺"等不同于制授告身的公文书用语。② 近年来还有两类告身资料不断被发现，值得重视。一类是石刻告身，例如最近发现的武周时期苑嘉宾的两通告身。③ 另一类是记录在方志和族谱中的告身（抄件），最著名的是收入《钟氏族谱》中的五通钟绍京告身文书（其中 4 篇亦见《赣州府志》和《兴国县志》）。④

　　其他公文书，例如关于牒文的研究，有卢向前《牒式及其处理程序的探讨——唐公式文研究》一文。文章研究了牒文的处理程序，包括署名、受付、判案、执行、勾稽、抄目。就牒的样式而言，文章将其分为四种类型，包括平行型、补牒型、牒上型（其中又分 A、B 两型）和牒下型。⑤

　　关于状文的研究，有吴丽娱《试论"状"在唐朝中央行政体系中的应用与传递》。文章认为"状"有不同层次，包括礼仪性的笺状和上事论事的公文

① 刘后滨：《唐代中书门下体制研究——公文形态·政务运行与制度变迁》，齐鲁书社，2004 年。
② 《中国史研究动态》2012 年第 3 期，第 33—43 页。
③ 赵振华：《谈武周苑嘉宾墓志与告身——以新见石刻材料为中心》，《唐史论丛》第 17 辑，陕西师范大学出版社，2014 年，第 186—205 页。
④ 刘安志：《关于唐代钟绍京五通告身的初步研究》，载严耀中主编《唐代国家与地域社会研究》，上海古籍出版社，2008 年，第 99—120 页。
⑤ 原载《敦煌吐鲁番文献研究论集》第三辑，北京大学出版社，1986 年，后收入所著《唐代政治经济史综论》，商务印书馆，2012 年，第 307—362 页。

状。公事中给皇帝的称为"奏状",给中书门下宰相和其他职能部门和长官的称为"申状",并参照司马光《书仪》复原了唐代"奏状格式":

> 某事某事(略述事由)。
> 某年某月某日,敕遣臣勘当前件事。
> 右云云(叙述事情经过委曲等),伏听敕旨,谨状
> 某年月日具臣(或当署官位作"具位臣")姓名进①

对于这一复原,郭桂坤认为"过于狭隘而涵括性不足",他根据白居易、元结等实际使用的状,复原唐代"奏状式"为:

> 事条
> 　右,臣云云,请(伏请、伏愿等)云云。谨录奏闻(谨具闻奏等),伏听
> 　(候)敕旨
> 　年月日　　具官封臣姓名　状奏(谨状、谨奏等)②

关于帖文的研究,有雷闻《唐代帖文的形态与运作》。文章结合敦煌吐鲁番文书,讨论了堂帖、使帖、州帖、县帖,以及军府帖等,指出帖处理的大多是日常细务,由于格式简便,运行灵活,对于日常行政效率的提高有很大帮助,也是对"符""牒"等下行公文的重要补充。文章还复原了唐代的"帖式":

> 某司　帖　某司(或某人)
> 某事(或某人)。
> 右件事(或人)。云云。月日典某帖。
> 　具官姓名。③

最近郭桂坤又有《唐代帖式文书的基本性质——以敦煌吐鲁番出土文书为中心》④一文,认为帖式文书的基本性质是一种晓谕行帖对象的通知书,

---

① 原载《文史》2008 年第 1 期,后收入邓小南、曹家齐、平田茂树主编《文书·政令·信息沟通》,第 3—46 页。

② 郭桂坤:《唐代前期的奏事文书与奏事制度》,《唐研究》第 22 卷,北京大学出版社,2016 年,第 170 页。

③ 原载《中国史研究》2010 年第 3 期,后收入邓小南、曹家齐、平田茂树主编《文书·政令·信息沟通》,第 47—83 页。

④ 《西域文史》第十三辑,科学出版社,2019 年,第 153—166 页。

是一种直面个人的公文书。

关于辩文的研究，有笔者《唐代法律用语中的"款"和"辩"——以〈天圣令〉与吐鲁番出土文书为中心》。文章认为辩文的性质是个人回答官府的讯问，可以有"答辩""保辩""服辩"等形式，并复原了"辩式"：

> （辩者）姓名、年龄、画押（指印）
> 诉讼标的（非诉讼时无此项）
> 某（辩者）辩：被问：（下列被问事项）
> 仰答者！（或"仰答所由者"等）
> 谨审：（下列回答内容，往往以"但"字开头）
> 被问依实谨辩。（后面往往有处理案卷官员的署名）
> 年月日①

关于解文的研究，有刘安志《唐代解文初探——以敦煌吐鲁番文书为中心》。文章参考日本《公式令》中的"解式"，认为以往定性为"申文""申式文书""申状"的文书，都应该是"解文"。解文有两种表述方式：1. 某机关为申某事具（状）上事。2. 某机关为申某事。"为申"是"解文"的固定用语。由下申上的解文与由上而下的符文正相对应。文章还复原了"县解式"：

> 某县 　　为申某事（具状上事或具上事）
> 　　　　事由（与本案相关的人或物）
> 　　　　右得某云云（右被某符云云）。今以状申（谨依状申）。
> 令具官封名 　　　　丞具官封名
> 都督府某曹（州某司），件状如前，谨依录申，请裁，谨上。
> 　　　　　　　　　　　　　年月日尉具官封姓名　上
> 　　　　　　　　　　　　　　　录事姓名
> 　　　　　　　　　　　　　　　佐姓名
> 　　　　　　　　　　　　　　　史姓名②

---

① 黄正建：《唐代法律用语中的"款"和"辩"——以〈天圣令〉与吐鲁番出土文书为中心》，《文史》2013 年第 1 辑，第 255—272 页。文章已收入本书。

② 土肥义和、气贺泽保规编：《敦煌·吐鲁番文书の世界とその时代》，东洋文库，2017 年，第123—156 页。作者后来在《唐代解文续探——以折冲府申州解为中心》一文中复原了唐代折冲府申州解的"解式"。《西域研究》2021 年第 4 期，第 5 页。

关于表和议的书式，有郭桂坤的研究。他根据大量实例将表和议的样式归纳为：

表式：

臣某（名）言：云云。

年月日　　　具官封臣姓名　　　上（表）

议式：

某某议

右，云云（议由）

具官封臣姓名议曰：云云。谨议。

年月日

郭桂坤指出，这种"表""议"的格式，自汉代以来就是如此，源远流长。其中"表"的格式一直沿用到宋代。[①]

其他有关公文书样式的研究，还有如雷闻《关文与唐代地方政府内部的行政运作——以新获吐鲁番文书为中心》，结合唐开元《公式令》中的"关式"，研究了敦煌吐鲁番文书中的关文，特别探讨了关文上的钤印问题；[②]同作者《牒文与唐代政令的传布》，研究了敕牒、使牒与符牒、牒帖、军牒，认为无论敕书、诏敕还是州县官府的符、牒、帖等，均可以牒文的形式发布，到中晚唐宋代，牒文逐渐成为一种专门的公文种类，有了一定的格式；[③]笔者《唐代诉讼文书格式初探——以吐鲁番文书为中心》研究了作为诉讼文书的辞、牒、状，指出"辞"的格式特点是年月日姓名及"辞"置于首行，且有受理官司的名称，最后以"请裁，谨辞"结尾，"牒"的格式特点是年月日姓名置于末行，没有受理官司名称，在"标的"之下以"牒"起首，结尾有"请裁，谨牒"字样，最后在姓名下复有"牒"字。辞、牒发展为状，使"状"的格式具有了辞和牒的特点：姓名置于首行（此似"辞"），年月日姓名复置于末行（此似"牒"），前多"状上"，后有"请处分，谨状"，

---

① 郭桂坤：《唐代前期的奏事文书与奏事制度》，《唐研究》第 22 卷，北京大学出版社，2016 年，第 169—171 页。

② 《中华文史论丛》2007 年第 4 期，第 123—154 页。

③ 《唐研究》第 19 卷，北京大学出版社，2013 年，第 41—78 页。

最后有"牒,件状如前,谨牒"(此似"牒")。① 吕博《唐代露布的两期形态及其行政、礼仪运作——以〈太白阴经·露布篇〉为中心》通过比较两种露布格式,指出由于职官、行政、军事制度的前后变化,唐后期露布的格式与前期有所不同。②

此时期一方面出土的公文书增多,同时《公式令》又只有残卷,不能涵盖唐代所有公文样式,于是造成出土的很多公文书性质不明的现状,刺激学者对这些公文书的样式进行分析探讨。这就是此时期公文书样式研究兴盛的原因。所以我们看到在这一时期有关公文书的研究中,复原各种公文书的样式,是研究的一大特点和重点。这一特点在其他断代的公文书研究中是比较少见的。

四、宋 元 时 期

此一时期的公文书研究主要围绕黑水城文书③中的公文书,以及宋代徐谓礼文书进行。特别是后者的发现,引起了宋代公文书研究的一个小高潮。

所谓徐谓礼文书,指 2011 年前后出土于浙江金华市武义县徐谓礼墓中的文书。徐谓礼是南宋地方上的一个中下级官员。这批文书是他为官 30 年经历的记录,包括 15 卷。文书共三种类型,即告身、敕黄和印纸。出土时分装两札,一写"录白敕黄",一写"录白印纸",共计告身 10 道,敕黄 11 道,印纸批书 80 则,共 4 万字左右。文书高度大约 36 厘米,长度各卷不一,最长的达 508 厘米。文书虽是录白,但从行款到字迹(如提行、空格、字体大小)都相当严谨,应是严格按原件格式抄录的。

由于南宋公文书存世甚少,这批文书中的奏授告身、敕黄,特别是印纸为我们提供了当时公文书的极好样本,一公布就引起学者的关注。这种关注首先集中在公文书的样式上。例如关于"印纸批书",学者研究后归纳了

① 《敦煌吐鲁番研究》第十四卷,上海古籍出版社,2014 年,第 289—317 页。文章已收入本书。
② 《魏晋南北朝隋唐史资料》第 28 辑,武汉大学人文社会科学学报编辑部,2012 年,第 144—165 页。
③ 黑水城文书中《俄藏黑水城文献》共 23 卷(上海古籍出版社,1996—2014 年),其中前 6 卷为汉文文书(详见正文下述);《英藏黑水城文献》共 5 卷(上海古籍出版社,2005—2010 年),大约有 4 000 个编号,其中汉文写本约 700 件;《中国藏黑水城汉文文献》共 10 卷(国家图书馆出版社,2008 年),收有宋元时期纸质汉文文献 4 213 件,其中第 5 卷为《军政与站赤文书卷》,包括人事与选官文书、军事与政令文书、勘合文书、其他公文等共 600 件。

其格式，认为它们大致都由书头、批书内容、结语、签押 4 部分组成。例如《嘉定十四年五月 日拟注监临安府粮料院》批书格式如下：

1 行在尚书吏部　　　　　　　　　　　　　　　　　　"书头"
2　　承务郎徐　谓礼奉
3　　敕差监临安府粮料院，兼装卸纲运，兼监镇城仓，系监当
4　　资序，　　　　　　　　　　　　　　　　　　"批书内容"
5 右印纸付本官，有合批书事，于所在州依条式
6 批书（在京于所属）。得替，或到选，缴纳考功。　　　　"结语"
7　　　嘉定拾肆年伍月　日守当官周　俊卿　押　给
8　　　　太　常　丞　兼　权　郎　官　诸　葛　押
9　　　　　郎　　　　　　中　　　　　　　　阙
10　　　　新除尚书兼详定　敕令官兼权户部尚书薛押　"签押"①

　　其他关于徐谓礼文书中公文书样式的研究还有如对南宋敕授告身和奏授告身的复原，以及与唐代告身的比较等。②

　　对宋代公文书的另一些研究是围绕黑水城文书中《宋西北边境军政文书》进行的。黑水城文书藏于俄罗斯者，大约有 8 千多个编号，其中 90% 为西夏文文书。剩下的文书中有汉文文书 636 个独立编号，其中被定名为《宋西北边境军政文书》的大约有 74 件。文书每页高约 29.5 厘米，宽约 37.5 厘米，原是长短不一的文书，为西夏所得后统一尺寸利用纸背刻印西夏文《文海宝韵》。这些文书从时代说为北宋徽宗政和八年（1118）到南宋高宗建炎二年（1128），内容包括两大方面：各级军政官府衙门文书和军人及其家属文书。其中第一方面中只有一件是属于中央机构的奏状抄件，③其他几十件均为地方各级军政机构的文书，主要有鄜延路经略安抚使司文书、策应环庆路军马和统制司文书、保安军文书等。

─────────────────────

① 以上关于徐谓礼文书的介绍，参见包伟民、郑嘉励编《武义南宋徐谓礼文书》前言，中华书局，2013 年。
② 王杨梅：《徐谓礼告身的类型与文书形式——浙江武义新出土南宋文书研究》，《浙江社会科学》2013 年第 11 期，第 121—126 页；《南宋中后期告身文书形式再析》，包伟民、刘后滨主编《唐宋历史评论》第二辑，社会科学文献出版社，2016 年，第 178—211 页。
③ 刘江：《〈宋西北边境军政文书〉所见荫补拟官文书类型再考释》（《首都师范大学学报》2015 年第 6 期）认为该件文书不是"奏状"而是"奏抄"，是奏授告身中的一部分。第 6—14 页。

　　由于传世的宋代实物文书很少,因此这批文书引起了学者的广泛关注。就其中公文书的样式而言,最近的研究有以下两点值得重视。

　　第一是对公文书中大量使用"墨戳文字"现象的研究。学者经研究后指出:相对于公章的朱印文字而言,墨戳文字有三类:一类是使用于公文之首和公文之尾,一类是使用于公文之中,一类是日期印。前两类文字布局都是长条形。使用于公文之中的墨戳文字如"书吏景彦写/职级田中对""严点检讫/使臣武澄"等,是官署中职级书写和校对公文的签章。使用于公文之首的墨戳文字一般表示行文的主体,使用于公文之尾的墨戳文字一般表示签署人的官称。这类墨戳文字应用于公文,不见于敦煌吐鲁番出土的唐代文书而首见于宋代,反映了唐宋文书制度的发展与演变。

　　第二是对公文书中有"检"字文书的研究。学者研究后指出:这些文书首行写有"检"字,与《宋西北边境军政文书》中鄜延路一般文书首行写"行文机关牒收文机关"的文书格式不同,实际是公文草稿或底稿,即所谓"凡公家文书之稿,中书谓之草,枢密院谓之底,三司谓之检"[①]。鄜延路公文草稿文书的发现,是研究宋代文书制度、文书形制的极有价值的实物资料。[②]

　　宋代公文书研究的第三个类型是石刻公文。这是因为往往许多碑刻上保留了公文的原格式。这方面的研究以李雪梅成就最大。例如最近她以两通碑刻为例,研究了宋代法规公文的样态,其中提到"中书札子"样式的要件有四:一是有具奏人和具奏诉求;二是取旨,以"右奉圣旨"接续皇命;三是文末题"札付某某,准此",表示中书门下根据圣旨内容向"某某"发出政令;四是有公文的责任者中书门下的落款、印押等。"中书札子"往往附在石刻法规文字之中,例如政和七年(1117)《范文正公义庄规矩碑》中间的"中书札子"样式为:

---

①　宋敏求:《春明退朝录》卷下,中华书局,1980 年,第 43 页。
②　以上关于《宋西北边境军政文书》及其研究的介绍,参见孙继民《俄藏黑水城所出〈宋西北边境军政文书〉整理与研究》,中华书局,2009 年,前言第 1—13 页;研究篇第 344—358 页。此外,陈瑞青《黑水城宋代军政文书研究》(知识产权出版社,2014 年)全面梳理了国内外对这批文书的研究成果,并有一章专门研究文书制度,即第七章《黑水城文献所见宋代文书制度研究》,可参看。其中关于"检"文书群,赤木崇敏有不同意见,认为它们是鄜延路第七将在收到官文书后,进行事务处理而作成的文卷记录(《宋代〈检文书〉考——〈宋西北边境军政文书〉的性格》,《大阪大学大学院文学研究科纪要》52,2012 年,第 33—90 页),刘江则认为"检"是正式公文的底稿(存本)(《宋朝公文的"检"与"书检"》,《北京大学学报》2012 年第 2 期,第 130—134 页)。

```
09          治平元年中书札子
10 知开封府襄邑县范纯仁奏：……
17     ……                    伏候    敕旨。
18       右奉
19       圣旨,宜令苏州依所奏施行。札付苏州,准此。
20 治平元年四月十一日      押①
```

元代公文书原件存世亦少。出土公文书也主要集中在黑水城文书中。据统计,在黑水城出土的 4 千余件元代汉文文书中,公文书(行政文书)大约有 530 件左右。学者研究这些公文书,除关注其中涉及的内容外,也研究了文书制度和样式问题,包括文书的照刷、照验、登记、破除制度,以及关于"咨""牒""呈""札""申""关""告"等文书文体的使用记录、"牒""咨"和"帖"之间的关系、"今故牒"并非公文文体等。例如元代有圆署制度,但圆署完成后的公文形态如何却无法知道。黑水城文书就出土了一件圆议联署公文《(北元)宣光元年(1371)强夺驱口案》：

```
1 宣光元年闰三月二十一日申司吏崔文玉等坐 角  强夺驱口等事
2 坐      强夺驱口等事(印章)
3  亦集乃路总管府推官闫
4  亦集乃路总管府判官
5  亦集乃路总管府治中
6  亦集乃路总管府总管府事(蒙古文墨印)
7  亦集乃路总管府总管
8  亦集乃路总管府达鲁花赤(蒙古文墨印)
9  亦集乃路总管府达□□赤
10 奉议大夫亦集乃路总管府达鲁花赤      □□
      （后缺）
```

这件文书至少由两部分组成,第一部分是圆署的事由,第二部分是长官、佐贰官的签名,圆署事由处钤盖印章,长官、佐贰官的签名顺序是先佐贰官后

---

① 李雪梅：《行政授权：宋代法规之公文样态》,《法律文化研究》第十辑,社会科学文献出版社,2017 年,第 141、153—154 页。

长官,且有两处印有八思巴文墨印。

学者还通过这些出土公文书,研究了"札付"文书(甘肃行中书省下达给亦集乃路总管府的公文)的格式,指出其格式为:开头顶格写"皇帝圣旨里",紧接着书写发文单位的甘肃行中书省,提行低两格书写正文,如引用圣旨诏敕时又提行顶格,引用诸王令旨则低一字。正文结尾一般用"仰照验施行须议札付者",另提行低两字写受文单位"右札付亦集乃路总管府准此"或"亦集乃路总管府准此"。有的再提行低一字书写由头,有的省去这一行汉字,而用畏兀儿体蒙古文或八思巴字书写由头。最后一行为年款:一种用仿宋体汉文,另一种用八思巴字样写的汉文。① 学者还研究了"案呈"文书,例如一件河渠司的呈状,认为从文书有"辰字式号"看,它应是放在亦集乃路架阁库保管的文卷(案卷)。从文书书式(前半为上行文书的呈文,后半部分不是牒呈的草稿,而是吏员侯某在查验河渠司呈文后,呈报给达鲁花赤的上行文书),可知公文书中"案呈"的功能是一种内部文书,属于"非移动文书"②。还有学者依据《元典章·吏部五·解由体式》研究了黑水城元代文书中的解由文书。③

黑水城文书之外,例如徽州文书、纸背文书、石刻史料乃至典籍史料中也都有一些保留了原来格式的公文。④ 元代公文中的层层转述是现代读者理解公文的最大障碍。⑤ 同一件公文,由于对公文样式的认识不同,就会有不同理解。例如《承天观公据》是一篇字数长达 4 000 字的道教公文。高桥文治认为这件公文包括三大部分。首先是吴全节的第一份咨文,主要由项道远的诉状构成。接下来是吴全节的第二份咨文,由四部分构成,其中包括太平路总管府的三份申文与太平路道录司提供的一份黄天辅以前履历的证明。最后是张嗣

---

① 以上关于黑水城元代公文书的研究状况,参见杜立晖、陈瑞青、朱建路《黑水城元代汉文军政文书研究》,天津古籍出版社,2015 年,第 3—5、9—11、64、181、244 页等。

② 赤木崇敏:《黑水城汉文文书所见的元代公文书的事务处理程序》,《中国古文书学研究初编》,上海古籍出版社,2019 年。

③ 刘广瑞:《黑水城所出元代解由文书初探》,《河北民族师范学院学报》2012 年第 1 期,第 60—64 页。

④ 参见船田善之《蒙元时代公文制度初探——以蒙文直译体的形成与石刻上的公文为中心》,《法律文化研究》第十辑,第 178—179 页;田中谦二《元典章文书の研究》,汲古书院,2000 年,第 275—457 页。

⑤ 关于元代各种公文传递途径和文书分析方法的研究,可参看植松正《元典章文书分析法》,《13·14 世纪东アジア史料通信》2,2004 年,第 1—11 页。

成根据吴全节两份咨文并参照集贤院奏准圣旨所作的最终裁决。但是刘晓不同意这一分析，认为吴全节的咨文只有一份，内容包括四部分：一是咨文转述的项道远状词；二是咨文转述的张嗣成的咨文；三是咨文转述的太平路总管府的申文；四是吴全节的拟定意见。然后是张嗣成的处理意见（其中引用了圣旨节文）。刘晓认为这件《公据》采用的完全是元代官府公文格式。其中吴全节与张嗣成之间使用的是咨文，因为二人品级均在二品以上，且地位平等。太平路总管府给吴全节、张嗣成使用的是申文，反之，接到的则是札付，显示出双方地位的差异。元代公文承转关系中常见的"诸此"（钦此、敬此、奉此、准此、得此）在这份《公据》中出现了 4 个，是理解公文承转关系的关键所在。①

中国古文书学成立后，张国旺、阿风在明代族谱中发现了一批宋元明公文书，并从古文书学视角进行了研究。② 这批公文书载于《琦溪金氏族谱》，按文书原格式（抬头、空格、注明押处印）抄录了宋代公文书 8 件、元代公文书 16 件、明代公文书 2 件，共 26 件，包括牒、公据、印纸、令状、宣命、札付、咨、关、执照、批、敕命等。文章考察了各种公文书的格式，特别是复原了在史籍中记录不详的几种公文书格式。例如复原了元代宣命的基本格式：

　　　　上天眷命，
　　　　皇帝圣旨：某授某职。宜令准此。
　　　　　　年月　宝　日

复原了元代札付的基本格式：

　　　　皇帝圣旨里，
　　　　　　某处某司某事云云，须议札付者。
　　　　　　右札付某或某司准此。
　　　　　　年月　印　日

复原了元代咨文的基本格式：

　　　　皇帝圣旨里，

① 刘晓：《元代道教公文初探——以〈承天观公据〉与〈灵应观甲乙住持札付碑〉为中心》，《法律文化研究》第十辑，第 214—217 页。
② 张国旺、阿风：《明隆庆本休宁〈琦溪金氏族谱〉所收宋元明公文书考析》，《中国社会科学院历史研究所学刊》第九集，商务印书馆，2015 年，第 417—470 页。

某处某司行移某官某职云云。合行移咨，伏请照详施行。

须至咨者。

　　右　　咨

某处某司或某职某官批注某事。

年月　印　日具官某。押

复原了元代执照的基本格式：

皇帝圣旨里/（大朝国）皇帝福荫里，

　　某司某官某人某事云云。

据此合行出给执照付某人收执。须至/议出给者。

右执照付某人某官收执准此。

年月　印　日具官。押

元代公文书的基本格式在《元典章》《吏学指南》《吏文辑览》《新编事文类聚翰墨全书》等书中记载甚多，但也有许多模糊处。这篇文章依据新发现的实物资料来复原公文书格式，是对宋元公文书样式研究的重要贡献。

五、明　清　时　期

此一时期由于档案数量巨大（2 000万件以上），公文书甚多，[①]按理应该研究兴盛，但事实并非如此。明清公文书以往介绍性论著比较多（详后），而对其样式的研究则较少。究其原因，大概是由于明清时期各类公文书的样式都明确公布在各种法令、政书中，学者不必费心去研究各种公文书的样式，所要做的只是将存世公文书与法典、政书中载明的格式对照即可。这与前代孜孜于考证各种公文书的样式是大不一样的。

---

① 民间文书存量也很大。例如徽州文书大约有45—50万件（参看《徽州文书》刘伯山所撰前言，广西师范大学出版社，2005年。最近出版的《徽州文书》共五辑，每辑10册，从2005年出到2015年）；清水江文书仅契约及相关文书就超过万件（参看《清水江文书》张应强所撰前言，广西师范大学出版社，2007年。《清水江文书》共三辑，33册，从2007年出到2011年）；陈支平主编《福建民间文书》（全6册，广西师范大学出版社，2007年）收录文书3 700件左右。其他如浙江、江苏、广东、广西、四川、甘肃、河北、内蒙古等地也发现了数量巨大的民间文书（参见姬元贞《明清履行土地契约的三重保障》，《中国社会科学报》2018年4月9日第5版）。这些民间文书中多数是契约等经济类文书，也包括少部分官府文告等公文书。

明代公文书的研究集中在诏令文书上。《明史研究论丛》第八辑就是
"明代诏令文书研究专辑"。① 专辑中万明《明代诏令文书研究——以洪武朝
为中心的初步考察》和陈时龙《明代诏令的类型及举例》二文考察了明代诏
令中的诏、制、诰、敕、祭文、册、手诏、谥、谕、榜文、令等。后篇文章除从文献
中举例外,还列举了一些文书实物,例如明墓出土的木刻竹纸明孝宗的《罪
己诏》。② 这些研究都没有专门去讨论诏令文书的格式。

同样的现象在地方官府公文书中也能看到。例如郑小春《明清官府下
行文书述略：以徽州诉讼文书为例》③一文研究了明清徽州诉讼文书中的下
行文书,包括札、牌票、牒和帖。文章每研究一种文书,先列举《刑台法律》
卷首《附卷》以及清《福惠全书·文移诸式》中的"札付式""按察司牌面式"
"各府牌式""牒文式""牒式""帖文式""帖式",然后举出文书实物与其比对,
结论是就格式而论,明清两朝有比较固定和相近的格式,只是在具体运用上
略有区别。

不过最近随着中国古文书学的兴起,一些学者注意到以往研究的薄弱
环节,尝试采用古文书学的方法更深入地研究明清公文书的样式。例如申
斌采用换行缩格法(但不以文字引述关系而是以文书承转关系为换行标
准)和图表法分析《四川重刊赋役书册》这一装叙结构的公文,具体分析了
"为……事、案验、咨、该、案呈、呈与申、纸牌、等因、覆、准此、为此、奉此"
等词语,认为这件公文装叙的文书达八层之多,并复原了此件公文行政流
程的 25 个步骤。④ 前引张国旺、阿风的文章也依据族谱中新发现的明代
公文书,研究了"敕命"与"乡试公据",指出洪武十三年前的"敕命"格式
为：首先写"奉天承运皇帝敕曰",然后引述洪武皇帝的敕命,署押"敕命之
宝",最后还有中书省左右丞相、左右丞及御史台左右大夫、御史中丞
署名。⑤

---

① 紫禁城出版社,2010 年。
② 《明史研究论丛》第八辑,第 132—133 页。
③ 《巢湖学院学报》2008 年第 1 期,第 130—137 页。
④ 申斌：《万历七年省级赋役书册纂修之行政流程——根据公文装叙结构复原政务运行之一
　例》,《中国古文书学研究初编》,上海古籍出版社,2019 年。
⑤ 张国旺、阿风：《明隆庆本休宁〈珰溪金氏族谱〉所收宋元明公文书考析》,《中国社会科学院
　历史研究所学刊》第九集,第 456 页。

　　清代公文书过去主要是档案界学者在研究,内容集中在档案制度、文书用语、奏折制度等方面,①对公文书样式的详尽研究相对比较少见。② 例如中国人民大学档案系自 1980 年就开始开设清代文书课程,后来将课程讲义出版,即张我德、杨若荷、裴燕生编著的《清代文书》。③ 书中分"诏令文书""奏疏""官府往来文书"三类介绍了诏书、敕书、谕旨、题本、奏本、揭帖、奏折、详文、验文、禀、状、咨、移会、移、关牒、牌、票、札、示等文书,包括各类文书的纸张、字体、格式、用语、用途、演变等,十分详细,其样式依据主要见于《会典》《枢垣纪略》《科场条例》《福惠全书》《公文式》等书。档案专业之外的清史研究者对文书特别是其样式则关注者不多,值得注意的是刘永华、温海波《签押为证:明清时期画押的源流、类型、文书形态与法律效力》一文。④ 文章虽然没有特别从古文书学角度,也包含非公文书的契约、司法文书等,但梳理了画押的源流,分析了明清时期画押的三种类型,解释了押字上下画有一横的寓意,可供研究公文书押署问题参考。

结　　语

　　综观以上各断代公文书样式的研究状况,可知明清之前,研究的兴盛与否与出土公文书的数量息息相关,出土公文书越多,研究就越兴盛。明清之后,由于各类公文书的样式都明确规定在法典或政书中,公文书样式的研究反而比较寂寥。其实在宋元时期,有关公文书样式的规定,已经见于各种《书仪》,以及政书如《宋会要》《元典章》、法典如《庆元条法事类》等官私著作中,因此关于其样式的研究重点与前代不同,不是着重于各种公文书样式的复原,而更看重文书的行用制度,以及这种制度反映的信息传递和政治运营

---

①　例如有庄吉发《清代奏折制度》,台北故宫博物院,1979 年;四川大学历史系档案学教研室《清代公文选编》,1984 年油印本;单士魁《清代档案丛谈》,紫禁城出版社,1987 年;刘文杰《历史文书用语辞典(明、清、民国部分)》,四川人民出版社,1988 年;雷荣广、姚乐野《清代文书纲要》,四川大学出版社,1990 年;杨若荷《怎样阅读清代文书》,《北京档案》1995 年第 2、3、4 期等。以上信息引自申斌上述文章。

②　当然,文书用语也属于公文书样式研究中的重要部分。

③　中国人民大学出版社,1996 年。

④　《文史》2017 年第 1 辑,第 101—120 页。

状况。

　　尽管如上所述，即在"中国古文书学"成立前后，对各断代公文书样式的研究已经取得了很大成绩，但这些成绩的作者大多没有自觉从"古文书学"的立场或角度去进行研究，没有特别关注发文者与收文者的地位、职责、作用；尤其是印章、署名、签押的位置、形态及其意义；日期的位置、写法及其意义；等等。特别是没有打通断代，将秦汉简牍公文书直至明清公文书视为一个整体，研究各种公文书样式的流变。这些都是"中国古文书学"今后要做的工作以及发展的方向。

　　限于学力和视野，以上所论必定挂一漏万，错误百出，敬请各位方家批评指正。

　　本文为 2018 年日本"東アジアの古文書と日本の古文書—形と機能を比較する—"学术研讨会会议论文，删改后发表于《隋唐辽宋金元史论丛》第九辑，上海古籍出版社，2019 年，嗣后又进行了少许增补（特别是"魏晋南北朝"一节）。

《中国古文书学研究初编》序言

　　中国古文书学是中国社会科学院历史研究所学者提倡，于 2012 年建立的新学科。这一学科倡导将中国古代自先秦至明清出土或传世的古文书（不含典籍）作为研究对象，主要包括历代公文书如诏敕牒状，以及私文书如券契帐簿乃至书信等。这一学科主张按照"古文书"的定义（"由甲方将自己的意愿传达给乙方"）界定古文书，重视文书的形态特别是书式（格式），由书式出发研究古文书的运行、功能及作用，从而更深刻更全面地理解文书包含的内容。这一学科的宗旨是重视具有不同格式的原始文书，将其作为研究历史的第一手资料予以利用。它既是历史研究的重要辅助工具，也是处理史料的一种新的视角。

　　中国古文书学是实践性很强的学科，只有在不断实践中才能逐步完善并解决有关研究对象、研究范围，以及定义、方法、特色等诸问题。中国古文书学成立以来，已经过去了七个年头。在这七年中，我们采取发表文章、举行讲座、举办夏令营等方式宣传这一学科，先后发表了《"中国古文书学"：超越断代文书研究》[①]《"中国古文书学"的创立——中国社会科学院历史研究所学者笔谈》[②]《中国古文书学的历史与现状》[③]《从古文书学视角看经济文书研究》[④]《文书与史料系统》[⑤]《关于"古文书学"的若干思考》[⑥]等文章，同时坚

---

①　黄正建：《"中国古文书学"：超越断代文书研究》，《中国社会科学报》2012 年 7 月 25 日 A-05 版。文章已收入本书。

②　徐义华、黄正建、陈丽萍、张国旺、阿风：《"中国古文书学"的创立——中国社会科学院历史研究所学者笔谈》，《文汇报》2012 年 10 月 29 日 C 版（11 版）。

③　黄正建：《中国古文书学的历史与现状》，《史学理论研究》2015 年第 3 期。文章已收入本书。

④　黄正建：《从古文书学视角看经济文书研究》，《中国社会科学报》2017 年 3 月 6 日第 4 版（历史学）。文章已收入本书。

⑤　阿风：《文书与史料系统》，《中国史研究动态》2017 年第 5 期。

⑥　黄正建：《关于"中国古文书学"的若干思考》，《中国史研究动态》2018 年第 2 期。文章已收入本书。

持每年举办一次"古文书学研讨会",至今已举办了六届。经过这些举措,"中国古文书学"的理念得到一定程度的普及,建立"中国古文书学"的意义和作用在实践中得到不断增强。

2017年8月,我们利用中国社会科学院的"中国社会科学论坛(史学)"平台,在北京召开了"第六届中国古文书学国际研讨会"。会议代表除中国学者外,还有来自日本、韩国的古文书学研究者。会议收到论文近40篇。这些论文构成了本书的主要部分。

本书所收论文大致可以分为两种类型。

第一种类型的论文比较偏重研究古文书的形态、性质、书式,通过文书行政、文书运行来研究古文书。例如考辨东汉简牍中的"劾"与"鞫状";讨论简牍符号的统一;探讨秦简中"志"的文书性质;从简牍资料看汉代上书的写作、传送、装帧、回应;对吴简中的出米簿进行集成与编联复原;研究契约文书的署名画指画押;汇录国图藏敦煌契约文书;辨析日本和唐朝处理文书的异同;从古文书学视角比较唐代告身与日本位记;探究元代公文书中"案呈"的功能;提倡以"换行缩格法"标点元代公文书;通过黑水城汉文文书探讨元代公文书的事务处理程序;解析明代公文装叙结构并复原政务运行;梳理明清契约书写与契约形式的演变;重视文书在史料系统中的重要地位;比较韩国古文书和文集"简札"的异同;分析朝鲜时代古文书特别是《分财记》的规式等。

第二种类型的论文是在关心文书形式的同时更加注重对文书内容的研究。例如通过里耶秦简漫谈秦朝迁陵县的社会状况;考辨东汉简牍中"山徒"的含义;利用走马楼吴简中有关"私学"相关簿籍探讨对私学的调查和地域管理;比较高丽与元明户口文书在登载事项方面的异同;依据黑水城出土的呈状探讨元代河渠司以及亦集乃路的农业生产;利用国子监文书研究明代监生省祭的程序;从契约文书看中国文化的统一性与多样性;利用清水江文书探讨清代黔东南苗族妇女婚姻的缔结与变动;通过古文书看朝鲜女性的社会经济地位;依据《量案》研究大韩帝国时期"量田"的具体过程;在调查农村文书的基础上探讨日本近世农村自发组织与农村行政的关系等。

当然,以上两种类型的分法只是大致而言,其实大部分论文都是既有关于文书形态与性质的研究,也有关于内容的探讨,实际上这两方面的研究确实也是不可能截然分开的。

从本书收入的这些论文我们可以清楚看到，许多学者都是自觉从"古文书学"的视角、利用"古文书学"的方法来处理文书，探讨文书形态和性质，进而研究文书行政以及文书中包含的内容的。这说明"中国古文书学"提倡的视角和方法已经得到很多学者的赞同和支持，并运用到自己的研究中去；说明建立"中国古文书学"不仅有必要，而且确实能在历史研究中发挥独特作用。这一点让我们感到十分欣慰。

本书的编辑工作主要由阿风完成，国家社会科学基金重大项目"中国古文书学研究"课题组（批准号：14ZDB024）其他成员徐义华、邬文玲、陈丽萍、张国旺也协助做了许多工作。此外，陈捷、朱玫、张舰戈、田卫卫、陈睿垚承担了日文、韩文论文的翻译工作。中国社会科学院历史研究所博士后靳腾飞、张舰戈，中国社会科学院研究生院历史系博士研究生李翼恒参与了文稿的最后编辑工作，他们都付出了辛勤劳动。我们希望本书能为"中国古文书学"的进一步发展，以及由此推动中国古代史研究的进一步发展贡献一份力量，希望在不久的将来能有与"中国古文书学研究"相关的新的著作问世。

若有不足与错误之处，欢迎来自各方面的批评与建议。

本文撰写于 2018 年 6 月，《中国古文书学研究初编》于 2019 年由上海古籍出版社出版。

"中国古文书学"的研究与展望

中国过去没有建立自己的"古文书学"学科。虽然早在 1914 年黄人望编《史学研究法讲义》时已经提到古文书学(此承侯旭东先生惠示),但那不过是摘译介绍日本古文书学的内容而已,在此后的史学界影响甚微。直到 2010 年中国社会科学院历史所几位研究古文书的年轻同仁倡议开办"古文书研究班",才揭开了建立"中国古文书学"的序幕。2012 年第一届"中国古文书学学术研讨会"在当时的历史所召开,标志着"中国古文书学"正式建立。2014 年国家社科基金重大项目"中国古文书学研究"立项,标志着"中国古文书学"得到学术界支持和国家承认。2020 年末这一项目大致完成,2021年 3 月 1 日召开了结项会议,标志着"中国古文书学研究"取得了阶段性成果。

关于"中国古文书学"在获得国家社科基金支持后的进展与成果,已有文章作了详细介绍,本文想结合个人研究谈一下"中国古文书学"的研究特点和今后发展。

一、继续对"中国古文书学"作理论探讨

所谓"中国古文书学"理论,主要包括探讨和定义"文书""古文书""古文书学",以及"古文书学"研究的性质、对象、范围、视角、方法、特点、与档案学古文献学历史文书学的区别等方面。

我曾在《关于"中国古文书学"的若干思考》中指出:古文书学意义上的"文书"应该具有的性质或特征是:第一,它是未经后人改动过的原始资料。第二,它不包括各种撰写或编纂的典籍。第三,它一般是用文字书写的。第四,它以发件人向收件人表达意图者为主,同时包括帐簿等经济文书。第五,它应具有完整格式,例如牒、状类文书一般应包括发件者、收件者、结尾

用语、日期等要素。① 此前在《"中国古文书学"：超越断代文书研究》中关于古文书的定义还写过：中国古文书学研究的主要是出土或传世的、近代之前的文书资料，"以手写为主，基本不包括雕版印刷的文献，但若有文书集成或文书档案类刊本，似亦可包括。至于材料，则不论甲骨、青铜器、简帛、纸张和砖石"②。对此定义，有学者特别是研究明清古文书的学者认为，明清古文书很多都是刻印的，因此对"古文书"的定义不能局限在"手写"上。这一意见是有道理的。我想定义"文书"的关键是看它有没有保留文书格式，因为"格式"是"文书"的灵魂，去掉格式，文书就和文献没有区别了。所以那些刻印的文书如果具有完整格式，或者与原始文书保持一致，似乎就可以将其定义为"文书"。

我在比较"中国古文书学"与日本古文书学的异同时，指出主要有两点。第一表现在古文书的来源上。中国古文书有出土与传世两大来源，而日本主要是传世文书。第二表现在古文书的类型上。由于权力结构不同，日本古文书的类型相对更为复杂。近来有学者认为将文书刻石留存，也是中国古文书学的一个特点。这个说法很有道理。李雪梅《中国古代石刻法律文献叙录》③收录从战国到清末石刻文献 8 223 种，其中公文碑占很大比例，如唐宋金元时期，公文碑在同期法律碑刻数目中占比高达三分之二，仅蒙元时期的圣旨碑、公文碑就有 193 份。这些公文碑完整保留了公文格式，包括敬空、提行、印章、画押等，显然就是古文书的原样镌刻。以刻石方式如此大规模多地域多场合地保存古文书，的确是"中国古文书学"的一个显著特点。

总之关于"中国古文书学"的定义、特点等理论问题，今后还有进一步探讨的必要。

二、继续从"古文书学"视角研究古文书

所谓"古文书学"视角，就是采用符合古文书特点的角度，从文书的格式和语言、运行方向和运行规律、附属要素如署名印章画押，乃至文书的物质

---

① 《中国史研究动态》2018 年第 2 期。文章已收入本书。
② 《中国社会科学报》2012 年 7 月 25 日 A - 05 版。文章已收入本书。
③ 上海古籍出版社，2020 年。

形态等各方面进行研究。

例如研究诉讼文书格式,可知唐代因等级不同分别使用了《辞》和《牒》。《辞》的格式特点是年月日姓名及"辞"置于首行,且有受理官司名称,最后有"请裁,谨辞"类套话。《牒》的格式特点是年月日姓名置于末行,没有受理官司名称,在"标的"之下以"牒"起首,结尾有"请裁,谨牒"字样,最后在姓名下复有"牒"字。《辞》和《牒》的内容都可以称为"状",后来就出现了用于诉讼的《状》文书。这种《状》同时含有《辞》和《牒》的特点。随着《状》的逐渐普及,《辞》变得少见,《牒》也逐渐被淘汰,结果就是《状》取代了《辞》和《牒》,成为后代诉讼文书的主要类型。① 学术界以往对文书格式特别是公文书格式有很多研究,其特点是宋代以前以复原文书格式为主,宋元以后以分析文书格式的复杂构成为主。②

再如从敦煌吐鲁番文书出发,研究契约文书中表示其真实性的方式,发现在近五百年的时间内,其方式依时代不同主要有三种:第一阶段的用语特色是"各自署名为信",主要行用于高昌国时期,契约当事人主要采用署名方式;第二阶段的用语特色是"两和立契,画指为信",从唐贞观二十年(646)前后开始出现,一直沿用到9世纪中叶;第三阶段的用语特色是"恐人无信,故立私契,用为后验",从唐末五代一直延续到北宋初年,采用的具体方式主要是画押。③ 为什么会出现这种变化,特别是"画指"(画出中指3个指节)的出现与普及意味着什么,值得今后继续进行研究。

古文书物质形态方面还有如纸张研究。日本古文书学者对此十分重视。例如日本中世纪有一种传达天皇旨意的文书,纸色很重(往往是墨绿色)又很粗糙,被称为"宿纸"(再生纸)。为何会用这么粗糙的纸呢? 原来在天皇旨意下达的流程中,先要由"藏人"(天皇秘书)承受天皇"口宣",将"口宣"记录下来,做成"口宣案",非正式地传达给受书人。换言之,这种再生纸

---

① 黄正建:《唐代诉讼文书格式初探——以吐鲁番文书为中心》,《敦煌吐鲁番研究》第十四卷,上海古籍出版社,2014年。文章已收入本书。

② 黄正建:《中国古文书中的公文书样式研究综述——以中国大陆研究成果为中心》,《隋唐辽宋金元史论丛》第九辑,上海古籍出版社,2019年。文章已收入本书。

③ 黄正建:《敦煌吐鲁番契据文书中的署名画指与画押——从古文书学的视角》,《隋唐辽宋金元史论丛》第八辑,上海古籍出版社,2018年。文章已收入本书。

文书原不过是天皇旨意的笔录。① 明白此点，则只要看到这种颜色很重很粗糙的纸做成的文书，就能了解其运行程序和所起的作用了。中国古代对文书用纸也有明确规定，例如唐代诏敕一般用黄麻纸和黄藤纸，敕书则用绢黄纸之类。用纸之外，印章的使用也值得研究。一般而言，文书的印章钤在日期上，是要保证文书发出时间的准确性，以检查文书处理是否有所延误。还有一种钤印，是在文书上"随处印署"（北宋《天圣令·杂令》）。这是一种怎样的印署，值得研究。还有学者提出要把"人"的因素纳入古文书学的研究范围，那当然是更高层次的追求了。

三、继续宣传和普及中国古文书学

中国古文书学自建立以来，为宣传和普及这一新兴学科，我们每年一次，先后召开了8届古文书学学术研讨会，其中有3届分别是与首都师范大学、河北师范大学和邯郸学院合办的。我们还和中国政法大学共同主办了2次"古文书学研习营"。通过这些活动宣传普及了"中国古文书学"的理念与知识，使更多学者加入到"中国古文书学"的研究队伍中来。

为了普及古文书学知识，让历史研究者和学习者知道什么是古文书，古文书的形态如何，怎样阅读和理解古文书，我们编写了《中国古文书读本》（待刊）。《读本》将先秦到明清的古文书大致分为5类：官府往来文书、契约文书、帐簿文书、诉讼文书、书信文书，然后在每类文书中选取若干，介绍给读者。为使读者对古文书有个整体概念，《读本》在每个断代每类文书之前都有"总论"和"小序"，介绍本断代本类文书概况。每件文书先给出图版，以及该文书的录文，然后进行"注释"和"解说"，解释难解词语，解说文书出处、材质、尺寸、内容、价值等，最后给出有关该文书的参考文献。有此一书，对于中国古代文书的基本样式和特征就能了然于胸。《读本》可以说是"中国古文书学"的入门书。

今后在普及中国古文书学方面还可以做以下工作。第一是继续编写古文书入门书，并像日本学者所做的那样，将上行、下行、平行文书都用图示方

---

① 小岛道裕：《中世の古文书入门》，河出书房新社，2016年。

式标出文书的发出者、接受者、结尾用语、署名等级、日期印章等，让读者能够直观地读懂文书。其实国内特别是明清文书的研究者已在使用图示方式分析文书的结构，例如沈蕾的《清代官府往来文书的装叙结构》①。这样的图示图解方式对于初步接触古文书的读者具有很好的指导作用。第二是编纂古文书用语辞典。现在关于古文书的语言辞典，国内只有刘文杰编写的《历史文书用语辞典》②，但只有"明·清·民国部分"。今后应该组织力量编写一部从战国秦汉直到明清的古文书用语辞典，以方便学者习读各个朝代的古文书。第三是争取让"中国古文书学"进入校园，成为学习古代史的学生在史料处理方面的基础课。只有这样，才能在大学普及古文书学知识，使历史系学生面对古代史料时能多一种视角，自觉运用古文书学的方法研究古文书进而研究历史。

中国现存古文书有百万件之多（还不包括清宫档案），如何运用古文书学的理论、视角、方法去处理这些文书，并通过这些古代曾经实际使用过的文书来揭示当时"人""事""物"的流动，乃至历史过程的方方面面，是我们面临的重要课题。希望有志于此的学者特别是年轻学者加入到古文书的研究行列中来，加入了就会发现这其中别有洞天，是大有发展前途的。

原载《中国社会科学报》2021 年 7 月 16 日第 6 版。

---

① 《档案学研究》2019 年第 3 期。
② 四川人民出版社，1988 年。

唐代"官文书"辨析

——以《唐律疏议》为基础

　　文书研究的重要工作是分类。一般把古代文书分为"官文书"和"私文书"两类。所谓官文书,各朝代的定义可能不完全相同,本文拟就唐代官文书的定义或种类略作辨析。

　　关于唐代官文书,研究最多的应属日本学者中村裕一。他早在20世纪90年代就写有《唐代官文书研究》①的大作。关于官文书的定义和种类,他有以下意见:

　　　　在唐代,以皇帝名义公布的文书(制敕类),与官府间或官员间行用的文书(官文书),总称为"公文书"。《唐律疏议·职制律》"稽缓制书"条规定:"其官文书稽程者,一日笞十,三日加一等,罪止杖八十。""疏议"中说道:"疏议曰:官文书,谓在曹常行,非制敕、奏抄者。"如此,在唐代,官府间常行的符、移、关、牒等文书称为官文书。作为皇帝意志而公布的制、敕等,与官文书被明确区别开来。在此基础上,按照文书学的定义,具有"发信者"和"受信者"的才叫"文书",因此我把官文书定义为:不含户籍和计帐等,凡在官府间或官府、官员间行用的文书,称为"官文书"。②

在此基础上,中村氏依据唐代《公式令》残卷、《唐六典》等史料,将唐代官文书分为以下几类:一、推测应包含在《公式令》中的公文书:③令书、令旨、教书、表、状、议、笺、启、辞、奏弹、露布、解、刺、移、关、牒、符、制授告身、奏授告

---

① 中村裕一:《唐代官文书研究》,中文出版社,1991年。
② 中村裕一:《唐代官文书研究》,第5—6页。译文是笔者翻译的。以下凡该书译文均出自笔者翻译。
③ 以下官文书种类,见《唐代官文书研究》第17页的《唐代官文书一览表》。但是,表中又称其为"公文书",与前述第5页所谓"公文书"指官文书与制敕总称的定义,不相符合。

身、判授告身、计会、诸州计会、诸司计会;二、《公式令》规定之外的公文书:敕授告身、帖、牓、公验、节度使牒、度牒、疏、进奏院状、行状。

中村氏关于唐代官文书的分类及种类,或有可商榷处,但现在我们首先关心的是:他给出的唐代官文书的定义是否正确呢?从这一问题出发,本文拟在《唐律疏议》规定的基础上,参考中村氏的说法,讨论一下唐代官文书在法律上的定义,顺便就其种类问题提一点个人意见。[①] 不妥之处,敬请各位方家批评。

一、"官文书"只是个法律用语

首先要说明的是为何本文只以《唐律疏议》为基础。原因在于,当笔者遍查了《全唐文》、《四库全书》中的唐代史籍之后,发现除了《唐律疏议》外,其他史籍很少使用"官文书"一词。可见"官文书"只是一个法律用语,在一般政治或社会生活中很少使用。因此之故,本文才只以《唐律疏议》作为议论的基础。

所谓法律用语,是指它只在量刑定罪时起作用。具体说来,即当一个犯罪行为指向"官文书"时,与指向皇帝诏书,以及指向"私文书"是不同的。我们来看具体例子:

> 1. 诸制书有误,不即奏闻,辄改定者,杖八十;官文书误,不请官司而改定者,笞四十,知误,不奏请而行者,亦如之。辄饰文者,各加二等。[②]

这就是说,针对皇帝制书犯罪的处罚,比针对官文书犯罪的处罚,要高四等。

> 2. 诸诈为官私文书及增减,(文书,谓券抄及簿帐之类。)欺妄以求财赏及避没入、备偿者,准盗论;赃轻者从诈为官文书法。(若私文书,止从所欺妄为坐)。疏议曰:……注云"若私文书,止从所欺妄为坐",谓诈为私文契及受领券、付抄帖,以求避罪,或改年月日限之类,止从所欺

---

① 本文不打算就中村氏所提出的官文书的所有类别都作分析,只想局限在《唐律疏议》史料范围内提一点商榷意见。至于对唐代所有官文书类别的辨析,拟留待将来进行。

② 《唐律疏议》卷一〇《职制》,中华书局,1983 年,第 200 页。

妄求物之罪,不同官文书之坐。①

这就是说,若使用"私文书"欺妄求财等,不同于使用"官文书"的欺妄,"不同官文书之坐",处罚要轻于官文书。

因此,"官文书"只是一个法律用语,它的性质与定罪量刑有关。明白了这一点,才好开展本文以下的论述。当然,也正因为如此,即因为出于量刑定罪的需要,在法律上才有必要将"官文书"定义清楚。

二、官文书不包括制敕

正如上述,也如中村氏所言,在《唐律疏议》的规定中,制敕与官文书总是分开叙述的。制敕并不包括在官文书之内。因为作为犯罪行为实施的对象,针对制敕犯罪的处罚要重于针对官文书犯罪的处罚。原因当然很简单,因为制敕的发出者是皇帝,而官文书的发出者(或拥有者)是官府。除上举一例外,我们还可以再举出几例:

1. 诸稽缓制书者,一日笞五十;其官文书稽程者,一日笞十。②

前者处罚高于后者四等。

2. 诸盗制书者,徒二年。官文书,杖一百。③

前者处罚高于后者三等。

3. 诸诈为制书及增减者,绞;诈为官文书及增减者,杖一百。④

前者高于后者九等。

4. 诸私发官文书印封视书者,杖六十;制书,杖八十。⑤

后者高于前者二等。

正是由于针对制书的犯罪惩罚要高于针对官文书犯罪的惩罚,所以在

---

① 《唐律疏议》卷二五《诈伪》,第466页。
② 《唐律疏议》卷九《职制》,第196—197页。
③ 《唐律疏议》卷一九《贼盗》,第350页。
④ 《唐律疏议》卷二五《诈伪》,第457、460页。
⑤ 《唐律疏议》卷二七《杂律》,第515页。

法律上要将两者明确区分开来。换句话说，在唐代的法律用语中，"官文书"是不包括制敕的。至于中村氏所言"令书、令旨、教书"之类是否能归入"官文书"，笔者仍持怀疑态度，原因即如下面所说，官文书主要应该只是官司间的常行文书。

三、官文书是官司常行文书

中村氏引用了《唐律疏议》中《职制律》的一段话，即"'官文书'，谓在曹常行，非制敕奏抄者"①，说明官文书是曹司间的常行文书。类似的话在《唐律疏议》中还有，例如："'官文书'，谓常行文书"②；"'官文书'，谓在司寻常施行文书，有印无印等"③。

从这些解释看，唐代官文书指官司间平常施行的文书，并不包括官员个人间来往的文书。因此中村定义中说官文书是"官府间或官员间行用的文书"，其中包括"官员（原文是"官人"）间"，似乎不大准确。

再有就是，官司间的常行文书，主要当指符牒类与行政运作相关的文书（详下文），而不应包括官员为提供意见而上奏的表章之类。因为后者只是一种议论、一种看法，严格说不属于"常行"或"寻常施行"者，也不存在"有印无印"的问题。

如果这一看法成立，则中村氏所谓"表、议、笺、启"等臣下单纯上奏、与行政无关的文章是否属于"官文书"，也就是可以商榷的了。

四、官文书包括"公案"

《唐律疏议》在解释官文书时曾说："'文书'，谓公案。"④又说："'官文书'，谓曹司所行公案及符、移、解、牒之类"⑤，明确将官文书分为"公案"与

---

① 《唐律疏议》卷九《职制》，第197页。
② 《唐律疏议》卷一〇《职制》，第200页。
③ 《唐律疏议》卷一九《贼盗》，第351页。
④ 《唐律疏议》卷五《名例》，第115页。
⑤ 《唐律疏议》卷二七《杂律》，第514页。其中的"解、牒"，原作"解牒"，误。因为"解"与"牒"是两种不同的文书形式。

其他"符牒"等两类。还说："'诈为官文书',谓诈为文案及符、移、解、牒、钞、券之类。"①这些说法表明,官文书包括两类:一类是运行中的符牒之类,另一类则是运行完毕后留底的文案或公案。《资治通鉴》卷二○四"则天武后天授二年九月"条"立案奏之"句,胡三省在解释"案"时说:"案,考也,据也。狱辞之成者曰案,言可考据也。凡官文书可考据者皆曰案。"②作为旁证,《唐律疏议》中还有这样的说法:"'公文',谓在官文书。有本案,事直,唯须依行。或奏状及符、移、关、解、刺、牒等,其有非应判署之人,代官司署案及署应行文书者,杖八十。"③这里的在官文书也包括"案"和"应行文书"两类。

因此,唐代官文书中应包括已经完成并在官司存底的案卷。这一点是中村定义中没有提到的。

进而言之,上引《唐律疏议》文字中提到"'官文书',谓曹司所行公案及符、移、解、牒之类",明确说到"公案"是"曹司所行"的"公案"。从这一提法看,这里的"公案"似乎不是存档的案卷,而是正在运行中的案卷。这会是怎样的案卷呢?

笔者以为,这里所谓正在运行的案卷,应该指在处理某件事务时,有关官司将相关的符牒券等粘连在一起,并将这一连接有各种文书的文书上行或下达,以完成某事务的文书群。这一含有各种文书,又正在运行的文书群,就叫作"曹司所行"的"公案",即正在运行的案卷。当然,运行之后存档,就成为在官司留底的案卷。在这里,正在运行的案卷与运行完存档的案卷其实是一件,只不过存在粘连文书的多少,以及时间的先后不同而已。

例如吐鲁番出土文书中有一件《唐开元二十一年(733)西州都督府案卷为勘给过所事》的文书,文书很长,包括若干事务,其中第一件是"给孟怀福坊州已来过所事"。引几行如下:④

①　《唐律疏议》卷二五《诈伪》,第 460 页。其中的"解、牒"原作"解牒",误。又"钞、券"原作"钞券",也应断开。"钞"当与后文的"抄"相当。此外,据《四库全书》本《唐律疏议》,此处的"券"作"旁(牓)"。

②　《资治通鉴》卷二○四,中华书局,1976 年,第 6474 页。

③　《唐律疏议》卷一九《职制》,第 203 页。

④　《吐鲁番出土文书》第九册,文物出版社,1990 年,第 52—56 页。

7　仓曹

8　　安西镇满放归兵孟怀福贯坊州

9　户曹：得前件人牒称：去开廿年十月七日，从此发行至柳

10　中，卒染时患，交归不得，遂在柳中安置，每日随市乞食，养

11　存性命。今患得损，其过所粮递并随营去。今欲归贯，

12　请处分者。都督判付仓检名过者。得仓曹参军李克勤

13　等状，依检案内去年十月四日得交河县申递给前件人程粮，

14　当已依来递牒仓给粮，仍下柳中县递前讫有实者。安西

15　放归兵孟怀福去年十月已随大例给粮发遣讫。今称染

16　患久在柳中，得损请归，复来重请行粮，下柳中县先有给

17　处以否？审勘检处分讫，申其过所，关户曹准状者。

18　关至，准状谨关。

19　　　　　　　开元廿一年正月廿一日

20　功曹判仓曹九思　　　　　府

21　　　　　正月廿二日录事　元肯　受

　　　　　　　　　史泛友

22　　　　功曹摄录事参军　思　　付

- -

23　　　　检案元白

24　　　　　　　　　廿三日

25　牒检案连如前谨牒

26　　　　正月　　日史　谢忠牒

27　　　　责问元白

28　　　　　　　　廿三日

- -

29　孟怀福年卅八

30　　　问：安西放归，先都给过所发遣讫。昨至柳

31　中疹患，即须擘取本过所留。今来陈请，仰答有何

32　凭据者？但怀福安西都给过所是实。十月七日

33　于此过，行至柳中疹患，其过所大家同，独

34 自不可擘得。今下文牒，请责保给过所。如有

35 一事虚妄，求受重罪，被问依实谨辩。

36   户曹参军梁元璟

37   既有保人，即

38   非罪过，依判。

39   斛斯示。

40   廿五日

----

41 坊 州已来件状如前，此已准给去，依勘过。

42   开元廿一年正月廿九日

43   府谢忠

44 户曹参军元

45   史

46   正月廿二日受，廿九日行判。

47   录事　元肯检无稽失

48   功曹摄录事参军　思　勾讫

49 给孟怀福坊州已来过所事

这件文书有所缺损，但包括孟怀福要返回籍贯所在地的坊州，申请过所的"牒"（转述）；仓曹"检案"后汇报的"状"（转述）；仓曹给户曹的"关"；孟怀福本人的"辩"（转述）；以及西州都督的"示"和户曹参军的"判"等。这样一组文书，应该就是所谓"曹司所行"的案卷。文书上盖有"西州都督府之印"6处，[1]说明是实际运行的案卷。文书最后有"给孟怀福坊州已来过所事"，说明它又是已经运行完后存档的案卷。因此，本件案卷很好地说明了唐代运行的案卷与存档的案卷的关系。

总之，不论运行也好、存档也好，"案卷"都应该包括在官文书内，而与单行的符、移、解、牒有所不同。

五、官文书包括符牒之类

诚如中村氏所说，官文书的主体，无疑是指官司之间的往来文书。这些

---

① 参见《吐鲁番出土文书》第九册第51页整理者的说明文字。

文书种类很多,若从严谨的法律规定而言,可依《唐律疏议》为准。

按《唐律疏议》全文,将"官文书"以举例方式列举了以下几种:

"诈为官文书",谓诈为文案及符、移、解、牒、钞、券之类。①

"文书,谓券抄及簿帐之类"。称"之类"者,谓符、牒、抄、案等。②

"官文书",谓曹司所行公案及符、移、解、牒之类……关、刺律虽无文,亦与符、移同罪。③

"公文",谓在官文书……符、移、关、解④、刺、牒等。⑤

从这些举例看,《唐律疏议》的几处举例,内容相当一致,即所谓官府常行文书,都只包括符、移、解、牒、抄(钞)、券(牓?)、关、刺等。中村氏关于唐代官文书的一览表中,没有写到"抄(钞)",据此或可补充;而如前述,所列入的"表、议、笺、启"之类是否能算唐代法律意义上的"官文书",还有商榷的必要。

当然,这里要强调的是唐代法律意义上的"官文书",而非我们现在基于对古文书的认识而提出的分类标准。

六、官文书包括户籍手实等

前述中村给出的唐代官文书的定义,特别强调不包括户籍和计帐。他的出发点是按照文书学的定义,即必须具有"发信者"和"受信者"的才叫文书。这当然也有一定道理,但是如果我们回到唐朝的场景,在唐代法律中规定的"官文书",却是包括户籍和计帐等的。

《唐律疏议》在"盗制书和盗官文书"条中说:"诸盗制书者,徒二年。官文书,杖一百;重害文书,加一等;纸券,又加一等。(亦谓贪利之,无所施用者。重害,谓徒罪以上狱案及婚姻、良贱、勋赏、黜陟、授官、除免之类。)疏议

---

① 《唐律疏议》卷二五《诈伪》,第460页。其中的"解、牒、钞、券"原作"解牒、钞券",误。又,此处的"券"或当为"旁(牓)"。

② 《唐律疏议》卷二五《诈伪》,第466页。其中的"抄、案"原作"抄案",误。又,此处的"抄"在前文又写作"钞"。

③ 《唐律疏议》卷二七《杂律》,第514页。其中的"解、牒"原作"解牒",误。

④ 此处的"解"与"牒"分开成文,可证前举例中的"解牒"当为"解、牒"两种文书形式。

⑤ 《唐律疏议》卷一〇《职制》,第203页。

曰：盗制书徒二年，敕及奏抄亦同。敕旨无御画，奏抄即有御画，不可以御画奏抄轻于敕旨，各与盗制书罪同。'官文书'，谓在司寻常施行文书，有印无印等。'重害文书，加一等'，合徒一年。注云'亦谓贪利之'，亦如上条盗印藉为财用，无所施行。'重害，谓徒罪以上狱案及婚姻、良贱、勋赏、黜陟、授官、除免之类'，称'之类'者，谓仓粮财物、行军文簿帐及户籍、手实之属，盗者各徒一年。若欲动事，盗者自从增减之律。"①

这其中提到的"重害文书"显然指官文书。凡涉及徒罪以上狱案，以及婚姻、良贱、勋赏、黜陟、授官、除免之类的文书，都是重害文书。此外，重害文书还包括仓粮财物、行军文簿帐，及户籍、手实之属。可见户籍、手实等文书也在官文书的范畴内。

《唐律疏议》还说："诸诈为官私文书及增减，（文书，谓券抄及簿帐之类。）……疏议曰：'诈为官私文书及增减'，谓诈为官私券抄及增减簿帐，故注云'文书，谓券抄及簿帐之类'。称'之类'者，谓符、牒、抄、案等。"②这里虽然包括了私文书，但从后面的"符牒"等的举例看，也包括官文书，可见无论官私，"簿帐"都是包括在内的。

因此，中村氏的定义如果只从现代古文书学的角度，也许有些道理，但若站在唐代律令制度的立场上就不够完全了。从唐代法律看，唐代的官文书是包括仓粮、财物、行军簿帐，以及户籍、手实等的。这一点尤其要引起我们的注意。

结　论

通过以上讨论，可知在唐代法律的规定中，凡在官府形成的文书，无论是用于官司间往来的文书，还是正在运行的案卷或留为档案的案卷；无论是符牒移解类文书，还是户籍簿帐类文书，都属于官文书。私文书中也包括簿帐，此与官文书相似，但私人的契约、借券、收据等，则是纯粹的私文书了。

站在现代古文书学的角度，或可以将有无"发信者"与"受信者"作为定义官文书的标准，但若回到唐代的话语情景下，我们还是要清醒认识到，唐

---

① 《唐律疏议》卷一九《贼盗》，第350—351页。
② 《唐律疏议》卷二五《诈伪》，第466页。

人心目中的"官文书"并不以有无"发信者"和"受信者"为标准。唐人关于官文书的标准只有一个,即是否由官府做成(案成)。如果是,就属于官文书;如果不是,就不属于官文书。当然,制敕是另一问题。它在法律上不属于官文书,那是因为量刑的需要,而从性质上看,它自然应该属于广义的官文书了。

本文为 2015 年第四届中国古文书学学术研讨会会议论文,后发表于《魏晋南北朝隋唐史资料》第三十三辑,上海古籍出版社,2016 年。

唐代官文书的断句标点及其他

——读《吐鲁番出土文献散录》札记之一

荣新江、史睿主编《吐鲁番出土文献散录》(以下简称为《散录》)的出版，是吐鲁番文献研究中一件重要事情。以荣新江先生为首的编者，从 20 世纪 80 年代初开始，一直致力于收集、整理散落各地的吐鲁番出土文献，将其汇为一编，终于在将近 40 年后的 2021 年由中华书局出版，为关心关注、学习研究吐鲁番文献的学者提供了一个查找方便、录文可靠的文本，实属功德无量，必将推动吐鲁番出土文献研究的深入开展。

纵观这部耗费了编者多年心血的著作，有几个重要特点或曰优点十分明显。第一，《散录》花大力气搜集了散布世界各国的吐鲁番出土文献，片纸必收，尽力做到没有遗漏，让无缘各处搜寻相关资料的学者能一编在手，总览全部，省却了大量精力(有些甚至花费精力也难以过目)。第二，《散录》深谙文书整理范式，不仅录文规范，而且尽量写出文书残卷残片的尺寸、拼接等信息，有印必录，有朱笔墨笔点画也说明不遗，为读者提供了最接近原物的原始资料。第三，在编者特别是荣新江先生的多年追踪下，《散录》将分散各地的零散文书的流传、转手、刊布、收藏等信息梳理得极为到位，使读者能知道这些文书的来源和原始出处，并从各种题跋中获得信息，对理解文书性质有非常重要的作用。第四，《散录》对相关文书刊布和整理研究的参考文献搜集得极为全面，不仅列出相关作者的论著，而且同一作者在不同处提到(有时是收入自己文集，有时是再版论著)，也一一列出，为读者按图索骥提供了很大方便，不啻为该件文书整理和研究的学术史。第五，《散录》一方面在定名或判定文书性质上尊重现有成果，将定名依据按实写出，从不掠美，另一方面也就有疑问处提出自己的意见，或对文书的价值、意义作简单而重要的点评，实际具有了文书研究的性质。

以上五点，使《散录》成为一部高水平的吐鲁番出土文献整理著作，为世

界范围内吐鲁番出土文献的整理刊布画了一个阶段性句号,意义重大,价值
重要。①

最近在阅读学习《散录》时,收获颇多,也有一些不成熟的想法,现不揣
简陋,提出来向各位专家请教。

一、官文书录文的断句标点

《散录》所收文书中有印的甚多,计有"柳中县之印"(3 件)、"交河县之
印"(2 件)、"北庭都护府印"(3 件)、"高昌县之印"(7 件)、"天山县之印"(1
件)、"西州都督府之印"(4 件)、"右玉钤卫蒲昌府之印"(2 件)、"蒲昌府之
印"(1 件)、"伊州之印"(1 件)、"尚书司勋告身之印"(1 件)、"交河郡都
督府之印"(1 件)、"蒲昌县之印"(1 件)共 27 件,还有朱笔标明"印"字
(1 件)和写有"行朱"(1 件),以及若干有朱印但印文不清的文书。这些
有印的文书应该都是官文书。从以上统计看,《散录》所收文书中,官文
书所占比例很大,这是一个重要特点。官文书有固定格式,如何正确断
句标点,对理解官文书的性质、内容、作用有很大关系。以下提出几点不
成熟的想法。

(一)"牒"字是否应断开并加标点

官文书中,《牒》占有很大比重。唐代的《牒》,据以往研究,主要有两种
格式,一种是:发件单位为某事(给)收件单位;另一种是:发件单位牒收件
单位。②《散录》所收《牒》,以第二种格式为多。这种格式的《牒》,在正文前
面要写"牒"字。这个"牒"字要不要与后面断开,并加标点符号呢?《散录》
有两种处理:

---

① 对《吐鲁番出土文献散录》的书评已有多篇,例如赵洋《荣新江、史睿主编〈吐鲁番出土文献散
录〉》《敦煌吐鲁番研究》第二十一卷,上海古籍出版社,2022 年,第 438—443 页)、孟彦弘《散
藏吐鲁番文书的搜集、释录与研究——读〈吐鲁番出土文献散录〉》(《西域研究》2022 年第 4
期,第 163—166 页)等,可看。

② 赤木崇敏:《唐代前半期的地方公文体制——以吐鲁番文书为中心》,原载《史学杂志》第 117
编第 11 号(2008 年),修改后收入邓小南、曹家齐、平田茂树主编《文书·政令·信息沟通:
以唐宋时期为主》,北京大学出版社,2012 年,第 119—165 页。

　　第一种是不断开，如：牒得牒称……。①

　　第二种是断开并加逗号，如：牒，得都督高牒称……。②

　　比较两种断句，我以为从《牒》的格式看，这里以断开为宜。因为这里的"牒"是这件牒文的开首语，引起正文，要一直管到结尾的"谨牒"。而且如果承认这一格式，则"牒"后不仅应断开，还应标以冒号，以提示以下为《牒》的正文，即标点为：牒：得某某牒称……。

　　与此相关，《牒》文最后的"牒件状如前"中的"牒"要不要断开呢？一般关于《牒》文的录文都不断开，似乎已成学界共识，但我以为，从便于读者理解出发，以断开为宜（否则一般读者不明白这里应该读作"牒件　状如前"呢，还是"牒　件状如前"）。这是因为这里的"牒"其实也是起首语，引起下面文字，与后面的"谨牒"相呼应，而"件"是修饰"牒"的，只能与下面的"状"相配合。因此我们看到"件状如前""件检如前"等都可以单独成句，如"主者，件状如前"③，"依检案内，件检如前"④等。

　　因此我以为这句"牒件状如前"应标点为：牒：件状如前。

　　与此相关的官司对各种处理结果的汇报用语，即"牒……如前"的格式用语，也都应如此标点，如：

　　牒检案连如前。当标点为：牒：检案连如前。

　　牒件检如前。当标点为：牒：件检如前。

　　牒件录从去月廿七日已来北馆厨莿柴数如前。⑤当标点为：牒：件录从去月廿七日已来北馆厨莿柴数如前。

　　牒被责今月上中二旬柴估，依检案内，件检如前。⑥当标点为：牒：被责今月上中二旬柴估，依检案内，件检如前。

① 《唐开元十三年转运坊牒伊州为支草五万围收刈事》，《散录》，第462页。

② 《唐开元十三年西州都督府牒秦州为请推勘王敬忠等夺地事》，《散录》，第465页。

③ 《唐天宝八载二月交河郡下蒲昌府符》，《散录》，第523页。

④ 《唐仪凤二年十月至十二月西州都督府案卷为北馆厨于坊市得莿柴、酱等请酬价直事》，《散录》，第394页。

⑤ 《唐仪凤二年十月至十二月西州都督府案卷为北馆厨于坊市得莿柴、酱等请酬价直事》，《散录》，第391页。

⑥ 《唐仪凤二年十月至十二月西州都督府案卷为北馆厨于坊市得莿柴、酱等请酬价直事》，《散录》，第394页。

牒件通当户新旧口田段亩数、四至,具状如前。① 当标点为:牒:件通当户新旧口田段亩数、四至,具状如前。

牒奉都督判命如前。② 当标点为:牒:奉都督判命如前。

如此等等。

其实日本学者基于他们的古文书学素养,早就认为这里的"牒"应断开,不过他们使用的是逗号,即"牒,件状如前。谨牒"。甚至在引用《石林燕语》相关史料时,也将点校本没有断开的"牒件状如前"改标点为"牒,件状如前"了。③

(二)"牒称""状称""款称"等如何断句标点

官文书中间往往有许多转述,甚至层层转述,涉及被问者的答复,接受相关者的汇报、通知、申请等,多用"问""称"之类词语表示。这些词语,在《散录》中有不同处理,如"称"字:

得牒称,得录事参军判司户徐思宗等牒称:④——这里"牒称"连读,前者用逗号,后者用冒号。

得都督高牒称,⑤——这里用了逗号。

右件酱,北馆厨典周建智等牒称。上件酱……⑥——这里用了句号。

右得市司状称,请酬柴价。⑦ ——这里的"状称"连读,"称"后用了逗号。

得牛子李大宝状,称上件牛……⑧——这里的"状"与"称"断开,"称"下

---

① 《武周载初元年西州高昌县宁和才等户手实》,《吐鲁番出土文书》第七册,文物出版社,1986年,第415页。

② 《唐开元二十一年西州都督府案卷为勘给过所事》,《吐鲁番出土文书》第九册,文物出版社,1990年,第59页。

③ 赤木崇敏:《唐代前半期的地方公文体制——以吐鲁番文书为中心》,《文书·政令·信息沟通:以唐宋时期为主》,第130页等。《石林燕语》原标点见中华书局点校本,1984年,第32页。在此之前,中村裕一在《唐代官文书研究》中也如此标点(只是都用句号),如"牒。件状如前。谨牒"。中文出版社,1991年,第333页。

④ 《唐开元十三年转运坊牒伊州为支草五万围收刈事》,《散录》,第462页。

⑤ 《唐开元十三年西州都督府牒秦州为请推勘王敬忠等夺地事》,《散录》,第465页。

⑥ 《唐仪凤二年十月至十二月西州都督府案卷为北馆厨于坊市得蔺柴、酱等请酬价直事》,《散录》,第395页。

⑦ 《唐仪凤二年十月至十二月西州都督府案卷为北馆厨于坊市得蔺柴、酱等请酬价直事》,《散录》,第403页。

⑧ 《唐西州某府牒为官牛患疾事》,《散录》,第407页。

属且不断开，与其他不同。

右各得所由状称，上件马……①——这里"状称"连读，用逗号，"上件马"云云与上例"上件牛"句式相同。

综上，"牒称""状称"似有两种处理，一种是连读；另一种是断开，将"称"字属下，与所称内容连为一体。连读情况下，标点也有逗号、句号、冒号三种处理方式。到底应如何断句标点呢？

我以为从文书转述的逻辑看，似应将"牒称""状称"之类表述断开，在"得牒（状）"后断句，"称"下属，与所"称"事项连读。比如文书有这样的表述："得健儿杜奉状，请前件纸。"②这里的句式与"得某某状，称上件牛"基本相同，但显然不能将"状"与"请"连读为"状请"。同样的例子还有"得前庭府主帅刘行感状，称上件人"③云云，也是"称"下属。特别是文书中有"　　］下款，浪称是妇"④的说法，显然这里不能将"款浪称"连读，"称"只能下属。此外如"安西放归兵孟怀福……今称染患"⑤，"称"与所称事项相连接；"奉大夫牒，令每到馆"⑥云云，虽然后面不是"称"而是"令"，但语气性质相同，也是"牒"和"令"分开，"令"与所令事项连读，不能读作"牒令"。因此我觉得，将"牒称"断开，"牒"后用冒号或逗号，⑦然后"称"下属，与所"称"事项连读，即断作："得（奉、被）……牒（状、辞、款），称……"比较好。⑧

当然，这只是我的一孔之见，"牒（状、辞、款）"与"称"连读作"牒（状、辞、

---

① 《唐开元九年北庭都护府牒仓曹为准式给长行坊函马及长行马秋季料事》，《散录》，第455页。

② 《唐开元十六年西州都督府请纸案卷》，《散录》，第469页。

③ 《吐鲁番出土文书》第七册《武周牒为请处分前庭府请折留卫士事》，第45页。

④ 《吐鲁番出土文书》第七册《唐贞观年间西州高昌县勘问梁延台、雷陇贵婚婆纠纷案卷》，第39页。《唐高昌县史王浚牒为征纳王罗云等欠税钱事》还有"款：……今称……"的表述，也可知"款"和"称"是可以分开的。《吐鲁番出土文书》第八册，文物出版社，1987年，第430页。

⑤ 《唐开元二十一年西州都督府案卷为勘给过所事》，《吐鲁番出土文书》第九册，第52页。

⑥ 《唐天宝十四载某馆申十三载三至十二月侵食当馆马料帐历状》，《吐鲁番出土文书》第十册，文物出版社，1991年，第180页。

⑦ 所称事项简单一句者，用逗号；复杂者（后接"……者"）即由多句构成的事项，则用冒号。

⑧ 也可举个旁证：《资治通鉴》卷二一二玄宗开元十二年十月条有云："谢颶王特勒遣使入奏，（谢颶国居吐火罗西南……。颶，於笔翻。）称'去年五月……'。"（中华书局，1976年，第6762页）就是将"称"下属。由于"奏"后写有胡三省注，因此此处断句并非今人意见而是古人意见。

款)称",然后用冒号,或者也是可以的。①

　　与"称"类似的还有"问"。《唐广德三年二月交河县连保请举常平仓粟牒》②中的5件牒文有如下表述:

　　　① 问得前件人等连保状,各请上件粟。……连保之人能代输不?
　　　② 问得上件人款称,请举上件粟。……能代均纳否?
　　　③ 问得上件人等各请前件粟,……连保之人能代纳否?
　　　④ 问得前件人状,各请前件粟,……连保之人能代输纳否?
　　　⑤ 问得状称,上件粟至十月加三分纳利者,……连保之人能代输纳
　　□否者。

以上5件牒文,"问"与后面文字均没有断开,"款称""状称"后面都是逗号。关于这件文书的定名,下面还要谈到,这里只说"问"字。实际上,这里的"问"与"被问"同,是上牒者被问到的问题的起首语,③并非只管到"请……前件粟",而是一直管到问题的结束,往往有"不""否"或"者"这样的文字。因此这里的"问"字应该和下面文字断开,并加冒号。又,从第①和第④件牒文可知,"得某某状"可以断句,与下面事项断开,因此若"状"后有"称"字的话,似也应该将"状"与"称"断开,"称"下属,就像上文说过的那样。因此,以上5件牒文起首的这句话,或可标点为:

---

① 中村裕一《唐代官文书研究》中的文书录文,往往就将"称"上属,在"称"下断句(但他一律用句号)。如"臣某言。臣得本州进奏院状报称。元日皇帝陛下御含元殿。受朝贺者"(第327页)。中村裕一所引这件文书出自《李义山文集》,没有注版本,可能原文没有标点。查刘学锴、余恕诚著《李商隐文编年校注》中《为汝南公贺元日御正殿受朝贺表》,此句标点为"臣某言:臣得本州进奏院状报,称元日皇帝陛下御含元殿受朝贺者"(中华书局,2002年,第619页)。是将"称"字下属了。
② 《散录》,第533—536页。
③ 《唐开元年间案卷为作人兴胡某事》(《散录》,第509页)其实是一个《保牒》或《答牒》,其中就出现了"被问"。其格式为:

　　　2 牒:被问:得牒称[
　　　3 答:其胡不是细[
　　　6 虚妄,请求受重罪。谨[
　　　7 被问依实,谨牒。

不过此件文书残损过甚,具体格式细节不明。

① 问：得前件人等连保状，各请上件粟，①……连保之人能代输不？

② 问：得上件人款②，称请举上件粟，……能代均纳否？

③ 问：得上件人等各请前件粟，……连保之人能代纳否？

④ 问：得前件人状，各请前件粟，……连保之人能代输纳否？

⑤ 问：得状，称上件粟至十月加三分纳利者，……连保之人能代输纳□否者③。

（三）年月日与下面的署名之间是否要断开并标点

官文书结尾的年月日与下面署名之间是否要断开并标点，《散录》有两种处理方式。一种是不断开，不标点（或"牒"后标句号），如：

　　十一月廿八日府史藏牒。④

　　十一月廿五日录事张文裕受⑤

　　〕龙三年十月四日史李思一牒⑥

另一种处理方式是年月日与下面的署名断开，标以逗号，或句号（"牒"后或也加句号）。如：

　　开元十六年三月　日，健儿杜奉牒。⑦

　　开元十六年三月　日。史李艺牒。⑧

　　七月十九日，史严顺帖。⑨

即使在同一件文书中，也是两种断句并存，如：

---

① ①②"粟"后的句号改为逗号，表明这个问题一直要问到出现"不""否""者"时。

② "款"后作冒号也可以。《周圣历二年二月西州五品子邓远牒为勘问银钱价等事》即如此标点："牒：被问，得伯款：还牛价练总还几匹？"由此也可知"款"是可以断句的。《散录》，第 412 页。

③ 这里的"否者"当有省略或缺漏，正常书写应该是"否？〔仰答〕者"。

④ 《唐仪凤二年十月至十二月西州都督府案卷为北馆厨于坊市得莿柴、酱等请酬价直事》，《散录》，第 388 页。

⑤ 《唐仪凤二年十月至十二月西州都督府案卷为北馆厨于坊市得莿柴、酱等请酬价直事》，《散录》，第 389 页。

⑥ 《唐神龙三年十月西州某县史李思一牒为准状科料事》，《散录》，第 420 页。

⑦ 《唐开元十六年西州都督府请纸案卷》，《散录》，第 467 页。

⑧ 《唐开元十六年西州都督府请纸案卷》，《散录》，第 468 页。

⑨ 《唐天宝三载前后交河郡蒲昌县帖为雇真容寺车牛入山取公廨粮事》，《散录》，第 516 页。

三月　日,史李艺牒。① ——这里断开,并加逗号。

六月　日吏李艺牒② ——这里不断开。其中的"吏"或当为"史"之误。③

那么年月日与署名究竟应该断开还是不应该断开呢? 我们看到,官文书结尾,有的年月日与署名会分为两行,如:

3 仪凤二年十一月廿三日

4　　府　史藏④

又如:

16 开元十六年五月廿七日

17　　史　李　艺⑤

可见年月日与署名是可以断开的,因此我现在的初步想法是:文书结尾的年月日与后面的署名之间可以断开,断开后空格,不加标点,结尾无论有无"牒"字也都不加标点。⑥ 这样眉目可能会更清楚一些。无论断开还是不断开,都希望学界能有一个统一的录文标准。⑦

二、《辩》《牒》与文书定名

前述《唐广德三年二月交河县连保请举常平仓粟牒》中收有 5 件牒文。

---

① 《唐开元十六年西州都督府请纸案卷》,《散录》,第 469 页。

② 《唐开元十六年西州都督府请纸案卷》,《散录》,第 476 页。

③ 图版所示是"吏"字。见王春法主编《中国国家博物馆馆藏法帖书系第五辑:吐鲁番文书(二)》,安徽美术出版社,2020 年,第 26 页。

④ 《唐仪凤二年十月至十二月西州都督府案卷为北馆厨于坊市得薪柴、酱等请酬价直事》,《散录》,第 397 页。如果此二处的署名没有直接写"牒"等字样,还可参见《武周天山府帖为索人并文抄及簿到府事》文书结尾:

　　　3　到府,待拟申上,五月[

　　　4　府马行通帖。

这里日期与署名也是分开的,且有表示"府"行为的"帖"字(《吐鲁番出土文书》第九册,第 16 页)。

⑤ 《唐开元十六年西州都督府请纸案卷》,《散录》,第 471 页。

⑥ 我们可以现代书信为例:在写完"顺祝夏安"等祝愿语后的年月日以及署名,一般分成两行,并不加任何标点。

⑦ 《吐鲁番出土文书》(录文本)全部采用不断开不标点的方法,似乎也是可以的。

这些牒文与《辩》文书十分接近。将近十年前,我曾写过《唐代法律用语中的"款"和"辩"——以〈天圣令〉与吐鲁番出土文书为中心》的小文。[①] 在小文中我总结《辩》文书的格式为:[②]

1(辩者)姓名年龄画押(画指)

2   所涉事项

3 某(辩者)辩:被问:……仰答者!

4 谨审:但……被问依实,谨辩。

5 年月日

可见《辩》文书有几个重要特征:第一,辩者姓名要在前面,且一般有画指。第二,有"被问""仰答者"的套话,表示问话内容并要求回答。第三,辩者回答时以"但"开头。第四,以"被问依实,谨辩"套话结束。第五,最后有年月日但并无署名。小文还指出,《辩》有答辩、保辩、服辩等各种形式,并引用了一个《保辩》的例子:

1 保人庭伊百姓康阿了[

2 保人伊州百姓史保年卅[③]

3 保人庭州百姓韩小儿年卅[

4 保人乌耆人曹不那遮年[

5 保人高昌县史康师年卅五[

6   康尾义罗施年卅作人曹伏磨[

7   婢可婢支   驴三头   马一匹[

……

19 阿了辩:被问:得上件人等牒称,请[

20 家口入京,其人等不是压良[

21 冒名假代等色以不者? 谨审:但了[

22 不是压良、假代等色,若后 不 □

---

① 《文史》2013 年第 1 辑,后收入《唐代法典、司法与〈天圣令〉诸问题研究》,中国社会科学出版社,2018 年。以下引文出自该书。文章亦已收入本书。

② 比原文归纳的略有省略合并。

③ 保人年龄旁均残有一道指印,无法录出。

23 求受依法罪。被问依实谨□。

24　　　　　　　垂拱元年四月　日^①

这个《保辩》就是前有保人姓名年龄指节印，中写所保事项，后面有"被问"的问题，以"以不者？"结束。回答则用"谨审：但"起头，以"被问依实，谨辩"结束。最后是年月日。

　　现在我们看《唐广德三年二月交河县连保请举常平仓粟牒》中的第2件牒文：

12 保人前别将卫元敬年五十三　 ｜｜｜

13 保人郭行运年六十　　　　 ｜｜｜

14 保人索希进年卅　　　　　 ｜｜｜

15 保人康智亮年卅六　　　　 ｜｜｜

16 保人宋良胤年廿五　　　　 ｜｜｜

17　　刘日升请举常平仓粟五硕。　光。　日升领。｜｜｜

18　　　问：得上件人款，称请举前件粟，

19 时熟官征收本利日，能代均纳否？仰

20 □（答）！但元敬等保知上件人，官粟征日办

21　　 ］东西及不办输纳，连保人等

（后缺）^②

这件牒文与上件《辩》文不是很相像吗？前有保人姓名年龄画指，中有所保事项，后有保人对官府的回答。问题从"（被）问"起首，到"能代均纳否？"结束，要求保人回答（"仰答"）。保人以"但"起首回答。此件牒文后缺，若如第3件牒文，其后半为：

27 能代纳否？仰答者！但大忠等各请前件粟，如

28 至征收，保内有不办输纳，连保人并请代

29 纳。被问依实，谨牒。

30　　　　　　　广德三年二月　日^③

---

① 《吐鲁番出土文书》（图录本）三，文物出版社，1996年，第349—350页。此处录文有省略，全文参《唐代法典、司法与〈天圣令〉诸问题研究》，第101—102页。

② 《散录》，第534—535页，标点有所不同，20行所缺字当为"答"。

③ 《散录》，第535页，标点有所不同。

这其中不仅明确写有《辩》中常见的"仰答者",有"但",有"被问依实",最后也是以年月日结束,与《辩》的格式完全相同。不同的只是最后写的是"谨牒"而非"谨辩"。

由此可见,本件文书中的 5 件牒文,其性质与《辩》文书中的《保辩》相同,都是保人回答官府问题时的保证书,似可称为《保牒》。至于它与《辩》的区别,尚待今后详细研究。①

如果这 5 件牒文都是保人提交的保证书,则文书定名为《交河县连保请举常平仓粟牒》似乎就可讨论了。因为从文书内容看,它们并非连保者申请借贷的牒。到文书所涉节点,这些连保者"请举常平仓粟"的行为已经完成了,所请的粟已经交付各请举者,所以各请举者(除第 2 件文书外同时又是保人,仁井田陞认为第 2 件文书是单纯的连保,其他文书则是连保同借②)名下有"付身""付男某某领"等字样,还有应该是负责发放常平仓粟官员的别笔签名"光"。从各借贷者名上有"了"形勾画(第 2 件单纯的保人名上则无)也可看出这是处理完成的文书。换句话说,这件文书集借贷请求文书、借贷领取收据(官府处理过)、还贷保证文书(《保牒》)为一体,是官府(每件牒文起首都有"交河县之印")处理后存档的文书。它不是连保者申请借贷的牒,更不是交河县的牒,应该是一份事关请举(有"请"有"举")常平仓粟全过程的案卷,③或可定名为《交河县案卷为连保请举常平仓粟事》。

三、"奉刺"还是"奉敕"

《散录》中收有一件《唐垂拱二年后西州差兵试判题》④,学者对其中的"金牙军"有很深入的研究。现在我们看其格式:

1 奉刺西州管内差兵一千二百人。准
2 敕唯取白丁、杂任,不言当州三卫。今奉金

① 一个区别可能是:《保辩》用"被问"而《保牒》用"问"。
② 仁井田陞:《唐宋法律文书の研究》,东京大学出版会,1983 年复刻版,第 322—323 页。
③ 李锦绣就认为它是"广德三年连保请贷常平仓粟案"。《唐代财政史稿》上卷第二分册,北京大学出版社,1995 年,第 755 页。
④ 《散录》,第 407—408 页。

3 牙军牒,其三卫一色,在　敕虽复无文,

4 军中异常要籍,若其不差,定阙挠

5 事。今若依牒差去,便是乖于　敕文;

6 必其固执不差,阙挠罪当极法。二涂

7 得失,若为折衷? 仰子鸿笔,决此狐疑。

这件文书是"试判"应该没什么问题,关键是第一句的"奉剌"。查图版,"奉剌"二字似不误。我们知道,"剌"是一种平行文书。这里的"奉剌"奉的是哪个部门的"剌"呢? 学者颇感迷惑。也许因为不可理解,因此有学者将这里的"奉剌"改录为"奉敕"。[①] 但从图版看,凡"敕"均写作"勑",非常清楚,与"剌"完全不同,因此不可能是"敕"的错写,况且"奉敕"试判的用法也很少出现。

　我现在有个推测,这里的"奉剌"可能是"奉判"之误。[②] 我们知道,唐代试判,往往以"奉判"起首,例子甚多。如 P.3813《唐前期判集残卷》(即所谓《文明判集残卷》):

20 奉判:秦鸾母患在床⋯⋯

29 奉判:石崇殷富⋯⋯

38 奉判:雍州申称地狭⋯⋯

53 奉判:弘教府队正李陵⋯⋯

71 奉判:豆其谷遂本自风牛同宿⋯⋯;[③]等等

P.2754《麟德安西判集残卷》:

16 奉判:伊州镇人元孝仁⋯⋯

25 奉判:裴都护左右私向西州事。⋯⋯[④]

P.2593《开元判集残卷》:

9 奉判:得隰州刺史王乙妻育子⋯⋯

---

① 刘子凡:《瀚海天山:唐代伊、西、庭三州军政体制研究》,中西书局,2016 年,第 210 页。

② 草写的"判"与"剌"非常相似(如《中国国家博物馆馆藏法帖书系第五辑:吐鲁番文书(二)》中《法曹司请料纸牒》牒文尾部"依判"的"判"字,与"剌"极为相似,第 27 页),很容易写错。

③ 刘俊文:《敦煌吐鲁番唐代法制文书考释》,中华书局,1989 年,第 437—441 页。

④ 刘俊文:《敦煌吐鲁番唐代法制文书考释》,第 465—466 页。

21 奉判：得甲大厦成……①

以上是敦煌文书，吐鲁番文书也有，如：

73TAM222：56(1)—(10)《唐西州判集残片》：

（一）

4 奉判：昭福寺……

（四）

10 奉判：劫财伤……②

由此可见，这件《唐垂拱二年后西州差兵试判题》中的"奉刾"并非"奉敕"的误写，而很有可能是"奉判"的误写。中村裕一《唐代官文书研究》在引用这件文书时，直接将其写作"奉判"③。此外，敦煌出土的唐《公式令》中的"牒式"有言："右尚书都省牒省内诸司式。其应受刾之司，于管内行牒，皆准此。"其中"受刾之司"的"刾"，无论图版还是录文，均显然为"刾"④，没有异议，但日本学者则将其录为"判"，作"其应受判之司"⑤。可见在日本学者看来，"刾"与"判"时常混淆，而此"刾"字当释读为"判"。

　　以上拉杂写了一些阅读学习《吐鲁番出土文献散录》后的感想，所发议论其实不限于《散录》（比如关于官文书录文的断句标点），且主观性很强，只希望能引起讨论，使学界对官文书的录文达成一些共识。另外，文章所涉文书，很多都有详尽深入的研究，而我基本没有对这些成果进行全面检索复核。我以为我的议论主要不是针对内容而是形式（包括定名），并且相信《散录》编者一定是在吸收了以往成果后才作出现在的定名和录文的，因此就没有过多地去查找那些成果，而只以《散录》的录文为最新成果。这一点是应该明确说明的。

　　原载《魏晋南北朝隋唐史资料》第四十九辑，上海古籍出版社，2024 年。

---

① 刘俊文：《敦煌吐鲁番唐代法制文书考释》，第 480 页。
② 刘俊文：《敦煌吐鲁番唐代法制文书考释》，第 485、488 页。
③ 中村裕一：《唐代官文书研究》第 1 章，第 43 页。但中村没有说明理由。
④ 图版如《法国藏敦煌西域文献》18 册，上海古籍出版社，2001 年，第 393 页；录文如刘俊文《敦煌吐鲁番唐代法制文书考释》，第 223 页，唐耕耦、陆宏基《敦煌社会经济文献真迹释录》第二辑，全国图书馆文献缩微复制中心，1990 年，第 557 页。
⑤ 井上光贞、关晃、土田直镇、青木和夫：《律令》，岩波书店，2001 年，第 650 页。

简论如何从"结句"辨别
唐代文书类型

古文书学重视文书格式,认为格式是决定文书类型和性质的关键因素。对唐代公文书格式的研究,取得了非常丰富的成果,例如集大成的中村裕一,以及卢向前、刘后滨、吴丽娱、雷闻、刘安志、赤木崇敏、郭桂坤、包晓悦、笔者等。① 在这些研究的基础上,本文想归纳一个问题,即如何简单辨别唐代文书的类型,或者说在看到一件文书时,如何快速辨别它属于哪类性质的文书。

首先说一下结论:判断唐代文书为何种类型的关键,在于文书正文的"结句"。

这一点,后代文书比较明确。例如明清文书,除个别外,主要依靠"须至⋯⋯者"。《历史文书用语辞典(明、清、民国部分)》解释"须至⋯⋯者"时说:

> 历史文书结尾处的固定套语。此语本无多大意义,历代文书中相为袭用。谨②表示文书的完结。凡官府之间往来文书中,无论向上级呈送的文书、向下级发出的文书或平级机关的来往文书中,都可用此语结尾。如呈文结尾可用"须至呈者",申文结尾可用"须至申者";详文结尾

---

① 中村裕一的研究有:《唐代官文书研究》,中文出版社,1991年;《唐代制敕研究》,汲古书院,1991年;《唐代公文书研究》,汲古书院,1996年。国内研究,2018年前者参见黄正建《中国古文书中的公文书样式研究综述——以中国大陆研究成果为中心》,《隋唐辽宋金元史论丛》第九辑,上海古籍出版社,2019年(已收入本书)。此后的研究有:刘后滨:《唐代中书门下体制研究:公文形态、政务运行与制度变迁(增订版)》,中国人民大学出版社,2022年;雷闻:《官文书与唐代政务运行研究》,上海古籍出版社,2023年;包晓悦:《唐代使牒考》,《敦煌吐鲁番研究》第20卷,上海古籍出版社,2021年;《唐代牒式再研究》,《唐研究》第27卷,北京大学出版社,2022年;郭桂坤:《文书之力:唐代奏敕研究》,商务印书馆,2023年等。

② "谨",当为"仅"。

> 可用"须至详者";牌文结尾可用"须至牌者"。余皆类推,常见的有"须
> 至札者""须至咨者""须至移者""须至照会者""须至知会者"等。绝大
> 多数文书可以据此判断其文种,如"奉命前因,据实呈复。须至呈者"。①

这段解释中所说的"历史文书"或"历史文书中相为袭用",应该只指明清文
书。唐代文书就并非如此。另外,说此套语是"文书结尾处",没有明确是文
书正文结尾还是文书包括年月日等在内的结尾。实际上,它不过是文书正
文的结尾而已。

因此这里的"结尾"不很确切,应该更正为"结句"。《吏学指南》专门有
"结句"一节,著录了 7 个词条,即:照详、照验、谨牒、故牒、主者施行、符到奉
行、阶衔。② 7 个词条中,"阶衔"是历代文书都有的,"照详""照验"少见于唐
代文书,其他 4 个均为唐代文书中的常见词语。因此,我们称此类词汇或套
语为文书的"结句"。

以下我们就依据文书中的"结句"来看看如何辨别唐代文书的类型。

一、谨　关

"关"是平行文书。唐《公式令》有"关式",略如下:

> 关式
> 吏部　　为某事
> 兵部云云。谨关。
> 　　年月日

这个"关式"是"尚书省诸司相关式",而其他所有机构,只要"同长官而别职
局者,皆准此"③。据此可知,公文书中只要有"谨关"的结句,这件文书就属
于"关"文书。

现存最完整的关文书,是保存在西州都督府处理过所案卷中"仓曹"关

---

① 刘文杰著:《历史文书用语辞典(明、清、民国部分)》,四川人民出版社,1988 年,第 113 页。
② 杨讷点校:《吏学指南(外三种)》,浙江古籍出版社,1988 年,第 38 页。
③ 录文引自刘俊文《敦煌吐鲁番唐代法制文书考释》,中华书局,1989 年,第 222 页。

"户曹"的文书，^①其格式大致为：

> 7 仓曹
>
> 8 　安西镇满放归兵孟怀福(贯坊州)
>
> 9 户曹：得前件人牒称：……
>
> 17……审勘检处分讫，申其过所关户曹准状者。
>
> 18 关至准状。谨关。
>
> 19 　　　　　开元廿一年正月廿一日^②

这件关文说的是仓曹告诉户曹，关于孟怀福请粮的事情我们已经查清了，而关于过所的事情应当由你们核查。关文格式与《公式令》中的"关式"基本一致。

如果没有"谨关"，即使文中提到了"关"也不是关文书。如：

> 1 　　　　　　　关 吏 部 　　　　
>
> 2 　　　　　　关 至准 　敕。此已 牒 伊 　　　
>
> 3 　　　　物。牒至准 　敕分付讫 　　　
>
> 4 　　　请受，故牒。
>
> 5 　　　　　　　年十二月廿 　　　

文书中虽然提到了某部关吏部，^③但此件文书并非关文书。从文书结句的"故牒"看，它是牒文书，所以文书整理者将其定名为《唐安西都护府残牒》^④是正确的。

只要结句有"谨关"，就是关文书。

二、故　　牒

牒文书有下行与上行的区别。下行的牒文书，结句为"故牒"。

---

① 雷闻：《关文与唐代地方政府内部的行政运作》，《中华文史论丛》2007 年第 4 辑，后收入所著《官文书与唐代政务运行研究》，第 56 页。

② 《吐鲁番出土文书》第九册，文物出版社，1990 年，第 52—53 页。标点有所改动。《吐鲁番出土文书》肆的录文，少了第 7 行的"仓曹"二字。文物出版社，1996 年，第 282 页。

③ 雷闻前文引王永兴的研究，认为是尚书兵部关吏部，第 54 页。

④ 《吐鲁番出土文书》叁，文物出版社，1996 年，第 42 页。

唐《公式令》中的牒式为：

21　牒式

22　尚书都省　　为某事

23　某司云云。案主姓名，故牒。

24　　　　　　年月日①

这是尚书都省向省内诸司下发的牒的格式。其他有隶属关系的机构，下发的牒文书均用此种格式，以"故牒"结句。

例子如上述《唐安西都护府残牒》。还可以举一个营级机构发给下属军官的牒：

1　□右营　　　　　　牒　建忠赵伍那

2　　　兵张式玄

3　牒：得上件人妹阿毛经军陈辞：前件兄身是三千军兵名，

4　□今年三□配交河车坊上，至今便不回，死活不分。阿

5　□兄别籍，又不同居，恐兄更有番役，浪有牵挽。阿毛孤

6　□一身，有（又）无夫聟（婿），客作佣力，日求升合养姓（性）

　　命，请乞处分者。

7　□□使判付营具问□□□□玄身当三月番上，今妹阿毛

8　□□□□□□□□□所由例皆指注，具状录申都司听裁。

9　□□□□那访捉，以得为限者。牒至准状，故牒。

10　　　　　　　　　　开元廿八年五月四日典□□通牒②

此件文书的结句是"故牒"，因此是牒文书，是下行的牒文书。整理者将其定名为《唐开元二十八年土右营下建忠赵伍那牒为访捉配交河兵张式玄事》。

还要注意的是，"敕牒"的结句也为"故牒"，因此也是牒文书。按敕牒本属"王言之制"七种之一，即"七曰敕牒（随事承旨，不易旧典则用之）"③，主要

---

① 刘俊文：《敦煌吐鲁番唐代法制文书考释》，第222—223页。

② 《吐鲁番出土文书》肆，第184页。

③ 《唐六典》卷九《中书省》中书令职掌条，中华书局，1992年，第274页。关于"敕牒"，相关研究甚多，例如中村裕一《唐代制敕研究》第三章《敕书》中专门有"敕牒"一节（第513—545页），后来在《唐代公文书研究》的《唐代の敕旨と敕牒に关する史料》一章中又作了补充（第279—311页）。

是中书门下(宰相机构)承旨下发的文书。此种敕牒,前有"奉敕(宜依)"字样,后以"故牒"结句,从文书类型上说属于牒文书。例如敦煌 P.3720 号文书,是懿宗同意张淮深所请由悟真补任河西都僧统的上奏后,中书门下下发的敕牒:

　　中书门下　　牒沙州
　　牒:奉　　敕宜依。牒至准　　敕。故牒。
　　咸通十年十二月廿五日牒①

只要结句是"故牒",就是下行的牒文书。

三、谨　牒

　　牒又是六种上行文书即"凡下之所以达上,其制亦有六,曰:表、状、笺、启、牒、辞"②之一种。作为上行文书,"有品已上"③"于其长上公文皆为牒"④,即凡是有品的官吏,向上申报公文,都采用牒文书,故使用非常广泛。其文书结句是"谨牒"。

　　唐《公式令》残卷中没有上行文书的"牒式",可能是残掉了,原本或应有。日本古代的《养老令》是模仿唐令编纂的。⑤《养老令·公式令》中有"牒式"云:

　　牒式
　　牒。云云。谨牒。
　　　　年月日。其(某?)官位姓名牒。

并注明是"内外官人主典以上,缘事申牒诸司式"。这与唐代制度相似。又

---

① 转引自中村裕一《唐代制敕研究》,第 517—518 页,标点有所不同。又,中村认为同意者是宣宗,误。

② 《唐六典》卷一《尚书都省》,第 11 页。

③ 《旧唐书》卷四三《职官二》,中华书局,1975 年,第 1817 页。

④ 《唐会要》卷二六《笺表例》,上海古籍出版社,2006 年,第 587 页。

⑤ 至于是模仿唐《永徽令》还是《开元令》,学者有不同意见。参《律令》附《解说》,即井上光贞《日本律令の成立とその注释书》,岩波书店,2001 年,第 774 页。

说"若有人物名数者，件人物于前"①，更能解释唐代"牒式"文书首列的"人物名数"。

以"谨牒"结句的牒文书，例子不胜枚举。举一个相对完整的例子。

定名为《唐开元二十年(732)瓜州都督府给西州百姓游击将军石染典过所》是一个案卷，其中包括石染典上给沙州刺史(?)的牒。全文如下：

> 15　　作人康禄山　石怒悠　家生奴移多地
>
> 16　　驴拾头(沙州市勘同，市令张休。)
>
> 17 牒：染典先蒙瓜州给过所，今至此市易
>
> 18 事了，欲往伊州市易。路由恐所在守捉不
>
> 19 练行由，谨连来文如前，请乞判命。谨牒。
>
> 20 印　开元廿年三月廿　日，西州百姓游击将军石染典牒。②

这其中的印是"沙州之印"。牒文完全符合制度。第一，是有品的游击将军上行的文书。第二，15 和 16 行，即《养老令·公式令》"牒式"所谓"若有人物名数者，件人物于前"。第三，牒文起首是"牒"，然后"云云"，结句是"谨牒"，后有年月日以及官位姓名"牒"字样。与《养老令·公式令》中的"牒式"相同。

文书中有"谨牒"，就是牒文书。如：

> 2　　□□城
>
> 3　　主簿高元祯，东南渠职田一段四亩(东渠　西道　南王海
>
> 　　　北孔定　旧佃人　王嘿子)
>
> 4　　　　右主簿高祯，今见唯种职田四亩，自余更无种处，如
>
> 5　　　　后不依今状，连署之人，请依法受罪，今以状上。
>
> 6　牒 件状如前，谨牒。
>
> 7　　　　　而(天)稽(授)二秊(年)三〇(月)　〇(日)
>
> 　　　　　老人王嘿子牒③

---

① 黑板胜美：新订增补国史大系《令集解》卷三二《公式令》，吉川弘文馆，1981 年，第 816—817 页。

② 《吐鲁番出土文书》肆，第 276 页。

③ 《吐鲁番出土文书》肆，第 75 页。

文书中虽有"今状""今以状上"字样,但因有"谨牒",因而还是牒文书。文书整理者就将其定名为《武周天授二年(691)老人王嘿子等牒为申报主簿高元祯职田事》。不过这个牒文书与牒式并不符。第一,上牒者是一般庶民,并非有品官吏。第二,文书起首没有"牒"字样。这一类写有"牒:件状如前,谨牒"字样的牒文书,是牒式文书的泛用。有人认为这是状文书,其实不然。从结句"谨牒"就可以判断它仍然属于牒文书。

只要结句是"谨牒",就是上行的牒文书。

四、谨　辞

"辞"是制度规定的上行文书六种之一,"庶人言曰辞"[①]。辞文书的结句是"谨辞"。辞文书多见于吐鲁番文书。纵观存世的辞文书,可总结出辞文书的格式如下:

> 年月日(籍贯身份)姓名　辞
> 　　所涉人或物
> 受理机构(一般为县司、州司、府司、营司等):云云。谨以辞(或咨、状)陈,请裁(或请……勘当,等)。谨辞。[②]

这一格式与日本《养老令·公式令》中的规定很相似。《养老令·公式令》中的"辞式"为:

> 年月日。　位姓名辞。(此谓杂任初位以上。若庶人称本属。)
> 其事云云。谨辞。
> 右内外杂任以下。申牒(辞?)诸司式。若有人物名数者,件人物于云云前。[③]

按照养老《公式令》"辞式",年月日和申辞者姓名身份出身都要放在第一行;

---

① 《唐六典》卷一《尚书都省》,第11页。
② 参见黄正建《唐代诉讼文书格式初探——以吐鲁番文书为中心》,《敦煌吐鲁番研究》第十四卷,上海古籍出版社,2014年,第293页(已收入本书)。由于文章探讨的是诉讼用"辞",所以本文对"辞"的格式有所调整。
③ 《令集解》卷三二《公式令》,第817—818页。

姓名之后要写"辞";若有"人物名数"(相当于我们总结出来的格式中的"所
涉人和物")要放在"其事云云"之前;结句用"谨辞"。这些都与现存唐代辞
文书的实物相一致。我们举一例如下:

唐麟德二年(665)牛定相辞为请勘不还地子事。①

1 麟德二年十二月　日,武城乡牛定相辞:
2　　宁昌乡樊輋塯父死退田一亩
3 县司:定相给得前件人口分部一亩,径(经)今五年
4 有余,从嗦(索)地子,延引不还。请付宁昌乡本
5 里追身,勘当不还地子所由。谨辞。

只要结句是"谨辞",就应当是"辞"文书。

五、谨　　辩

"辩"是一种回答官府询问的文书,可以有"答辩""保辩""服辩"等形
式。② "辩"的格式似乎并未在《公式令》中有所规定。③ 吐鲁番文书中存留有
大量"辩"文书。纵观这些辩文书,可以总结其格式如下:

(辩者)姓名、年龄、画押(指印)
　　所涉人和物(此项不必须有)
某(辩者)辩:被问:云云。仰答者! 谨审:云云。被问依实。
谨辩。
　　年月日④

其中若非纠纷而只是单纯回答问题,就不必有"所涉人和物"。"谨审"后是
辩者的回答,往往以"但"起首。结句用"谨辩"。举一个例子。

---

① 《吐鲁番出土文书》贰,文物出版社,1994 年。有"注释"说"部"下当省略了"田"字。第
216 页。
② 参见黄正建《唐代法律用语中的"款"和"辩"——以〈天圣令〉与吐鲁番出土文书为中心》,《文
史》2013 年第 1 辑,第 271 页(已收入本书)。
③ 唐《公式令》因是残卷而不知是否有载,日本养老《公式令》中则无"辩式"。
④ 参见黄正建《唐代法律用语中的"款"和"辩"——以〈天圣令〉与吐鲁番出土文书为中心》,第
261 页。由于文章讨论的是法律文书,因此本文对"辩"的格式作了修正。

85　　　　王奉仙年卅伍　　｜｜｜

86 奉仙辩：被问：身是何色？从何处得来至酸枣

87 戍？仰答者！谨审：但奉仙贯京兆府华源县，去

88 年三月内共驮主徐忠驱驮送安西兵赐至安西

89 输纳。却回至西州，判得过所。行至赤亭，为身患，

90 复见负物主张思忠负奉仙钱三千文，随后却

91 趁来。至酸枣趁不及，遂被戍家捉来。所有

92 行文见在，请检即知。奉仙亦不是诸军镇逃

93 走等色。如后推问不同，求受重罪。被问依实。谨辩。

94（典康仁依口抄并读示讫。思）开元廿一年正月　　日①

此"辩"文书是王奉仙对官府推问的回答。由于不存在民事纠纷，所以没有所涉人和物。文书以"谨辩"结句。

只要结句是"谨辩"，就应当是辩文书。

六、谨　言

"谨言"是"表"文书的结句。"表上于天子"，被列为尚书都省所掌"下之所以达上"②即上行文书六种之一。也被列为须经门下省"审署申覆"的"下之通与上"③六种上行文书之一。使用广泛。

表的格式不见于唐《公式令》。日本养老《公式令》中亦无。④中村裕一引《玉海》卷二百三《辞学指南·表》中所列贺表、谢表、进书进贡陈请表的格式，认为当与唐代表的格式相同。例如其中贺表的格式为：

> 臣某言：恭睹某月日云云者。云云。臣某欢忭欢忭、顿首顿首。窃
> 以云云。恭惟皇帝陛下云云。臣云云。臣无任瞻天望圣，激切屏营之

---

① 《吐鲁番出土文书》肆，第290页。录文标点有所改动，首行的三竖道为指印。此"辩"文书为《唐开元二十一年西州都督府案卷为勘过所事》中的一部分。

② 《唐六典》卷一《尚书都省》，第11页。

③ 《唐六典》卷八《门下省》，第241—242页。

④ 这可能是因为日本将"表"都统合到"奏"中去了。

至。谨奏①表称贺以闻。臣某欢忭欢忭,顿首顿首。谨言。

　　年月　　日具官臣姓某上表。②

从此格式看,表的起首有"臣某言",结句有"谨言",年月日姓名后写"上表"。

司马光《书仪》则将"表式"略记为:

　　臣某言(云云):臣某诚惶诚惧(贺则云诚欢诚忭,后辞末准此)顿首顿首,辞(云云)谨奉表称　谢以　闻(称贺同其辞……)。臣某诚惶诚惧,顿首顿首,谨言。

　　年月　　日具位臣姓　名　上表③

其实表的格式,在唐代《书仪》中已有涉及。例如被定名为《武则天时期的一种书仪(伯三九○○)》"笺表第二"中的"庆正冬表":

　　臣名言:元正肇祚,万福惟新。……谨遣所部某官(臣)某乙奉表以闻。臣某诚欢诚喜,顿首[顿首],死罪死罪。谨言。

　　某年某月某日官臣姓名上表。④

此外还有"庆瑞表""庆平贼表""庆封禅表""庆赦表(不全)"的格式,无一例外,都是以"臣名言"起首,以"谨言"结句。

同样,被学者判定为开元末杜友晋所撰的《吉凶书仪》卷下,有"表凶仪一十一首",其中如"百官谢父母丧蒙赠表"的格式为:

　　臣名言:伏奉　制书追赠臣父先臣某为某官,谥某公(母云,臣母先妾姓为郡君夫人),赠某物……无任感绝之至,谨奉表以闻。谨言。

　　[年月日具官位臣姓名上表]⑤

仍然是以"臣名言"起首,以"谨言"结句。十一首表的格式均如此。

---

①　"奏表",若依下列"谢表"格式,当为"奉表"。

②　《玉海》卷二百三《辞学指南》,江苏古籍出版社、上海书店,1990 年,第 3702 页。此处删去了文中的注文。关于《玉海·辞学指南》与唐代"表"的关系,参见中村裕一《唐代公文书研究》,第 55—59 页。

③　司马光:《书仪》卷一,《四库全书》本,第 1 页。

④　赵和平:《敦煌写本书仪研究》,新文丰出版公司,2009 年,第 157 页。录文稍有改动。

⑤　赵和平:《敦煌写本书仪研究》,第 191 页。"年月日"等据前列"百官期亲丧奉答　敕慰表"补。

　　到五代后唐时,表的格式中"臣名言"成了"臣某言",但结句仍然为"谨言"。例如被认为作于后唐时的《刺史书仪》有"到本任后谢上表"的格式为:

　　　　臣厶言:蒙　恩除受(授)厶州刺史……臣某诚惶诚感,顿首顿首。
伏惟　皇帝陛下,文明仰(御)宇……谨奉表陈　谢以　闻。臣厶诚惶
诚感,顿首顿首。谨言。
　　　　　　年月日下全衔臣　厶上表。①

这些表的格式与存世的宋代"表式"几乎全同。由此可见,从唐到宋,表文书的格式一直未变,均以"谨言"结句。换句话说,只要是以"谨言"结句,就可判定为表文书。②

　　唐人文集"表"类文章中也有大量以"谨言"结尾的实例。例如张九龄所作《让起复中书侍郎同平章事表》的格式是:

　　　　草土臣言:伏奉去年十二月十四日制,复臣中书侍郎同平章事
者……臣诚哀诚惧,顿首顿首,死罪死罪,谨言。
　　　　　　开元二十二年正月二十七日,草土臣张九龄上表③

与敦煌写本《书仪》中表的格式完全相同。

　　由此可推知,唐《公式令》所列《制授告身式》内,中书省发文给门下省"宣奉行"后,门下省官员的行为是:

　　　　　　侍中具官封姓名
　　　　　　黄门侍郎具官封姓名
　　　　　　给事中具官封姓名　等言。
　　　　　　制书如右。请奉
　　　　　　制付外施行。谨言。
　　　　　　　　年月日④

---

① 赵和平:《敦煌表状笺启书仪辑校》,江苏古籍出版社,1997 年,第 183—184 页。录文中的
　"仰宇"当为"御宇"。
② 郭桂坤在《文书之力:唐代奏敕研究》第一章《唐代奏事文书》中提炼了表的格式为:臣某
　(名)言:云云。年月日　某官臣某某(姓名)上表。(第 42 页)没有很重要的"谨言"二字。我
　以为是不完整的。
③ 熊飞校注:《张九龄集校注》卷十三,中华书局,2008 年,第 697—698 页,格式有所调整。
④ 刘俊文:《敦煌吐鲁番唐代法制文书考释》,第 224—225 页。

从这里的"某某等言"和结句的"谨言",就知道门下省这里使用了"表"的文书格式上于皇帝。也就是说,在"制授告身式"中其实包括了制书(中书省拟)、表(门下省上),以及符(尚书省下)三种文书。

此外,《册文》有时也用"谨言"结句。例如李德裕所作《上尊号玉册文》:

> 维会昌二年(842)岁次壬戌四月乙丑朔十四日戊寅,摄太尉、光禄大夫守司空、兼门下侍郎同中书门下平章事臣德裕,银青光禄大夫守尚书左仆射、兼门下侍郎同中书门下平章事臣夷行,金紫光禄大夫、尚书右仆射、兼中书侍郎同中书门下平章事臣珙,银青光禄大夫守中书侍郎同中书门下平章事臣李绅,及文武百官,金紫光禄大夫、检校司徒、兼太子太保臣僧孺等六千五百七十四人等言:臣闻……臣等不胜大愿,谨奉玉册玉宝,上尊号曰仁圣文武至神大孝皇帝。伏惟陛下乾健不息,谦尊而光,乐戒其耽,禽戒其荒,寿乃侔于殷宗,俗乃厚于成康,贻燕后昆,受福无疆。臣德裕等诚欢诚惧,顿首顿首。谨言。①

从以"(臣)等言"起首和以"谨言"结句可知,这种册文其实具有"表"的性质。②

查阅唐代史籍,因公事写给私人的笺,也有以"谨言"结尾者。其与表的不同,在于起首并不写"某某言"字样。例如萧颖士写《为南阳尉六舅上邓州赵王笺》,其格式为:

> 某惶恐叩头使君公节下:小人以蹇浅之姿,承命下吏,常惧罪戾,仰负仁明……某顿首。谨言。③

由此可知,或许以"谨言"结句者也可以是"笺"。这是因为笺与表为同一性质。至于其他个别启、书、疏也使用"谨言"结句,当属非正式用法。

顺便说一句,"谨言"或也可用于非公事的私人书信。此时用"谨言"一般也是下对上,且多以"谨言疏不具(不备)"形式出现。

例如杜友晋《吉凶书仪》有云:

---

① 傅璇琮、周建国校笺:《李德裕文集校笺》卷一,河北教育出版社,2000 年,第 1—3 页。其中"李绅"的"李"恐为衍字(《唐大诏令集》卷八无"李"字),标点有略有不同。
② 关于册文,还有值得探讨的地方,详见另文。
③ 《文苑英华》卷六二七,中华书局,第 3249—3250 页。

与祖父母父母书

名言：违离已久，思恋无比……今因信往，谨言疏不具。名言。①

（妇人）与夫之祖父母父母书

大新妇言：违离经年，思恋无宁……今因信往，谨言疏不备。大新妇再拜。②

七、谨　奏

以"谨奏"结句的文书，顾名思义，就是"奏"类文书，似乎包括"奏抄"与"奏状"。"奏"类文书是上行文书一种，《唐六典·门下省》记"下之通于上，其制有六"，第一就是"奏抄"③；《唐会要·笺表例》记景龙三年（709）有司奏："应上表启及奏状，并大书一行，不得过十八字"，先天二年（713）三月三十日诰："制、敕、表、状、书、奏、笺、牒，年月等数，作一十、二十、三十、四十字。"④可知"奏"是与表、状、书、牒等并列的一种文书。

但是现存唐代史籍中未见有关于奏文书格式的记载。敦煌出土的《公式令》残卷"奏授告身式"中与吏部上奏相关的文字为：

尚书吏部（余司授官奏者，各载司名）谨奏：某官名等拟官事。具
官姓名。（某州、某县、本品、若干人。）

　右一人云云。（谓若为人举者，注举人具官封姓及所举之状；若选者，皆略注其由历及身才行；即因解更得叙者，亦略述解由及擢用之状。）令（今？）拟某官某品，替某申（甲）考满。若因他故解免及元阙者，亦随状言之。

左丞相具官封臣名

右丞相具官封臣名

吏部尚书具官封臣名

吏部侍郎具官封臣名

---

① 赵和平：《敦煌写本书仪研究》，第179页。
② 赵和平：《敦煌写本书仪研究》，第173页。
③ 《唐六典》卷八，第241—242页。
④ 《唐会要》卷二六，第588页。

　　吏部侍郎具官封臣名　　等言：谨件同申人

姓名等若干人，拟官如右。谨以申闻。谨奏。

　　年月日　吏部郎中具官封臣姓名上①

　　在日本《令集解·公式令》"任授官位条"的"穴说"中，有关于唐公式令奏抄式的文字：

　　　案本令奏抄式，刑部覆断讫送都省，都省令以下侍郎以上，及刑部尚书以下侍郎以上，俱署申奏。②

　　大庭脩根据上述"奏授告身式"、日本令注释引唐奏抄式、存世的唐代告身（含出土文书中的唐代告身），以及日本养老公式令中的"论奏式"，将唐代"奏抄式"复原为：

尚书某司谨奏，某某事，

左丞相具官封臣名

右丞相具官封臣名

某部尚书具官封臣名

（某部侍郎具官封臣名）

某部侍郎具官封臣名等云云，谨以申闻谨奏。

　　年月日　　某司郎中具官封臣姓名上③

这里复原的是作为一个机构上奏的奏抄，所以有左右丞相以及尚书侍郎的署名。其中"谨以申闻谨奏"没有断开，显然不妥（日本令中的"论奏式"，大庭脩是断开的），应该断为"谨以申闻。谨奏"为好。此外，大庭脩根据日本令的"论奏式"复原的唐"奏抄式"格式，在"某部侍郎具官封臣名等云云"的"云云"之前没有"等言"字样，但是唐《公式令·奏授告身式》内的奏抄，"吏部侍郎具官封臣名"后有"等言"字样，似乎应该有"等言"二字。因为吏部的第一处"谨奏"只是奏上相关事项，第二处的"等言"才是申请批准的奏文。

---

① 刘俊文：《敦煌吐鲁番唐代法制文书考释》，第227页。其中的"同申人"，大庭脩认为应当是"同甲人"，见所著《唐告身の古文書学的研究》，载《唐告身と日本古代の位阶制》，皇学馆，2003年，第43页。

② 《令集解》卷三六《公式令》，第907页。

③ 大庭脩：《唐告身の古文書学的研究》，第45页。

因此正确的"奏抄式"似乎应为：

尚书某司谨奏：某某事。

左丞相具官封臣名

右丞相具官封臣名

某部尚书具官封臣名

（某部侍郎具官封臣名）

某部侍郎具官封臣名 等言：云云。谨以申闻。谨奏。

年月日　　某司郎中具官封臣姓名上

我们现在看不到一个机构上奏的奏抄的完整实物，[①]但作为个人上奏的奏状则大量存在。从这些奏状看，可认定凡写有"谨奏"的都是上行的奏类文书，且只在文书结尾有"谨奏"，而文书起首基本不会有"谨奏"字样。

检查唐人文集，可以见到几十件"状"类文书，结尾都是"谨奏"，它们分别被归在"奏草""中书奏议""表状"[②]等类中。从格式上看，一般起首有"右"字，结尾有"谨奏"。例如《陆贽集》中大量的状都以"谨奏"结尾：

奉天荐袁高等状

袁高、杨顼、（以上二人并曾任御史中丞。）裴谞、（曾任金吾将军。）孙咸、（曾任京兆少尹。）周皓、（曾任丹延都团练、观察使。）裴胄、（曾任宣州刺史。）崔造、殷亮、李舟、（以上并任郎官。）何士幹、姚南仲、陆淳、沈既济。（以上曾任补阙、拾遗。）

右，臣近因奏对，言及任人……谨录荐陈，庶备采择。其余差序远近，并具别状以闻。谨奏。[③]

这件文书有事由，有"并具别状以闻"等字样，公文性质明显。此外还有如

---

① 吐鲁番出土文书中有一件《仪凤三年（678）度支奏抄·四年金部旨符》文书。文书由众多断片构成，至今没有定本录文，但其定名得到大家认同。这件文书中的"奏抄"部分不完整，且不是上于皇帝而是上于监国的皇太子的，所以奏抄用的不是"谨奏"而是"谨启"。参后叙"启"的正文及大津透《日唐律令制の财政构造》中相关部分，岩波书店，2006年，第28—51页。

② 个别《表》中也会用"谨奏"，如白居易和杜牧集中分别有几例，但所占比例甚小，且从其"表"的格式出发（前有"臣某言"，后有"不任……"等），其结尾应该是"谨言"。之所以写了"谨奏"，或是因为误写（手民误植）或是因为到后期表状有所混淆的缘故。

③ 王素点校：《陆贽集》卷十四，中华书局，2006年，第433—434页。标点格式稍有改动。

《李翱集》所载：

> 百官行状奏
>
> 右，臣等无能，谬得秉笔史馆……臣等要知事实，辄敢陈论，轻黩天威，无任战越。谨奏。①

此文题目明确为"奏"，是标明"奏"类文书少有的例子。

总之，只要文书结句使用了"谨奏"，就意味着此件文书的性质是"奏"类文书，就机构而言多称为奏抄，就个人而言多称为奏状。

顺便说一句，日本的奏文书分为论奏、奏事、便奏三种。养老《公式令》在"论奏式"的注释中有云："律令内应奏诸事，大者为论奏，中者为奏事，小者为便奏，是合唐律令。"②大庭脩据此认为唐朝的奏抄可能也分为几种。③ 我以为唐代的奏类文书或许可以分为奏抄和奏状（奏议）两种，但不是按大、中、小事区分，而是按机构上奏或个人上奏区分的。

到宋代，司马光《书仪》记载的"奏状式"略如下：

某司：

> 某事（云云。若无事因者，于此便云右，臣）
> 右（云云。列数事则云，右，谨件如前）谨录奏
> 闻，谨奏（取旨者则云伏候　敕旨）
> 乞降付去处
> 年月　日具位臣姓名（有连书官即依此列位）状奏④
> 右臣下及内外官司陈叙上闻者，并用此式。

从格式看，此"奏状"除"谨奏"后的"乞降付去处"与唐不同外，其他与唐代写有"谨奏"的奏状几乎全同（上引《陆贽集》的奏状是有事因者；《李翱集》所载奏状是无事因者），并且区分了"臣下"与"内外官司"即区分了个人和机构。因此也可逆推唐代凡写有"谨奏"的上行文书都属于奏类文书，只不过个人

① 郝润华、杜学林校注：《李翱文集校注》卷十，中华书局，2021年，第143—145页。
② 《令集解》卷三一《公式令》，第786页。
③ 大庭脩：《唐告身の古文书学の研究》，第46页。
④ 司马光：《书仪》卷一，第1页B面—2页A面。

的上行奏文书称奏状,①机构的上行奏文书称奏抄而已。

八、谨　状

凡以"谨状"结句的文书,性质均为状类文书。按"状"也是《唐六典》规定的上行文书"表、状、笺、启、牒、辞"之一种,使用范围是"表上于天子,其近臣亦为状"②。但这个注很不好理解,主要是何为"近臣",以及"状"是"近臣"上给皇帝,还是他人上给"近臣"。

从实际行用看,状具有很大的不确定性。史籍记载中最早以"谨状"结句的"状"是"行状"。其格式应该是:

中书令汾阴公薛振行状

　　高祖德,魏给事中、黄门侍郎……

　　曾祖孝通,魏中书黄门二侍郎……

　　祖道衡,齐中书黄门二侍郎……

　　父收,皇朝上开府、兼陕东道大行台金部郎中……

　　河东郡汾阴县薛振,年六十二,字元超。

状

　　昔者唐尧之协和万邦也……门生故吏,愿述德音;博士礼官,伫闻清议。是则钟繇之策,降于皇魏之年;王导之疏,寝于中兴之日。谨状。

　　　　垂拱元年(685)四月四日,故中书令汾阴公府功曹姓名谨状③

比此状还早的是永隆二年(681)"崔献行状"(详下),此前可能已有此类行状,但未能流传下来。

以上是"状"的本文,其后还应有行状作者上尚书省考功的"状",两者相合才是"行状"的全部。如《左武卫将军成安子崔献行状》,文书最后的格

---

① 吴丽娱和郭桂坤都复原了唐代的"奏状式",其中郭桂坤复原的"奏状式"的结句为"谨状"或"谨奏"(郭桂坤:《文书之力:唐代奏敕研究》第一章《唐代奏事文书》第三节《议与状》,第58—59页),但是从史籍中留下的实例看,奏状基本都以"谨奏"结句,很少以"谨状"结句者。这就是"奏"文书与"状"文书的区别。

② 《唐六典》卷一《尚书都省》,第11页。

③ 徐明霞点校:《杨炯集》卷十,中华书局,1980年,第158、163页。格式稍有改动。

式为：

> ……圣君兴悼，列辟相趋，睹高鸟而叹良弓，闻鼓鼙而思将帅。宏图秘略，实无得而称焉；追远饰终，请有易其名者。谨状。
>
> 永隆二年(681)正月十一日，故左武卫将军、成安子府功曹某上
>
> 尚书省考功：名也者，功之表也；谥也者，行之迹也……谨按故府主左武卫将军、上柱国、成安子崔献，诞灵辰昴，降德山河。汉阳阎忠，许有良、平之策；颍川徐庶，知其管、乐之才……珠襦玉匣，礼备于丧终；筮短龟长，事从于先见。易名之道，盖取之于旧仪；累德之文，敢望之于执事。谨状。①

"行状"之后的文书，就是"上"尚书省考功的"状"，也以"谨状"结句。② 不过通查唐代的行状，正文以"谨状"结句几为定例，而后面上考功的文书，结句作"谨状"之外，还有不少作"谨上"，可知并没有形成定例。③

考功之外，上给皇帝的状，也有一些记载。这些状在唐人文集中有的冠以"状"，有的则不写"状"，如陈子昂撰《上蜀川安危事(三条)》第一篇请求派御史按察蜀中的文章就并不称"状"。其格式为：

> 臣伏见四月三十日敕……若官人清正，劫贼剪除，百姓安宁，实堪富国。惟乞早降使按察。谨状。
>
> 圣历元年五月十四日   通直郎行右拾遗陈子昂状④

此以"谨状"结句，其性质即为状。又如张九龄撰《论教皇太子状》，其格式为：

> 右：臣伏以皇太子是天下之本……臣伏愿详择典故，征用名贤，执经劝学，朝夕从事，俾皇太子得于所习，天下幸甚！谨奉状以闻。谨状。⑤

这里有"右"，有"奉状以闻"，是比较正式的带有公文性质的"状"了。

---

① 《杨炯集》卷十，第168页。格式稍有改动。
② 此外还有上"史馆"的"行状"，也以"谨状"结句。
③ 关于行状，参中村裕一《唐代官文书研究》第四章第四节"行状"。文章复原了唐代行状的格式，认为行状本文的结句是"谨状"，日期署名以及上考功的状后则为"谨上"。第362—364页。
④ 徐鹏校点：《陈子昂集》卷八，上海古籍出版社，2013年，第197—198页。格式稍有改动。
⑤ 《张九龄集校注》卷十三，第721—722页。

上皇帝的状、上考功等机构的状之外，存世典籍中所见大量的状都是私人所写的书状（书信），它们有时被称为"书""帖""启"等，但只要是以"谨状"结句，就都属于状。私人书状与公文状（此指上给个人的公文状）最重要的区别是：前者起首多无"右"字；后者状后没有收件人（以及"谨空"）字样。传世文献中此类书状格式最完整者为日本僧人圆仁所留，如开成五年（840）三月"八日，早朝，修状上刺史，兼催公验"。其"状"的格式为：

季春极暄……数日不获参谒，下情无任悚惧。谨遣弟子僧惟正奉状。
不宣。谨状。
　　开成五年三月八日
　　　　　　　　　　　　　　　日本国求法僧圆仁状上
使君（节下谨空）①

收到文集中的此类状，往往省略了日期和收件人，如韩愈撰《答魏博田仆射书》，其格式为："季冬极寒，伏惟仆射尊体动止万福……伏望照察。限以官守，拜奉未由，无任驰恋。谨因使回奉状，不宣。谨状。"②此类例子甚多，不录。

至于上给机构的公文状，除前述上给考功的行状外，在唐代，即使称为"状"，但实际往往采用牒的形式。例如圆仁在会昌元年（841）八月"七日，为归本国，修状进功德使"提到的"状"，其格式为：

　　资圣寺日本国求法僧圆仁，弟子……
右，圆仁等……今拟还归本国，不敢专擅，谨具如前，伏听处分。
牒件状如前，谨牒。
　　会昌元年八月　日　　　日本国求法僧圆仁谨牒③

文书有两处"谨牒"，显然属于牒类文书。而且，此类牒文书即使日期署名后面写有"状"或"状上"字样，但只要有"牒件状如前，谨牒"的套话，从结句看，性质就仍然是牒。例如圆珍所写《乞台州公据印信状》，其格式为：

---

① 白化文、李鼎霞、许德楠校注：《入唐求法巡礼行记校注》卷二，中华书局，2019 年，第 224—225 页。录文格式与《校注》略有不同，又，广西师范大学出版社 2007 年版《入唐求法巡礼行记》"节下"作"庵下"，第 75 页。
② 马其昶校注：《韩昌黎文集校注》卷三，上海古籍出版社，1987 年，第 226—227 页。
③ 《入唐求法巡礼行记校注》卷三，第 383—384 页。格式有所不同。

国清寺日本国求法僧圆珍

右，圆珍今月五日……圆珍所抄习经教，若得大唐使君批给两字及印信，本国方信传得天台法教……伏听处分。

牒件状谨具如前，谨牒。

大中十二年(858)三月五日，日本国求法僧圆珍状。①

这件文书虽然标明是"状"，署名后也有"状"字样，但因为以"谨牒"结句，所以性质上仍然属于牒。②

这种含有"牒，件状如前，谨牒"套话的文书，形式是牒、实际是状，造成唐后期公文牒和状的混乱，直到北宋时才彻底梳理清楚。司马光《书仪》列有"公文"的"申状"和"私书"的各种状，并在私书的状式后注释说："旧云：谨录状上，牒件状如前，谨牒。状末姓名下亦云牒。此盖唐末属寮上官长公牒，非私书之体。及元丰改式，士大夫亦相与改之。"③这里就明确指出，唐代凡写有"牒件状如前，谨牒"的是公文的牒，而非私书，但士大夫在私书的状中也用，直到元丰改制后，私书的"状"才去掉"牒件状如前，谨牒"字样。

总之，只要以"谨状"结句，其文书性质就是"状"类文书，包括行状、个人上给个人或机构的公文状，以及个人写给个人的私书状(书信)，而写有"牒，件状如前，谨牒"者，即使被称为状，或者署名后写有"状""状上"，却依然是牒。

九、谨　启

结句写有"谨启"者，属于"启"文书。

启是《唐六典》提到的上行文书中的一种，其使用范围是"笺、启于皇太子，然于其长亦为之，非公文所施"④。据《唐六典》校勘记，此句中的"于"，《唐会要》卷二六《笺表例》以及《旧唐书·职官志》都作"上"。⑤ 作"上"是对的，但其中的"非公文所施"何意？是说启非公文吗？

---

① 白化文、李鼎霞校注：《行历抄校注》，中华书局2004年，第109页。格式有所不同。
② 中村裕一认为此类以"牒件状如前谨牒"结句的文书，只要署名后有"状上"之类词语，就应该属于状(《唐代公文书研究》，第107页)，与我的看法不同。
③ 司马光：《书仪》卷一，第4页。
④ 《唐六典》卷一《尚书都省》，第11页。
⑤ 《唐六典》卷一《尚书都省》校勘记七四，第22页。

"启"自魏晋南北朝以来就使用频繁。《文心雕龙》说"启者……至魏国笺记,始云启闻。奏事之末,或云谨启。自晋来盛启,用兼表奏。陈政言事,既奏之异条;让爵谢恩,亦表之别干。"[1]由于启兼有表、奏的功能,所以在上行文书中使用很多,仅在唐人文集中就保存有上百件启,其格式一般为"某启:……谨启",除上给皇太子(详下)外,也上给一般官员。如王勃撰《上武侍极[2]启》,其格式为:

> 勃启:勃闻……谨凭洪贷,辄录旧文,轻敢上呈,列之如右,涓波有托,望日谷以驰诚;钟鼓无施,伏雷门而假息。谨启。[3]

韩愈撰《皇帝即位贺宰相启》,其格式为:

> 愈启:伏见册命,皇帝以闰月三日嗣临大位……愈下情不胜庆跃,限以所守,不获随例拜贺,谨差某奉启。不宣。谨启。[4]

但是这些保存在文集中的启,都没有后面的日期和署名,是不完整的。完整的启可举日僧空海在福州所写《请福州观察使入京启》。其格式为:

> 日本国留学沙门空海启:……伏愿顾彼弘道,令得入京,然则早寻名德,速遂所志。今不任陋愿之至,敢尘视听,伏深战越。谨奉启以闻。谨启。
> 　　　　　贞元廿年十月　日
> 　　　　　　日本国学问僧空海启
> 中丞阁下[5]

这件启后有收件人,其私人书状性质甚为明显,也许因此《唐六典》才说启是"非公文所施"。

但是启实际也用于公文,例如就用在有皇太子画"诺"的《奏授告身》中。敦煌发现的《张君义告身》是一件加勋告身。告身在尚书司勋的加勋建议

---

① 黄叔琳注,李详补注,杨明照校注拾遗:《文心雕龙校注》卷五《奏启第二十三》,中华书局,2021年,第346页。
② 侍极即散骑常侍,龙朔二年(662)改,咸亨元年(670)复旧。参《唐六典》卷八《门下省》,第246页。
③ 杨晓彩点校:《王勃集》卷八,三晋出版社,2017年,第90页。
④ 《韩昌黎文集校注》遗文,第728—729页。标点稍有不同。
⑤ 原载《性灵集》,此转引自渡边照宏、宫坂宥胜著,李庆保译《沙门空海》,东方出版社,2016年,第56页。录文格式和标点略有不同。

（事由）之后，有如下格式：

尚书左仆射　　阙
尚书右仆射　　阙
吏部尚书　　阙
正议大夫检校吏部侍郎修文馆学士上柱国　　义
朝散大夫文（吏）部侍郎柱国　从愿　等启：谨件……
……总贰伯陆拾参人加勋如右。谨录启闻。谨启。
　　　　景云三年(712)二月九日　通议大夫行司勋员外郎上柱国
薛兼金　上①

这件告身中吏部所上文书，因为是上给皇太子的，所以用了"启"，符合《唐六典》所云启是上给皇太子的规定。同样上于皇太子的还有《唐仪凤三年(678)度支奏抄、四年金部旨符》中的启：

尚书左仆射太子宾客同中书门下三品监修国史乐成县开国公　　使
尚书右仆射太子宾客同中书门下三品道国公　　至德
户部尚书上柱国平恩县开国公　　围师
朝散大夫守相王府司马兼检校户部侍郎骑都尉　　德□等启：谨
依常式支配仪凤四年诸州庸调，及折造杂
綵色数，并处分事条如右。谨以启闻。谨启。
　　　　仪凤三年十月廿八日　朝散大夫行度支员外郎　狄仁杰　上②

总之，凡写有"谨启"的文书，都是启文书。

十、谨　　帖

　　帖文书不是《唐六典》等政书中记载或规定的文书类型，但在唐代特别是后期使用频繁。关于帖，有许多研究，最近最全面的当属雷闻的《唐代帖

---

① 中村裕一：《唐代公文书研究》三《敦煌发见の公式令规定文书》，第127—128页。
② 中村裕一：《唐代公文书研究》，第180—181页。原录文在官衔和署名上据前人研究有许多补字，此处不再区分。此处录文标点也与中村裕一录文有所不同。

文的形态与运作》①。文章研究了堂帖、使帖、州帖、县帖和军帖,结论为:帖是唐代一种非常重要的下行公文,其特点是所处理的多为日常细务,且本身格式简便,运行灵活,对于日常行政效率的提高有很大帮助。文章复原的唐代"帖式"为:

　某司　帖　某司或某人

　　某事或某人

　　右件事或人。云云。月日典某帖。

　　　具官姓名②

由此可知,判断是否为帖文书的关键是文书中是否有"帖"字样。"帖"字既出现于所帖对象之前,又出现于下帖者署名之后。

　　由于"帖"本质上是下行文书,所以一般来说不会出现用于上行文书的"谨帖"字样。查唐代史籍,也没有"谨帖"一词。但是在实际行用的文书中,到唐后期,由于帖、状、牒的混用,一些官吏或民众在向上提交文书时,有时就用"谨帖"代替"谨牒"或"谨状",我们不妨将此类写有"谨帖"的上行文书也视为"帖"文书,其特点是往往与下行的帖文书配套运行。例如《入唐求法巡礼行记》记开成四年(839)九月三日"县使一人将县帖来。其帖文如左":

　县　帖青宁乡:

　　先得状:在赤山寺院,日本国船上抛却僧三人、行者一人。

　右,检案内,得状称:前件僧等先具事由申上讫……请帖海口所由及当村板头并赤山寺院纲维等,须常知存亡,请处分者……仍限帖到当日告示,当取状,州状上者。

　　开成四年八月十三日

　　　　　　　　　　　　　　　　　　　　典王佐帖

　　　　　　　　　　　　　　　　　　　　主簿副(判)尉胡君直

　　　　　　　　　　　　　　　　　　　　摄令戚宣员

---

① 原载《中国史研究》2010 年第 3 期,后收入所撰《官文书与唐代政务运行研究》。

② 雷闻:《官文书与唐代政务运行研究》,第 90、95 页。

青宁乡里正村正接到帖后,进行了询问并处理,然后将处理结果上报,于是在九月有如下文书:

> 司功:
>
> 　　先在青宁乡赤山寺院,日本国船上抛却僧三人、行者一人。
>
> 　　右件僧等先申州申使讫……寻问本乡里正,称村正谭宣抛却帖,至今都无状报。其谭宣见在,伏请处分。牒,件状如前,谨帖。
>
> 　　　　开成四年九月　日
>
> 　　　　　　　　典王佐　牒
>
> 　　　　　　　　一日　员
>
> 　　　　　　　　青宁乡赤山村正状①

此件文书结句是"谨帖",典的署名后写"牒",村正后又写"状",可见唐后期文书用语的混乱。从"结句"性质考虑,不妨将其视为"帖"。

同样的例子还有开成五年(840)八月圆仁向功德使报告行由的帖:

> 　　日本国僧圆仁、弟子僧惟正、惟晓,行者丁雄万。
>
> 　　右圆仁等……三月到青州……于节度使韦尚书边请得公验……谨具如前,伏请处分。
>
> 　　牒,件状如前。谨帖。
>
> 　　　　开成五年八月廿四日
>
> 　　　　　　　　　　日本国求法僧圆仁帖②

这里不仅使用了"谨帖",署名后还使用了"帖",其"帖"的性质似乎更明显了。

会昌二年(842)五月二十五日,功德使"巡院帖杨化团",要求寺院提供外国僧相关信息。二十六日圆仁上报:

> 　　资圣寺日本国僧圆仁(年五十,解讲法花经);弟子僧惟正……
>
> 　　奉帖勘从何国来……

---

① 《入唐求法巡礼行记校注》卷二,第175—176页。标点与格式稍有变动。又据广西师范大学出版社版《入唐求法巡礼行记》,其中县令"员"的署名应在文书最后,也没有"一日"字样。第58页。

② 《入唐求法巡礼行记校注》卷三,第335—336页,标点与格式稍有变动,并据广西师范大学出版社版《入唐求法巡礼行记》在"请公验"的"请"后补了"得"字。

右,圆仁等……去开成三年七月,随日本国朝贡使来到扬州……谨具如前。谨牒。牒,件状如前。谨帖

会昌二年五月廿六日

日本国僧圆仁等谨牒[①]

此件上行文书写有"谨牒"也写有"谨帖"。大约当时在回答下行的"帖"文时,上报的文书也多称为"帖"了。

综上,从接到帖文后回答时往往使用"谨帖"看,当时似乎存在着上行的帖文。当然,也可能是时人使用文书用语混乱的结果。

十一、谨　白

结句写有"谨白"的文书,属于"白"文书。

关于唐代的白文书,中国史学界关注甚少。日本学者关尾史郎曾有文章研究了"五胡"时代的白文书,认为白文书是上行文书,格式特点是起首有"白",日期后也有"白",主要行用于县府或郡府等特定官府内部,还将白文书的格式复原为:

a 姓名("白"的发出者)

b "白":正文(文末有"谨启")

c 官员的签署

d 月日"白"(或替换 c)[②]

我以为,虽然存在着白文书,但关尾史郎处理的上述文书多以"谨启"结句,就很难归入白文书范畴。它可能是启文书但因一些缘故而使用了"白"字。[③] 真正的白文书,似乎应该以"谨白"结句。

查阅资料,此类以"谨白"结句的白文书在唐以前比较多,唐代却很少。

---

① 《入唐求法巡礼行记校注》卷三,第 395—396 页。

② 关尾史郎著,王蕾、冯培红译:《〈新获吐鲁番出土文献〉所收"五胡"时代公文书试探》,《丝路文明》第二辑,上海古籍出版社,2017 年,第 61—74 页。

③ 例如在出土的唐代文书的用语中,判官一般用"白"(长官则用"示"),或许"五胡"时代"白"是某较低等级官员或具有某种性质(如有判官性质)的官员在启文书中使用的用语。下面引用的道宣所作的《启》就以"谨白"结句。

史籍中似乎只有《入唐求法巡礼行记》中保存了几件此类文书,可见其格式。例如开成五年(840)三月,在接到登州刺史施给的米面后,圆仁将这些米面设斋供僧,并向上报告:

> 米五斗,面一硕,酢、盐、油(任用),柴三十根。
>
> 右物,使君仁惠,不敢独受。今以前件物于常住院设空饭,来日供合寺众僧。谨白。
>
> 　三月五日
>
> 　　　　　　　　　　　日本国求法僧圆仁
>
> 当寺纲维(法前)①

此白文书后有收件人,私人书信性质很明确。

同样的文书还有会昌元年(841)圆仁写给青龙寺义真和尚的两件文书:

> 绢叁匹
>
> 右物轻尠……伏望领至,莫嫌轻少。不宣,谨白。
>
> 　会昌元年四月　　日
>
> 　　　　　　　　　　求法僧圆仁上
>
> 青龙寺真和尚(法前)

> 钱壹拾贯文
>
> 右虽轻少,谨表重诚……无任勤钦之诚。谨白。
>
> 　会昌元年四月廿八日
>
> 　　　　　　　　　日本国求法僧圆仁上
>
> 青龙寺真和尚(法前)②

这两件写有"谨白"的文书,也都是上行的书信,虽与状类似,但也可以认为属于"白"文书。

可作为参考的,还有日本正仓院文书中的白文书。例如其中一件《安刀

---

① 《入唐求法巡礼行记校注》卷二,第221页。

② 《入唐求法巡礼行记校注》卷三,第378页。其中第二封文书署名原作"日本国求法僧仁上",据广西师范大学出版社版《入唐求法巡礼行记》补"圆"字。又,后者在"谨白"之前尚有"谨奉状"三字。第122页。

预参状》,其格式为:

> 谨白　欲请消息①事
>
> 　以昨日自田舍参来侍……又三嶋稻万吕来哉否哉……有随宣遣御
> 　事,将[　　]注状,谨白。
>
> 三月十一日安预参状②

此件文书起首有"谨白",结句也有"谨白",白文书性质明显,但仍标为"状",也可证明白文书是类似状的一类文书。

至于不写"谨白"而只是以"白"结句者,唐代史籍中甚多,基本属于书信类型(若收入文集,多归入"书"类,题目也多写作"书"),有的起首无"白"字样,有的起首有"白"。例如《广弘明集》道宣所作一篇"白"式文书。其文为:

> 　僧道宣等白朝宰群公:伏见诏书令僧致敬君父,事理深远,非浅情
> 能测……谨列内经及以故事,具举如前,用简朝议,请垂详采。敬白。③

文书前有"白"后有"敬白"。④ 上书者为多人,所上者"朝宰群公"亦为多人。结句的"白"前多了"敬"字,比较少见。又如:

柳宗元《答贡士廖有方论文书》:

> 　三日,宗元白:自得秀才书,知欲仆为序。然吾为文,非苟然易
> 也……宗元白。⑤

又,《与李翰林建书》:

> 　杓直足下:州传遽至……不悉。宗元白。⑥

其例甚多。从唐人文集的实例看,大体上给前辈尊者的书信,结句用"再拜""顿首"等,与平辈晚辈的书信则多以"白"结句。

---

① 原文误作"息消"。
② 东京大学史料编纂所:《大日本古文书·编年之二十五》,东京大学出版会,1970 年,第 240—241 页。整理者认为日期署名的"安"后可能脱落了"刀"字。
③ 《宋思溪藏本广弘明集》卷二五,国家图书馆出版社,2018 年,第 9 册,第 119—120 页。
④ 四库本《广弘明集》,此处的"敬白"作"谨白"。
⑤ 尹占华、韩文奇校注:《柳宗元集校注》卷三四,中华书局,2013 年,第 2209 页。
⑥ 《柳宗元集校注》卷三十,第 2008—2009 页。

十二、谨　　疏

　　以"谨疏"结句的文书为"疏"类文书。疏文书在《唐六典》等政书中没有规定,应该是与"表""状"类似的上行文书,所以常有"表疏""疏状"这样的称呼。

　　查唐代史籍,写有"谨疏"字样的文章甚少,似乎只有司空图所写《为东都敬爱寺讲律僧惠确化募雕刻律疏》一件。此疏的格式为:"窃以化化无穷……敢期福报之征,愿允标题之请。谨疏。"①

　　文集之外,以"谨疏"结句的文书还见于《入唐求法巡礼行记》。例如开成五年(840)三月在青州,由于无粮,圆仁写了《进节度副使张员外乞粳食》的书状:

　　　　日本国求法圆仁　请施斋粮

　　右,圆仁等远辞本国……伏望仁恩:舍香积之余供,赐异蕃之贫僧,先赐一中,今更恼乱,伏深悚愧。谨遣弟子惟正[奉?]状。谨疏。

　　　　开成五年三月廿五日

　　　　　　　　　　　　　　　　　　日本国求法僧圆仁状上

员外(阁下谨空)②

这件写有"谨疏"的文书,有收件人,格式与写给私人的书状基本相同,但因为写了"谨疏",使其具有了"疏"文书的性质。

　　此外还有一件,是会昌二年(842)三月因五台山僧义圆"归山,付送百五十僧供"事所写的疏:

　　　　日本国求法僧圆仁,弟子……敬送清凉山佰五拾僧供

　　右,圆仁等设供。意者:求地得遂,过海无难……法界含灵,同沾此福。谨疏。

　　　　会昌二年三月十二日

　　　　　　　　　　　　　　　　　　日本国求法僧圆仁等谨疏③

---

① 《宋蜀刻本唐人集·司空表圣文集》卷九,上海古籍出版社,2012年,第143—144页。其中"期"原作"欺","徵"原作"微",据四库本改。

② 《入唐求法巡礼行记校注》卷二,第236—237页。"弟子惟正状"的"状"前疑漏一"奉"字。格式有所改动。

③ 《入唐求法巡礼行记校注》卷三,第389页。标点格式均有所改动。

此件疏没有写收件人,当是漏载,而署名后复出"谨疏"二字,也凸显了文书的疏文书性质。

总之,以"谨疏"结句的文书,虽然格式上与私"状"类似,但可能还是略有区别的。它与上述以"谨白"结句的文书,在作为上行私文书时,可能表明是一种作者姿态更低或层次等级更低的文书类型吧。

十三、谨　　议

以"谨议"结句的文书为议文书。关于"议",《唐六典》在上行文书中有明确规定:"四曰议(谓朝之疑事,下公卿议,理由异同,奏而裁之。)"①

唐代史籍中保存了许多"议",虽因没有后面的日期署名等而不完整,但正文格式还是明确的,即起首多有"议曰",结句则为"谨议"。

例如唐初关于明堂性质,"下群臣详议",魏徵、颜师古等都参与了议论。颜师古"议"的格式为:

> 议曰:窃以明堂之制,爰自古昔……区区碎议,皆可略而不论;悠悠常谈,不足循其轨辙。谨议。②

史籍中记载更多的是群臣所上的"谥议"。例如关于唐代名将郭知运的"谥议":

> 博士独孤及议曰:郭知运骁勇有谋……请谥知运曰威。谨议。
>
> 左司员外郎崔厦议曰:郭知运承恩诏葬,向五十年……以仆射而言之,恐贻越礼之让;以国家而言之,又殊旌善之体。请下太常重议。谨议。③

总之,只要以"谨议"结句,就是上行的"议"文书。④

---

① 《唐六典》卷八《门下省》,第242页。
② 《唐文粹》卷四十,第3页A面,第4页B面。
③ 四库唐人文集丛刊《毗陵集》卷六,上海古籍出版社,1993年,第43—44页。
④ 议文书的格式比较清楚。郭桂坤在《文书之力:唐代奏敕研究》第一章《唐代奏事文书》第三节《议与状》中已指出议的共性是"正文起首的'议曰'和作为结束语的'谨议'而已"。第51页。

十四、(谨依录申,请裁,)谨上

以"谨上"结句的文书,并没有固定性质。检索史籍中的"谨上",数量不多,主要使用在"行状"中,与"谨状"常混淆使用:行状本文及后面上考功的文书,有"谨状 + 谨状""谨状 + 谨上""谨上 + 谨状""谨上 + 谨上"等多种形式。后者如吕温撰《唐故尚书祠部员外郎赠陕西刺史裴公行状》,其格式为:

> 曾祖仁基,隋光禄大夫……
>
> 公天姿英拔,德宇宏旷……今宠优以命,泽及九原。已申追远之恩,请遵易名之典。
>
> 　宝应二年(763)某月日　故吏某官某谨上
>
> 尚书省考功:夫存以行,观其志;没以谥,表其德……命官褒德,合荷宠章;考行饰终,敢征前典。谨上。①

此外的"谨上"有用于册文、表、议者。如崔群撰《元和圣文神武法天应道皇帝册文》,其格式为:

> 维元和十四年(819)岁次己亥七月丁丑朔,十三日己丑,摄太尉金紫光禄大夫检校司空兼太子少保上柱国郑□公食邑三千户臣绶,及文武官五千七百一十八人等言:臣闻……臣绶等诚欢诚跃,顿首顿首。谨上。②

这是册文。元结撰《时议三篇》起始有表云:

> 臣某言,臣自以昏庸……故编舆皂之说为三篇,名曰时议,敢以上闻,抵冒天威,谨伏待罪。臣结顿首。谨上。
>
> 　乾元二年(759)九月日　前进士元结表上③

这是表文。苏颋撰《唐中宗孝和皇帝谥议文》,其格式为:

> 维景云元年(710)岁次庚戌十月戊寅朔,十三日庚寅,摄太尉银青光禄大夫守户部尚书上柱国宣城郡开国公臣姚班等上议曰:臣闻……

---

① 《毗陵集》卷六,第48—49页。

② 《唐大诏令集》卷七,中华书局,2008年,第46页。所阙字据《四库全书》本,当作"国"。

③ 四库唐人文集丛刊《次山集》卷八,上海古籍出版社,1992年,第45页。格式有所变动。

请上尊谥曰孝和皇帝,庙曰中宗。谨上。①

这是议文。总之,无论行状、册文、表文还是议文,都有以"谨上"结句者,但都不多。

如果"谨上"与"谨依录申,请裁"词句配合使用,则是另一种不见于政书记载的上行文书,赤木崇敏将其定性为"申式文书"。② 依据赤木崇敏提供的吐鲁番文书中的相关资料,可知以"谨依录申,请裁,谨上"结句的文书,至少有七八件,即《唐开耀二年(682)西州蒲昌县上西州都督府户曹牒为某驿修造驿墙用单功事》《唐垂拱三年(687)四月车牛处置文书》《唐神龙元年(705)交河县录申上西州兵曹为长行官马致死金娑事》《唐神龙元年(705)天山县录申上西州兵曹为长行马在路致死事》《唐神龙元年(705)天山县录申上西州为长行马死某戍事》《唐开元二十一年(733)天山县车坊请印状》《唐开元二十二年(734)西州高昌县申西州都督府牒为差人夫修堤堰事》《唐开元某年西州蒲昌县上西州户曹状为录申刈得苜蓿秋葵数事》等。③

由此可知以此套语结句的文书存世者前后持续数十年,并非偶然出现或混淆使用,而是一种固定的格式。赤木崇敏将这种申式文书格式复原为:

发件单位　件名(为申……事)

　　　议案的人、物件

右……(正文)……者,谨依录申④。

县令　　　　县丞

---

① 《唐文粹》卷三二,浙江人民出版社,第1页B面,2页B面。原标题作"册文",但文中多次出现某臣"议曰"云云而非"言曰",因此当为议文。
② 赤木崇敏:《唐代前半期的地方公文体制——以吐鲁番文书为中心》,载邓小南、曹家齐、平田茂树主编《文书·政令·信息沟通:以唐宋时期为主》,北京大学出版社,2012年,第153—161页。
③ 文书出处详见赤木崇敏文,第157　158页,以及刘安志在《唐代解文初探——以敦煌吐鲁番文书为中心》一文中的补充(修订本收入其主编的《吐鲁番出土文书新探》,武汉大学出版社,2019年,第155—185页)。从这些文书原定名看,整理者虽强调了文书的"申"的性质,但或将其定名为"状"或定名为"牒",没有统一。实际上这种文书可能既非状也非牒。
④ 赤木崇敏注:"谨依录申"有时记作"今以状申"。

收件单位(西州都督府某曹司)件状如前。谨录依申①请裁,谨上。

年月日　尉　上

（后略）②

赤木文的结论是:"申式是指与下行文书的符式相对应的上行文书","申式并不仅限于西州管内,也通用于像尚书省之类的中央行政机构"。③

我同意赤木崇敏文的结论。因为这种文书结句有固定格式,与状和牒都不同,且上行性质明确,将其视为与下行文书符式相对应的上行文书,是可以成立的。

不过刘安志不同意赤木崇敏的意见,前后发表数篇文章,论证这里的申式文书应当是"解"文书,④其基本理由是唐代史籍没有关于"申"式文书的任何记载。我以为虽然目前没有看到唐代史籍中有关于申式文书的记载,但宋代的"申状"显然与唐代申式文书有继承性,应当演变自唐代的申式文书。⑤

将申式文书视为"解文",最大的困难是无法解释文书结句没有与"解"相关词句的问题。

前面说过,判断唐代文书类型的关键在文书结句。谨牒、谨关、谨言、谨奏、谨状、谨辩、谨启等的不同,决定了这些文书类型的不同。而如果是解文的话,文书结句应该是"谨解"之类。这在日本养老公式令中有明确规定:

解式

式部省解　申某事。

其事云云。谨解。

年月日。大录位姓名。

（后略）⑥

---

① 赤木崇敏注:"谨录依申"有时记作"谨依录申"。其实文书中"谨依录申"要多于"谨录依申"。

② 赤木崇敏文,第159页。

③ 赤木崇敏文,第160—161页。

④ 例如有:《唐代解文初探——以敦煌吐鲁番文书为中心》,修订版收入其主编的《吐鲁番出土文书新探》,第155—185页;《吐鲁番出土文书所见唐代解文杂考》,亦收入《吐鲁番出土文书新探》,第186—199页。

⑤ 吴丽娱即认为此类申式文书应为"申状",参所著《从敦煌吐鲁番文书看唐代地方机构行用的状》,载《中华文史论丛》2010年第2期,第53—113页。

⑥ 《令集解》卷三二《公式令》,第808页。

从保存到现在的日本古文书看,"解"文书的结尾基本都要有"谨解"或"以解"①字样。例如《越前国司解》,结句为:

> 谨依符旨勘检如件,仍具录状,便附根道申送,谨解。
>
> > 天平宝字元年(757)闰八月十一日从七位上行大目勋十一等阿倍
> >
> > 朝臣(暇)
> >
> > (后略)②

再如《东大寺使解》:

> 东大寺使解　　申曝凉香药等事
>
> ……
>
> 谨奉符旨,曝凉如件,谨解。
>
> > 延历十二年(793)六月十一日③
> >
> > (后略)

日本 8 世纪的古文书样式,基本来自唐朝。根据日本古文书,如果是"解"文书的话,结句就应该是"谨解"或"以解"。前举赤木崇敏所说"申式文书",虽然形式上在起首也有"申某某事"者,但结句均无"谨解"或"以解",因此不能说是解文书。考虑到日本古文书中有"申文"④一种类型,吐鲁番文书中也有"申文状"⑤一类词汇,赤木崇敏将上述文书视为"申式文书",我以为可以成立,或者直接用唐人语言即称为"申文状"文书也是可以的。

除以上外,还有一些见于史籍或文书中比较少的结句用语。例如"谨

---

① 官司上申的"解",凡不是给太政官的,结句作"以解",即"以'以'代'谨'"。参《令集解》,第809 页。

② 《大日本古文书·编年之二十五》,第 228 页。

③ 《大日本古文书·编年之二十五》附录,第 34、53 页。

④ 参丸山裕美子《正仓院文书の世界》,中央公论新社,2010 年,第 140 页。解文书中有时还出现以"谨申"结尾者。第 207 页。

⑤ 例如《唐某人与十郎书牍》中有"其竹楷所有申文状,并不肯署名",见《吐鲁番出土文书》肆,第 336 页。前引《唐开元二十一年天山县车坊请印状》,文书前面有"今以状申""谨依录申",后面的判词则写有"牛既属坊主,得合申文状。堪印即合请印"等字样,见《吐鲁番出土文书》肆,第 300 页。当然,第二条也可读为"申""文状",但第一条似可证"申文状"是一种文书名。

进"。在《四库全书》内查唐代史籍中以"谨进"结句者,只有 4 件。[①] 例如张说写《集贤院贺太阳不亏表》:

> 太史奏太阳不亏。
>
> 圣德上感,变灾为瑞……臣等无任欣忭之至,谨进状陈贺以闻。谨进。[②]

又元稹写《进双鸡等状》:

> 同州防御使供进乌鹊并双鸡共四联
>
> 右,臣当州元和十五年(820)奉宣,令采双鸡五联,各重五斤……臣某无任忘躯思奋睹物感恩之至,谨遣某官某乙随状奉进。谨进。[③]

上述两件文书都是上给皇帝的,一件题目写"表"一件题目写"状",却都以"谨进"结句,可见"谨进"可能是所上"表""状"的一种非正式写法。反过来说,以"谨进"结句的文书,其性质是表或状。

本文不是研究唐代各种文书的内容或运行方式,而只是在前人相关研究的基础上试图总结出辨别唐代文书类型的一般方法,即从结句入手进行辨别。因此我们分别探讨了谨关、故牒、谨牒、谨辞、谨辩、谨言、谨奏、谨状、谨帖、谨启、谨白、谨疏、谨议、(谨依录申,请裁)谨上、谨进等十五种文书结句,得出的基本结论就是:虽然存在混用,以及因时代变迁而发生混淆、泛化等现象,但一件文书中,只要出现某种结句用语,大致就能判断出这件文书的类型。反之,如果一件文书中没有此类结句用语,就不能认为它属于某种文书类型。

唐代与其他朝代一样,文书制度还是比较严格的。我们只有明了不同类型的文书性质,才能更好理解该文书内容,以及相关政务运行、事务处理乃至私人交往的实况。因此,能否正确判断出我们在研究问题时要处理的文书所具有的类型,十分重要,希望本文对此能有所帮助。

---

① 原有 6 件,但其中杜甫一件(《文苑英华》卷六二八)在文集中没有此结句;陆贽一件(《唐文粹》卷二九)在文集中是以"谨奏"结句,所以实际只有 4 件,即只有张说 1 件、张九龄 1 件、元稹 2 件而已。

② 《张说集校注》卷十五,第 767 页。

③ 《元稹集》卷三五,第 408 页。

下　编

唐代法律用语中的"款"和"辩"

——以《天圣令》与吐鲁番出土文书为中心

一、问题的提出——兼论天圣《狱官令》中的"辦"①

"款"和"辩"是唐代法律文书中的重要用语,在法典中也可见到。当代学者对此有过零散解释,②但似无统一的、系统的研究。笔者对此问题产生兴趣,源于新发现的北宋《天圣令》中有关令文。

《天圣令》卷第二七《狱官令》宋 35 条云:"诸问囚,皆判官亲问,辞定,令自书辦。若不解书者,主典依口写讫,对判官读示。"③点校并复原者雷闻将本条令文全文复原为唐令,并写"说明"云:

> 按:本条,《唐令拾遗》据《宋刑统》卷二九复原为第二十七条,文字与《天圣令》"宋 35"条略同,唯"令自书款",《天圣令》作"令自书辦"。《天圣令》"唐 9"条云:"公罪徒,并散禁,不脱巾带,辦定,皆听在外参对。"其中的"辦定",在《宋刑统》卷二九《断狱律》引《狱官令》中即作"款定",可见《宋刑统》往往将《唐令》中的"辦"改为"款"字。另,"书辦"一词又见《天圣令》"唐 10"条,④因此本条我们姑依《天圣令》作"书辦"。

雷闻在这里只是将《天圣令》与《宋刑统》里所引《令》进行比较,然后决定采用"辦"字。但是在《唐律疏议》中也有类似表述,是不能不提到的。按:《唐律疏

---

① 由于本文讨论的问题涉及"辩"和"辦"的混淆,因此凡相关意义的"辦"均不写作简体字的"办"。
② 详见下文。
③ 天一阁博物馆、中国社会科学院历史研究所天圣令整理课题组:《天一阁藏明抄本天圣令校证(附唐令复原研究)》(以下简称为《天圣令校证》),中华书局,2006 年,第 333 页。又,本文凡引《天圣令》令文,依宋某某条、唐某某条,及复原唐令某某条标示。
④ 查唐 10 条,"书辦"实为"辦定",雷闻误,见《天圣令校证》,第 342 页。

议》卷九《职制律》总第 111 条"疏议"曰:"依令:'小事五日程,中事十日程,大事二十日程,徒以上狱案辩定须断者三十日程。'"①这里所谓的"令"指《公式令》。同是《唐律疏议》卷二七《杂律》总 446 条"疏议"曰:"曹司执行案,各有程限,《公式令》:'小事五日程,中事十日程,大事二十日程,徒以上狱案,辩定后三十日程。'"②两处表达虽略有不同,③但都使用了"辩定"而非"辦定"。

当然还有"辨定"的写法。《唐六典》卷一《三师三公尚书都省》"左右司郎中"职掌中有关上述程限的表述是:"小事五日,(谓不须检覆者。)中事十日,(谓须检覆前案及有所勘同者。)大事二十日,(谓计算大簿帐及须咨询者。)狱案三十日,(谓徒已上辨定须断结者。)"④《唐令拾遗》即据此复原为唐《公式令》三十八条。⑤《日本养老公式令》第五十二条也作"狱案卅日程(谓徒以上辨定须断者)"⑥。

到底是"辦定""辩定",还是"辨定"? 我想应该是"辩定"。理由有二:第一,《唐律疏议》中除"辩定"一词外,还有若干与"辩"相关的词汇,是使用"辩"最多的法典。况且,在时代或版本最早的敦煌文书中,使用的是"辩"。这就是原李盛铎藏最近收入《杏雨书屋藏敦煌秘籍》编号为羽 020R 的《开元律疏议 杂律卷第二十七》。⑦ 从图版看,文书的第四纸明确写道"徒罪以上狱案辩定后卅日程"⑧。第二,《辩》是唐代的一种文书形式,它不称为"辦"也不称为"辨"(详后)。

综上可知,天圣《狱官令》中的"辦定",应该是"辩定",且不是"辨定",⑨而

① 长孙无忌等撰,刘俊文点校:《唐律疏议》,中华书局,1983 年,第 197 页。

② 《唐律疏议》,第 520 页。

③ 关于这种不同,将另文再议。

④ 李林甫等撰,陈仲夫点校:《唐六典》,中华书局,1992 年,第 11 页。

⑤ 仁井田陞原著,栗劲、霍存福、王占通、郭延德编译:《唐令拾遗》,长春出版社,1989 年,第 526—527 页。

⑥ 《令集解》卷三五,吉川弘文馆,1981 年,第 878—879 页。

⑦ 此件文书研究者众多,仁井田陞在《唐令拾遗》中复原《公式令》三十八条时已经提到,见该书第 527 页注[2]。

⑧ 武田科学振兴财团杏雨书屋编:《杏雨书屋藏敦煌秘籍》影片册一,2009 年,第 174 页。

⑨ 张雨在《唐开元狱官令复原的几个问题》中也讨论了"辦定"的复原问题。他在比较了《唐律疏议》《通典》《养老令》中的不同用法后,认为应该复原为"辨定"(《唐研究》十四卷,北京大学出版社,2008 年,第 89—90 页)。

之所以出现三字混用现象,或是因为"辩"通"辨""辦",或是因为笔误。① 至于为何"辩定"到《宋刑统》所引《令》中变成了"款定",换句话说,"辩"与"款"到底关系如何? 这就是本文要讨论的问题。

二、辩

上文说到,"辩"在《唐律疏议》中出现了多次,除前引外还有如卷二九《断狱》总471条中的"辩定":

> 辞虽穷竟,而子孙于祖父母、父母,部曲、奴婢于主者,皆以故杀罪论。疏议曰:"辞虽穷竟",谓死罪辩定讫,而子孙于祖父母、父母,部曲、奴婢于主,虽被祖父母、父母及主所遣而辄杀者,及雇人、倩人杀者,其子孙及部曲、奴婢皆以故杀罪论。②

同卷总472条中的"文辩":

> 诸主守受囚财物,导令翻异;及与通传言语,有所增减者:以枉法论,十五匹加役流三十匹绞;疏议曰:"主守",谓专当掌囚、典狱之属。受囚财物,导引其囚,令翻异文辩;及得官司若文证外人言语,为报告通传,有所增减其罪者,以枉法论。③

卷三十《断狱》总490条中的"服辩"④:

> 诸狱结竟,徒以上,各呼囚及其家属,具告罪名,仍取囚服辩。若不服者,听其自理,更为审详。违者,笞五十;死罪,杖一百。疏议曰:"狱结竟",为徒以上刑名,长官同断案已判讫,徒、流及死罪,各呼囚及其家属,具告所断之罪名,仍取囚服辩。其家人、亲属,唯止告示罪名,不须问其服否。囚若不服,听其自理,依不服之状,更为审详。若不告家属

---

① 由于"辩""辨""辦"三字在此处意义相同,因此下文在叙述时,正字使用"辩",引文则各仍其旧。

② 《唐律疏议》,第548页。

③ 《唐律疏议》,第548页。

④ 关于"服辩",沈家本在《历代刑法考》"狱囚取服辩"条中追述了其缘起,认为"服辩"即"周时读书,汉时乞鞫,今东西各国有宣告之制"。中华书局,2006年,第1893页。

罪名，或不取囚服辩及不为审详，流、徒罪并答五十，死罪杖一百。①

关于这里的"辩定""文辩""服辩"，法律学者是如何解释的呢？我们看钱大群对这些词汇的翻译："谓死罪辩定讫"一句，他译作"指死罪已经审问查实确定"②，则"辩"为"审问查实"意，在另一处又将"辩定"译作"审定"，即直接将"辩"译为"审"③；"令翻异文辩"一句，他译作"让他们推翻或变动服辩"④，即将其中的"辩"等同于"服辩"，而对"仍取囚服辩"一句，他译作"都录取服罪或辩驳的文书"⑤。这里他虽然正确地将"服辩"译作一种"文书"，但仍将"辩"译为"辩驳"。同样作此理解的还有刘俊文。他在《唐律疏议笺解》中对"服辩"作了如下笺释："服者伏罪，辩者申辩。取囚服辩，谓问囚对所断罪名服否，服则画供伏罪，不服则进行分辩。"⑥这里，刘俊文把"服"和"辩"分别解释为两个动词。⑦

将"辩定"译作"审问查实确定"或"审定"似乎并不准确，"辩"似乎没有"审"的含义。将"服辩"中的"辩"译作"辩驳"或"申辩"似乎更不确切。即以上引刘俊文的解释为例，"取囚服辩，谓问囚对所断罪名服否，服则画供伏罪，不服则进行分辩"，是认为"取囚服辩"本身含有"服罪"和"分辩"两个含义。但其实不然，因为律文在"取囚服辩"后接着说"若不服者，听其自理"，这才是分辩或申辩。因此"取囚服辩"只有"服"的含义，并无"分辩"的含义。那么，"辩"在这里当如何解释呢？实际上，"辩"在唐代是一种文体，用在诉讼程序中，就相当于后世的"供状"，亦即口供状、口供书、供述书等。⑧

因此上述词语应作如下解释：

---

① 《唐律疏议》，第 568 页。
② 钱大群：《唐律疏义新注》，南京师范大学出版社，2007 年，第 960 页。
③ 即将"徒以上狱案辩定须断者三十日程"一句译作"徒罪以上的刑案审定须判刑的三十日期限"，见《唐律疏义新注》，第 326 页。
④ 《唐律疏义新注》，第 961 页。
⑤ 《唐律疏义新注》，第 995 页。
⑥ 刘俊文：《唐律疏议笺解》，中华书局，1996 年，第 2088 页。
⑦ 《唐律疏义新注》第 995 页注"服辩"为"服罪或辩说的文字，但通常偏指认罪文字"，若删去"辩说"云云字样，就是正确的了。
⑧ 在唐代，它的使用范围实际上更广泛，保人的保状、证人的证明等，都可以称为"辩"（详后）。张雨前引文认为"犯人自承款伏，称为'辩'"（第 89 页）是对的，但"辩"的用途还要更广泛一些，其实凡回答官府讯问的都称为"辩"。

"辩定"即供状确定,或口供成立之意。所谓"徒以上狱案辩定须断者三十日程",就是说徒以上的案件,在取得口供后到判决结案,限时 30 天。

"文辩"就是供状或形成文字的口供。"翻异文辩"就是推翻或变动口供。

"服辩"就是服罪的供状。"取囚服辩"就是说在告诉犯人家属罪名时,要出示犯人表示服罪的供状。

除以上用例外,在唐代法典中还有其他用例,主要见于《狱官令》,今一并解释如下:

复原唐令 67 条:"诸辨证已定,逢赦更翻者,悉以赦前辨证为定。"此条原为天圣《狱官令》宋 58 条,由于日本《养老狱令》61 条文字与此全同,因而雷闻将其全文复原为唐令。① 这里的"辨"通"辩","辨证已定"就是"辩"和"证"已定,前者也就是"辩定"即供状已定的意思。前引《唐律疏议》总 472 条中既有"文辩"又有"文证",就是指形成文字的"辩证"。日本学者将"辨证"解释为:"辨是犯人的供述;证是证人的证言"②,亦即认为"辨"是供述书。

复原唐令 41 条:"诸问囚,皆判官亲问,辞定,令自书辨。若不解书者,主典依口写讫,对判官读示。"此条的复原根据是《宋刑统》所引令文,详见本文第一节。这里的"辨"当为"辩","令自书辨"就是让犯人自己书写供状。日本《养老狱令》38 条没有这几个字,作"凡问囚,辞定,讯司依口写,讫,对囚读示"③,即日本制度规定不让犯人自己书写供状。关于这里"辞定后形成的文书"如何称呼,日本学者有不同意见:泷川政次郎认为应称为"辨"或"囚辨",利光三津夫认为应称作"辨定"或"辨证"。④ 无论如何,这里的"辩"(或"辨""辨")为一种供述书,是没有问题的。吐鲁番出土文书中有一件当事人口述然后由典抄写的"辩",是这条令文的最好注释(详后)。

复原唐令 4 条:"……其徒罪,州断得伏辨及赃状露验者,即役,不须待使,以外待使。其使人仍总按覆,覆讫,同州见者,仍牒州配役。其州司枉断,使判无罪,州司款伏,即州、使各执异见者,准上文。"⑤此条令文原为天圣

---

① 《天圣令校证》,第 640 页。
② 井上光贞等校注:《律令》之《狱令》补注 61a,岩波书店,2001 年,第 694 页。
③ 《律令》,第 467 页。
④ 《律令》之《狱令》补注 38,第 692 页。
⑤ 《天圣令校证》,第 644 页。

《狱官令》附唐令第 1 条，①其中的"伏辨"就是"伏辩"也就是"服辩"。日本《养老狱令》3 条文字与此相似，作"其徒罪，国断得伏辨及赃状露验者，即役"，《令义解》对"伏辨"的解释是"谓结断已讫，得囚服辨"②，即"伏辨"就是"服辨"也就是表示服罪的供述书。"释云：……伏，辨一种"③，即认为"伏"（或"服"）是"辩"之一种，即服罪的"辩"，或者说是服罪的供述文书。这个解释很重要，它明确指出了"辩"有多种，而"服辩"是其中的一种。

通过以上分析，我们可以大致知道"辩"（或"辨""辯"）是一种文体，用在诉讼程序上指供状，或曰供述书、供述状（也可说是陈述书、陈述状）。"辩定"就是供状确定、"书辩"就是书写供状、"服辩"就是表示服罪的供状。

那么这种用法在唐代史籍中有无体现呢？回答是肯定的。即以《旧唐书》为例：

《旧唐书》卷五十《刑法志》引武周时监察御史魏靖就酷吏问题上言曰："且称反徒，须得反状，惟据臣辩，即请行刑"④，这里的"臣辩"即指臣下的供状。《全唐文》录此段文字，"臣辩"作"口辩"⑤，也可通，前引《唐律疏议》有"翻异文辩"句，则可能"口辩"指口头供述，"文辩"指文字供状。

《旧唐书》卷一八六下《吉温传》云："（吉）温令河南丞姚开就擒之，锁其（指史敬忠——笔者）颈，布袂蒙面以见温。温驱之于前，不交一言。欲及京，使典诱之云：'杨慎矜今款招已成，须子一辨。若解人意，必活；忤之，必死。'敬忠回首曰：'七郎，乞一纸。'温佯不与，见词恩，乃于桑下令答三纸辩，⑥皆符温旨，喜曰：'丈人莫相怪！'遂徐下拜。及至温阳，始鞫慎矜，以敬忠词为证。"⑦这里所谓"须子一辨"，就是说"需要你的供状（或"答状"）"；所

---

① 《天圣令校证》，第 339 页。
② 《令义解》卷十《狱令》，吉川弘文馆，1985 年，第 312 页。
③ 《令集解》附《令集解逸文》，第 11 页。
④ 《四库全书》第 269 册，上海古籍出版社，1987 年，第 409 页。中华书局点校本将"臣辩"改为"片辞"，并加注曰："'片辞'，各本原作'臣辩'，据《唐会要》卷四一改。《全唐文》卷二〇八作'口辩'"（中华书局，1975 年，第 2158 页）。这应该是点校者妄改，"臣辩"当不误。或是《唐会要》编者不明"辩"之含义，改为"片辞"了。
⑤ 《全唐文》卷二百八魏靖《理冤滥疏》，中华书局，1983 年，第 2111 页。《册府元龟》卷五四四《谏诤部》同疏亦作"口辩"（中华书局，1960 年，第 6526 页）。"辨"通"辩"。
⑥ "辩"原属下，作"辩皆符温旨"，似亦通，但"答辩"在唐代是一个词，因此属上更好。
⑦ 《旧唐书》，中华书局，1975 年，第 4855 页。

谓"令答三纸辩",就是说"命令他写了三张纸的供状(或"答状")"。按：这里将"辩"释为"供状"或"答状",而若从严格意义上讲,应该称之为"答辩",即"答"这种"辩",所谓"答三纸辩"即"答辩三纸"。《旧唐书》卷一百五《杨慎矜传》云："又令(吉)温于汝州捕史敬忠,获之,便赴行在所。先令卢铉收太府少卿张瑄于会昌驿,系而推之,瑄不肯答辩。铉百端拷讯不得,乃令不良枷瑄……眼鼻皆血出,谓之'驴驹拔撅',瑄竟不肯答。"①这里的"答辩"就是"写答辩"即写"答状"或写"供状"之意。

由上可知,唐代诉讼程序中的"辩"是一种回答讯问的文书,一般可理解为"供状",若细分,又有不同类型：单纯回答讯问的称"答辩",多用于当事人或证人；供述罪状并服罪的称"服辩"(或"伏辩"),多用于犯人；还有"保辩"②,当用于保人。口头供述的称"口辩",形成文字的称"文辩",书写供述则称"书辩"。泛称则只曰"辩"。

"辩"这种文书形式在吐鲁番出土文书中有许多件,仅《吐鲁番出土文书》第五册至第十册,据我的统计,就有48件左右。这些"辩"不仅见于诉讼案卷,也见于一般案卷,并且其中一部分很早就被学者注意。例如刘俊文即指出：唐人辩辞的书式,姓名下著年纪,均捺有本人指印；"被问""仰答所由者谨审""被问依实谨辩"都是审讯辩辞的套语；③中村裕一指出"辩式文书是因吐鲁番出土的'辩'才被知道的文书,是文书名。这个文书的特征,是个人向官府提出某种愿望时使用的……'辩'也是《公式令》没有规定的、个人向官府提交的上行文书",并例举了几件"辩",指出其前面有陈述人自己的姓名,年龄,"某辩",以下陈述自己的见解,最后以"谨辩"结束,后面有年月日。④ 此外还有刘安志。他

---

① 《旧唐书》,第 3227 页。

② 用于诉讼程序中的"保辩"的资料在史籍中似有一例,即《新唐书》卷一二八《苏珦传》所云"为右台大夫。会节愍太子败,诏株索支党。时睿宗居藩,为狱辞牵连,珦密启保辩,亦会宰相开陈,帝感悟,多所含贷"(中华书局,1975 年,第 4458 页)。此外,"保辩"还用于选举程序,如《旧唐书》卷一一九《杨绾传》云"今之取人,令投牒自举,非经国之体也。望请依古制……比来有到状、保辩、识牒等,一切并停"(第 3431 页)。"到状、保辩、识牒"原作"到状保辩识牒",没有断开。

③ 刘俊文：《敦煌吐鲁番唐代法制文书考释》,中华书局,1989 年,第 514、516、525、534、535等页。

④ 中村裕一：《唐代公文书研究》第 1 部《敦煌·吐鲁番文献中的唐代公文书》第六章《吐鲁番出土の公式令规定外の公文书》第五节《辩》,汲古书院,1996 年,第 267—272 页。

在文章中指出,辩辞是直接审讯的原始记录,有一套规范的程序:首先是辩者的姓名、年龄及画押,然后是"某辩:被问……谨审……被问依实谨辩"等内容,接下来要写明具体的时间年月。①

三位学者都基本正确地指出了"辩"的格式,刘俊文和刘安志还指出了它与审讯的关系,只有中村裕一将"辩"视为"个人向官府提出某种愿望时使用的"文书,是不准确的。三位学者都没有将"辩"与法典规定联系起来,也没有区分不同的"辩"。实际上,"辩"的基本性质是回答官府讯问,既可用于诉讼程序也可用于申请程序(这是我们现代人的区分,当时人恐怕不作如此区分,即凡是回答官府讯问,都使用"辩"这一文书),用于后者的典型案卷是申请过所,用于前者则有几个偷盗或伤人的案卷,不过无论何种案卷,都有"答辩""保辩",在诉讼的场合还有"服辩"。

以上三位学者关于"辩"的书式描述或比较零散或比较粗疏,都不太完整,所以我们首先复原一下唐代"辩"的书式:

1.(辩者)姓名、年龄、画押(指印)

(有时辩者前要加上贯属与身份,是"保辩"还要加上"保人"字样,若是多人则需各自署名)

2. 诉讼标的

(此项不必须有,仅在有纠纷时,要列出标的物,如田亩纠纷要列出土地四至;在申请事务时,要列出被审查或被讯问的事项)

3. 某(辩者)辩:被问:(下列被问事项)

4. 仰答者!(或:仰更具答者;仰答所由者;仰——具辩,不容□□□者;等等)

5. 谨审:(下列回答的内容,往往以"但"字开头)

6. 被问依实谨辩。(后面往往有负责处理案卷官员的署名,如户曹参军、县令等)

7. 年月日

上文提到,唐代的"辩"可分为"答辩""保辩""服辩"等,下面分别举一些

---

① 刘安志:《读吐鲁番出土〈唐贞观十七年(643)六月西州奴俊延妻孙氏辩辞〉及其相关文书》,原载《敦煌研究》2002 年第 3 期,后收入所著《敦煌吐鲁番文书与唐代西域史研究》,商务印书馆,2011 年,第 58—59 页。

例子。这些例子均录自《吐鲁番出土文书》,录文前面数字为行号。我们先看"答辩"。

例一

85　　　　　王奉仙年卅伍　　｜｜｜

86 奉仙辩:被问:身是何色?从何处得来至酸枣

87 戍?仰答者!谨审:但奉仙贯京兆府华源县,去

88 年三月内共驮主徐忠驱驮送安西兵赐至安西

89 输纳。却回至西州,判得过所。行至赤亭,为身患,

90 复见负物主张思忠负奉仙钱三千文,随后却

91 趁来。至酸枣趁不及,遂被戍家捉来。所有

92 行文见在,请检即知。奉仙亦不是诸军镇逃

93 走等色。如后推问不同,求受重罪。被问依实谨辩。

94(典康仁依口抄并读示讫。思)开元廿一年正月　日①

此件"答辩"属于一个案卷,《吐鲁番出土文书》编者将其定名为《唐开元二十一年(733)西州都督府案卷为勘给过所事》。案卷包括几个案件,这是其中之一。此案是说王奉仙为人送物到安西,完事后拿到回京的过所并在西州确认后向东前行。走到赤亭镇,患病停留,又发现欠他钱的张思忠,于是去追张思忠,没有追上。走到酸枣戍,因无"行文"被抓住并被遣送回西州。西州都督判令功曹推问,于是王奉仙作了以上的"答辩"。王奉仙在"辩"中说明了情况,指出自己是有过所且各镇戍都勘过的,请予以查验,并特别说明自己不是军镇逃兵。最后表示自己说的是实话,如果不实,"求受重罪"。这里要特别指出的是,王奉仙看来不识字,因此这件"答辩"是"典"依据他的口述抄录,并且读给他听的。这一点明确写在"辩"中,后面还有功曹参军"思"的署名。前引复原唐令41条说"诸问囚,皆判官亲问,辞定,令自书辩。若不解书者,主典依口写讫,对判官读示"。这件王奉仙的"辩",有"典"的抄录、读示,也有判官证明"读讫"的签名,与令文规定完全一致,说明令文得到

① 中国文物研究所、新疆维吾尔自治区博物馆、武汉大学历史系编,唐长孺主编:《吐鲁番出土文书》(图录本)四,文物出版社,1996年,第290页。录文标点有所改动,首行的三竖道为指印。下同。以下简称为《吐鲁番出土文书》(图录本)。

了认真执行。

如果此件"答辩"所涉案件尚非现代意义的刑事案件的话,我们再看另一件"答辩"。

例二

　　1　张玄逸年卅二　　　|||
　　2玄逸辩:被问:在家所失之物[
　　3□告曲运贞家奴婢盗将[
　　4推穷原盗不得,仰答々所[
　　5谨审:但玄逸当失物已见踪迹,
　　6运贞家出,即言运贞家奴婢盗。
　　7当时亦不知盗人。望请给公□
　　8更自访觅。被问依实谨辩。
　　9　　式　麟德二年[　　　①

这件文书,《吐鲁番出土文书》编者定名为《唐麟德二年(665)张玄逸辩辞为失盗事》,与其他两件文书构成了关于失盗案的案卷。刘俊文将此案卷定名为《麟德二年五月高昌县勘问张玄逸失盗事案卷残卷》,并将案由简述为:张玄逸家失盗,控告盗物人为曲运贞家奴婢,经讯曲家奴婢,俱不得实,因更问张玄逸,张玄逸承认前告乃是推测,请求发给公验,自己去查访盗者。② 文书中在"辩"后署名的"式",是高昌县令,③因此这个"辩"是张玄逸对县令讯问的"答辩",同时也让我们知道了"答辩"不仅用于被告,也用于原告,凡对官府讯问的回答,都可称"辩"或"答辩"。

下面看看"保辩"。

例三

　　1保人庭伊百姓康阿了[
　　2保人伊州百姓史保年卅④[

---

① 《吐鲁番出土文书》(图录本)三,文物出版社,1996年,第238页。
② 刘俊文:《敦煌吐鲁番唐代法制文书考释》,第530—533页。
③ 李方:《唐西州官吏编年考证》,中国人民大学出版社,2010年,第176—177页。
④ 保人年龄旁均残有一道指印,无法录出。

3 保人庭州百姓韩小儿年卅[

4 保人乌(焉)者人曹不那遮年[

5 保人高昌县史康师年卅五[

6 　康尾义罗施年卅作人曹伏磨[

7 　　婢可婢支　驴三头　马一匹[

8 　吐火罗拂延年卅　奴突蜜[

9 　　奴割逻吉　驴三头[

10 　吐火罗磨色多　[

11 　　奴莫贺咄　[

12 　　婢颉　[婢][

13 　　驼二头　驴五[头]　（下残）

14 　何胡数刺　作人曹延那　（下残）

15 　　驴三头　　———①

16 　康纥槎　男射鼻　男浮你了

17 　　作人曹野那　作人安莫延　[康][

18 　　婢桃叶　驴一十二头　——

19 阿了辩：被问：得上件人等牒称，[请][

20 家口入京，其人等不是压良[

21 冒名假代等色以不者？谨审：但了[

22 不是压良、假代等色，若后[不]□

23 求受依法罪。被问依实谨□。

24 　　　　　　垂拱元年四月　日②

此件文书属于一个请过所的案卷，《吐鲁番出土文书》编者将其定名为《唐垂拱元年康义罗施等请过所案卷》，内容是康义罗施③等人为向东行，向西州政府申请过所，被户曹参军讯问。户曹讯问的主要问题是所带人畜是否压良为贱，或是冒名顶替，申请人在"答辩"中除要回答问题外，还要"请乞责

---

① 此横道表明以下无字。下同。
② 《吐鲁番出土文书》(图录本)三，第349—350页。
③ 又称"康尾义罗施"，见本文所引文书录文。

保"①即请讯问保人。于是户曹针对几位申请者的保人一并讯问,遂有上引的"保辩"。"保辩"中保证那些作人、奴婢等"不是压良、假代等色",这里在"不"字前应有"保"字。本案卷中另一份"保辩",这句话就写作"保知不是压良等色"②。"保辩"最后,应有户曹参军的署名,这里可能因文书残缺而未能显示。③

最后看一下"服辩"。

按"服辩"就是"服罪"的"辩"也就是认罪书。这在现存的吐鲁番出土文书中极少,大概只有一件,即粘贴于非常有名的《唐宝应元年(762)六月康失芬行车伤人案卷》中。关于这个案卷,研究的人很多,其案由是:百姓史拂那、曹没冒控告行客靳嗔奴雇工康失芬,行车辗伤史子金儿、曹女想子,经审属实,判处康失芬保辜治疗。④ 从案卷可知,天山县⑤在接到起诉后,多次讯问被告康失芬:先问他是否行车伤人,他"答辩"说是;再问他为何见有路人而不"唱唤","答辩"说因是借来的车牛,"不谙性行,拽挽不得";最后问既然承认犯罪事实,官府即将判决,是否服罪? 然后有以下的回答:

例四

34 靳嗔奴扶车人康失芬年卅 　|||

35 　　问:扶车路行,辗损良善,致令

36 困顿,将何以堪? 款占损伤不虚,今

37 欲科断,更有何别理? 仰答! 但失芬扶

38 车,力所不逮,遂辗史拂那等男女损伤

39 有实。今情愿保辜,将医药看待,如不

40 差身死,情求准法科断。所答不移前

41 款,亦无人抑塞,更无别理。被问依实谨辩。　　铮

42 　　　元年建未月　　日⑥

---

① 此语出自康义罗施的"答辩",见《吐鲁番出土文书》(图录本)三,第346页。
② 《吐鲁番出土文书》(图录本)三,第348页。
③ 本案卷另一件"保辩"结尾处即有户曹参军"亨"的署名。
④ 刘俊文:《敦煌吐鲁番唐代法制文书考释》,第570页。
⑤ 刘俊文前引书认为是高昌县案卷,但李方引书认为是天山县案卷(第215页),今从李说。
⑥ 《吐鲁番出土文书》(图录本)四,第332页。"辩"后署名的"铮",是天山县县令,见前引李方书第215页。

康失芬在这个"辩"中承认有罪,服从判决,愿意保辜,并表示以上认罪"无人抑塞"即不是被迫,所以这个"辩"应该属于"服辩"。至于此"辩"前面的两个"辩"是否应与此"辩"一样,也是"服辩"的一部分,暂时无法判明。

以上我们列举了几个唐代法律文书中"辩"的例子,从中可知"辩"既可以用于被告,也可以用于原告;既可以用于案件当事人,也可以用于非当事人如保人等。总之,举凡在案件中用于官府讯问的回答,都可以称为"辩"。而如果细分的话,可以分别称为"答辩""保辩""服辩"等。

三、款

"款"在唐代诉讼程序中,大致相当于今天所谓的"口供"。这基本是目前学界的共识。胡三省在《资治通鉴》中的注,是一个基本证据。此即《资治通鉴》卷二百四"杀岐州刺史云弘嗣。来俊臣鞫之,不问一款"的胡注"狱辞之出于囚口者为款。款,诚也,言所吐者皆诚实也"①。因此我们看到,在唐代史籍中提到犯人或被告的口供时,多用"款"字。相关例子甚多,我们只举张鷟《龙筋凤髓判》。

按《龙筋凤髓判》是"完整传世的最早的一部官定判例",共搜集了"79 条判例案由",②据我统计,其中约有 10 例明确提到了"款"。例如:

> 中书舍人王秀漏泄机密,断绞。秀不伏,款:于掌事张会处传得语,秀合是从。会款:所传是实,亦非大事。不伏科。③

> 通事舍人崔暹奏事口误,御史弹,付法,大理断笞三十,征铜四斤。暹款:奏事虽误,不失事意。不伏征铜。④

> 工部员外郎赵务支蒲陕布供渔阳军、幽易绢入京,百姓诉不便。务

---

① 《资治通鉴》卷二百四则天后天授二年九月条,中华书局,1976 年,第 6474 页。

② 张鷟撰,田涛、郭成伟校注:《龙筋凤髓判》所附郭成伟《〈龙筋凤髓判〉初步研究》,中国政法大学出版社,1996 年,第 201、188 页。

③ 《龙筋凤髓判》卷一,第 1 页。按:校注本《龙筋凤髓判》在文字和标点上问题很多。笔者在引用时若属文字问题,出注;若属标点问题,径改。

④ 《龙筋凤髓判》卷一,第 3 页。其中"奏"原作"秦","征"原作"徵",均据《全唐文》卷一七二改(中华书局,1983 年,第 1750 页)。

款：布是粗物，将以供军；绢是细物，合贮官库。①

　　会期日酒酸，良酝署令杜纲添之以灰，御史弹纲，纲款：好酒例安灰，其味加美。不伏科。②

以上 4 例，多是判决后的辩解，严格说不是口供而类似上诉状，但都是当事人的供述或陈述。

"款"在《唐律疏议》中似没有用例，在唐令中则有一条有所涉及，即天圣《狱官令》唐 1 条"若州司枉断，使人推覆无罪，州司款伏，灼然合免者，任使判放，仍录状申"；"若其州枉断，使判无罪，州司款伏，及州、使各执异见者，准上文"。③ 这里的"款伏"即"款服"，《资治通鉴》卷一五四记北魏尔朱兆"掩捕(寇)祖仁，征其金、马。祖仁谓人密告，望风款服"，胡注"款，诚实也，狱因招承之辞曰款，言得其实也"。④

"款"的文字内容，后来被称为"款状"(详后)，但在唐前期却没有这种称呼，也没有实物。我们从出土的吐鲁番文书(第五册至第十册)中看到有"款"字近 60 处，涉及 20 余件案卷或文书，但没有一件是有固定格式、类似"辩"那样的"款"。⑤ 我们举几个例子。

例一

1 你那潘 等辩：被问：得上件人等 辞请将

2 家口入京，其人等不是压良、眩诱、寒盗

3 等色以不？仰答者！谨审：但那你等保

4 知不是压良等色，若后不依今

5 款，求受依法罪。被问依实 谨□。　　‖‖

6 亨　　垂拱元年四月　日⑥

---

① 《龙筋凤髓判》卷一，第 41 页。
② 《龙筋凤髓判》卷四，第 160 页。
③ 《天圣令校证》，第 419 页。
④ 《资治通鉴》卷一五四梁武帝中大通二年十二月条，第 4791 页。
⑤ 《吐鲁番出土文书》(图录本)三第 468 页有一件文书被定名为《唐残问款》，但从其格式(如有"因何拒讳""仰答"等字样)，以及参照(图录本)四《武周天授二年唐建进辩辞》(第 72 页，录文见下节例二)看，此件文书是"辩"而非"款"。
⑥ 《吐鲁番出土文书》(图录本)三，第 348 页。

这是上面"辩"一节中所引《唐垂拱元年康义罗施等请过所案卷》中的一件
"保辩",其中提到自己现在作出的"保辞"或"证辞"时,用的是"今款"。这就
是说,"辩辞"本身就是一种"款"。

例二

1□□ 辩：被问 ：建进若告主簿营种还公、
2 逃死、户绝田地①,如涉虚诬,付审已后不合
3 更执。既经再审确,请一依元状勘当。据
4 此,明知告皆是实,未知前款因何拒讳?
5 仰更隐审,一々具答,不得准前曲相符会。
6 　　　　　　　　　 准种职 田②

这是《武周天授二年(691)西州都督府勘检天山县主簿高元桢职田案卷》中
的一件,定名为《武周天授二年唐建进辩辞》。这里似是再次审讯时的辩辞,
其中提到上次的回答时,称其为"前款"。

例三

1 镇果毅杨奴子妻张　镇果毅张处妻司马
2 　右检案内得坊状称：上件镇果毅等娶
3 妻者,依追前件人等妻至,问,得款：
4 张等妇人不解法式,前年十一月内逐③

此件文书系敦煌文书,定名为《武周牒为镇果毅杨奴子等娶妻事》。④ 文书中
引"坊状",称传讯当事人后所得回答为"款"。

例四

6 开元拾玖年贰月　日,得兴胡米禄山辞：今将婢失满儿年拾
　壹,于
7 西州市出卖与京兆府金城县人唐荣,得练肆拾匹。其婢及
8 练,即日分付了,请给买人市券者。准状勘责,问口承贱

---

① "地"原是武周新字。
② 《吐鲁番出土文书》(图录本)四,第72页。
③ 《吐鲁番出土文书》(图录本)四,第79页。其中"人""月"等原为武周新字。
④ 《吐鲁番出土文书》(图录本)四,第79页。

9 不虚。又责得保人石曹主等伍人款，保不是寒良眩诱
10 等色者。勘责状同，依给买人市券。
11　　　　　　　　　　　练主
（下略）①

这是《唐开元二十一年唐益谦请过所案卷》中所附的抄件，是西州市司发给唐荣的市券。其中称五个保人的"保证"为"款"。

通过以上四例我们可以知道，在唐代，凡回答官府讯问的"辩"，其所答内容在被状、牒、符，甚至"辩"引用时，都称为"款"。换句话说，"款"并非一种文书形式，而是一种专指犯人或当事人以及保人、证人等供述、陈述内容的特称。

四、"辩"与"款"

现在让我们回到最初的问题上来：在唐代，"辩"和"款"到底是什么关系？唐令中的"辩定"到《宋刑统》所引令中为何变成了"款定"？

关于"辩"和"款"的关系，未见有学者予以讨论。前引刘安志文虽未直接探讨此问题，但从他对一些案卷的分析看，似乎认为"辩"是"直接审讯的原始记录"，而"款"是上报时对原始记录的综合。②

刘安志的意见有一定道理，但并不准确。其一，"辩"和"款"的差别不仅在于一是原始记录一是综合文字，还在于其性质有所不同："辩"是一种文书形式，因此在其他状、牒、符等引用时，一般不引用"辩"，我们很少见到有"得辩"的说法；"款"则是供述或陈述内容的专称，因此常以"得款""款云"等形式出现。换句话说，"辩"只是一种形式，"款"才是其内容，在"辩"中所写的东西就被称为"款"。其二，"款"并非只是原始记录的综合，有时基本是"辩"内容的照抄。例如第二节"辩"中所引王奉仙的"辩"为：

86 奉仙辩：被问：身是何色？从何处得来至酸枣

---

① 《吐鲁番出土文书》（图录本）四，第 264 页。
② 刘安志：《读吐鲁番出土〈唐贞观十七年(643)六月西州奴俊延妻孙氏辩辞〉及其相关文书》，原载《敦煌研究》2002 年第 3 期，后收入所著《敦煌吐鲁番文书与唐代西域史研究》，第 58 页。

87 戌？仰答者！谨审：但奉仙贯京兆府华源县，去

88 年三月内共驮主徐忠驱驮送安西兵赐至安西

89 输纳。却回至西州，判得过所。行至赤亭，为身患，

90 复见负物主张思忠负奉仙钱三千文，随后却

91 趁来。至酸枣趁不及，遂被戌家捉来。所有

92 行文见在，请检即知。（后略）

而案卷后面官府所上"牒"中所引"款"的内容为：

127   ······依问王奉仙，得款：贯京兆府华

128   源县，去年三月内共行纲李承胤下驮主徐忠驱驴，送兵赐

129   至安西输纳了。却回至西州，判得过所，行至赤亭镇为患，

130   复承负物主张思忠负奉仙钱三千文，随后却趁来。至

131   酸枣趁不及，遂被戌家捉来。所有行文见在，请检即知

132   者。依检：······①

这里的"款"不就是"辩"的内容吗？但引用时只能称"得款"而并不称为"得辩"。所以前面"款"一节所引，有"今款""前款""又款"等多种表达，这些"款"实际上就是指"辩"的内容，当然有时它是摘引或综合的。

但是逐渐地，"款"似乎具有了实际的、形式的意义，于是出现了"款状"的说法。按"款状"一词，似不见于唐前期，玄宗以后才逐渐出现。《旧唐书·源休传》云："其妻，即吏部侍郎王翊女也。因小忿而离，妻族上诉，下御史台验理，休迟留不答款状，除名，配流溱州。"②"不答款状"就是不写认罪书，这里"款状"即"服辩"，已成独立文体了。所以唐前期所谓的"答辩""答三纸辩"，现在变成了"答款状"。

又，《旧唐书·穆赞传》说："因次对，德宗嘉其才，擢为御史中丞。时裴延龄判度支，以奸巧承恩。属吏有赃犯，赞鞫理承伏，延龄请曲法出之，赞三执不许，以款状闻。延龄诬赞不平，贬饶州别驾。"③这里的"款状"也相当于"服辩"，是认罪书。

① 《吐鲁番出土文书》（图录本）四，第292—293页。
② 《旧唐书》卷一二七，第3574页。
③ 《旧唐书》卷一五五，第4116页。

最详细的例子是唐武宗、宣宗时有名的"吴湘案"。我们不避繁琐,将相关案情列示如下:

> [大中二年(848)二月]御史台奏:据三司推勘吴湘狱,谨具逐人罪状如后:扬州都虞候卢行立、刘群于会昌二年五月十四日,于阿颜家吃酒,与阿颜母阿焦同坐,群自拟收阿颜为妻,妄称监军使处分,要阿颜进奉,不得嫁人,兼擅令人监守。其阿焦遂与江都县尉吴湘密约,嫁阿颜与湘。刘群与押军牙官李克勋实时遮栏不得,乃令江都百姓论湘取受,节度使李绅追湘下狱,计赃处死。具狱奏闻。朝廷疑其冤,差御史崔元藻往扬州按问,据湘虽有取受,罪不至死。李德裕党附李绅,乃贬元藻岭南,取淮南元申文案,断湘处死。今据三司使追崔元藻及淮南元推判官魏铏并关连人款状,淮南都虞候刘群、元推判官魏铏、典孙贞高利钱倚黄嵩、江都县典沈颂陈宰、节度押牙白沙镇遏使傅义、左都虞候卢行立、天长县令张弘思、典张洙清陈回、右厢子巡李行璠、典臣金弘举、送吴湘妻女至澧州取受钱物人潘宰、前扬府录事参军李公佐、元推官元寿吴珙翁恭、太子少保分司李德裕、西川节度使李回、桂管观察使郑亚等,伏候敕旨。
>
> 其月,敕:李回、郑亚、元寿、魏铏已从别敕处分。李绅起此冤诉,本由不真,今既身殁,无以加刑。粗塞众情,量行削夺,宜追夺三任官告,送刑部注毁。其子孙稽于经义,罚不及嗣,并释放。李德裕先朝委以重权,不务绝其党庇,致使冤苦,直到于今,职尔之由,能无恨叹!昨以李威所诉,已经远贬,俯全事体,特为从宽,宜准去年敕令处分。张弘思、李公佐卑吏守官,制不由己,不能守正,曲附权臣,各削两任官。崔元藻曾受无辜之贬,合从洗雪之条,委中书门下商量处分。李恪详验款状,蠹害最深,以其多时,须议减等,委京兆府决脊杖十五,配流天德。李克勋欲收阿颜,决脊杖二十,配流硖州。刘群据其款状,合议痛刑,曾效职官,不欲决脊,决臀杖五十,配流岳州。其卢行立及诸典吏,委三司使量罪科放讫闻奏。①

这其中三次提到"款状",即"今据三司使追崔元藻及淮南元推判官魏铏并关

---

① 《旧唐书》卷一八下《宣宗纪》,第619—620页。

连人款状","李恪详验款状,蠹害最深","刘群据其款状,合议痛刑",从中可知"款状"就是当事人如被告刘群,相关人或称"关联人",审案人如崔元藻、魏铏、李恪①等的供状或认罪书。

在"款"成为一种独立文体即"款状"而逐渐代替了"辩"的同时,有关"辩"的说法也逐渐向"款"演变。例如《旧唐书·穆宗贞献皇后萧氏传》记开成四年(839)萧弘、萧本伪称太后弟案,"遂诏御史中丞高元裕、刑部侍郎孙简、大理卿崔郇三司按弘、本之狱,具,并伪。诏曰:……三司推鞫,曾无似是之踪,宰臣参验,见其难容之状。文款继入,留中久之……"②这里的"文款"即前引《唐律疏议》卷二九《断狱》总 472 条中的"文辩"。《旧唐书·令狐建传》记"(令狐)建妻李氏,恒帅宝臣女也,建恶,将弃之,乃诬与佣教生邢士伦奸通。建召士伦榜杀之,因逐其妻。士伦母闻,不胜其痛,卒。李氏奏请按劾,诏令三司诘之。李氏及奴婢款证,被诬颇明白,建方自首伏"③。这里的"款证",实即前引复原唐令 67 条中的"辩证"。《旧唐书·韦嗣立传》录其武周时上疏云:"扬、豫之后,刑狱渐兴,用法之伍,务于穷竟……道路籍籍,虽知非辜,而锻炼已成,辩占皆合。"④《旧唐书·裴延龄传》言德宗时裴延龄谋害陆贽、李充,"贽、充等虽已贬黜,延龄憾之未已,乃掩捕李充腹心吏张忠,捶掠楚痛,令为之词,云'前后隐没官钱五十余万贯,米麦称是,其钱物多结托权势,充妻常于犊车中将金宝缯帛遗陆贽妻'。忠不胜楚毒,并依延龄教抑之辞,具于款占"⑤。唐前期的"辩占"到后期成了"款占"。

在这一"辩"逐渐向"款"演变的过程中,"服辩"变成了"伏款"。前引《唐律疏议》卷三十《断狱》总 490 条云:"诸狱结竟,徒以上,各呼囚及其家属,具告罪名,仍取囚服辩。若不服者,听其自理,更为审详。"但到唐穆宗长庆年间,有"长庆元年(821)十一月五日敕节文:应犯诸罪,临决称冤,已经三度断结,不在重推限。自今以后有此色,不问台及府县,并外州县,但通计都经三度推勘,每度推官不同,囚徒皆有伏款,及经三度结断者,更有论诉,一切不

---

① 李恪是原审案的推官,参《旧唐书》卷一七三《吴汝纳传》,第 4501 页。
② 《旧唐书》卷五二,第 2202 页。
③ 《旧唐书》卷一二四,第 3530—3531 页。
④ 《旧唐书》卷八八,第 2867—2868 页。
⑤ 《旧唐书》卷一三五,第 3727—3728 页。

在重推问限"①。这里明确指出,"囚徒皆有伏款",显然"伏款"就是《唐律疏议》中提到的"服辩"。再往后到唐武宗年间,会昌四年(844)十二月有敕曰:"郊礼日近,狱囚数多,案款已成,多有翻覆。其两京天下州府见系囚,已结正及两度翻案伏款者,并令先事结断讫申。"②这里不仅提到了"伏款",也提到了"案款",知当时"案款已成"或"结断案款"已经成为制度。后唐延续了这一趋势,《宋刑统》引后唐天成三年(928)七月十七日敕节文云:"诸道州府凡有推鞫囚狱,案成后,逐处委观察、防御、团练军事判官,引所勘囚人面前录问,如有异同,即移司别勘。若见本情,其前推勘官吏,量罪科责。如无异同,即于案后别连一状,云所录问囚人与案款同,转上本处观察团练使、刺史。如有案牍未经录问过,不得便令详断。"③那思陆在《中国审判制度史》中认为"结款"是宋代审判程序中的一环,"'款'是指口供,所谓'结款'是指人犯具结的书面口供(犯罪事实)。唐代以前似乎并无'结款'制度,此一制度似系宋初形成"④。现在看来这一结论似可商榷:唐代应该也有这一程序,它在唐前期被称为"辩定""服辩"等,后来称为"案款已成""结断伏款"等,实际上就是那思陆所说的"结款"。

这样,我们就可以清楚看到由"辩"向"款"演变的痕迹。到宋初,似乎只使用"款"而不再使用"辩",唐代法典中的"书辩""辩定"等到《宋刑统》所引令文中,就都变成"书款""款定"了。

五、小　结

通过以上分析,我们似可得出以下结论。

第一,在唐代诉讼程序中,"辩""辨""辦"常被混用,但正确的似应是"辩"。

第二,"辩"是一种文体,用于回答官府的讯问,可以有"答辩""保辩""服辩"等形式。前两者可以用于其他场合,"服辩"则只用于诉讼程序中。

---

① 窦仪等撰,吴翊如点校:《宋刑统》卷二九,中华书局,1984年,第480页。
② 《旧唐书》卷十八上《武宗纪》,第602页。
③ 《宋刑统》卷二九,第480—481页。
④ 那思陆:《中国审判制度史》,上海三联书店,2009年,第126页。

　　第三,"款"指口供或供述、陈述,在唐前期它不是一种文体,而是关于"口供"或"供述""陈述"内容的专称。凡"口供"或"供述""陈述"的内容,都可以被称为"款"。

　　第四,就"辩"与"款"的关系而言,"辩"是文体,是形式,"款"是专称,是内容。凡"辩"中内容,无论是在状、牒、符乃至辩中被引用时,都称为"款"。

　　第五,"款"到唐后期逐渐向文体转变,出现了"款状"的说法。① "辩"的表达也逐渐向"款"演变,于是"书辩"成了"书款","辩定"成了"款定","文辩"成了"文款","辩证"成了"款证","辩占"成了"款占","服辩"成了"伏款",到宋初,似很少使用"辩"的说法了。②

　　第六,如此看来,《宋刑统》所引令文中"书款""款定"等说法,与唐代法典中"书辩""辩定"的不同,是时代不同造成的。那么,这是否反映了令文本身也有时代先后的差别呢? 这一问题值得探讨,但它超出了本文范围,留待今后再来仔细研究吧。

原载《文史》2013 年第 1 辑。

---

① 通检《四库全书》,唐前期未见有"款状"一词,但《隋书》卷六六《裴政传》有"(赵)元恺引左卫率崔蒨等为证,蒨等款状悉与元恺符同"语(中华书局,1973 年,第 1550 页),此处的"款状"是否文体,尚需今后详作研究。

② 当然,作为《唐律》的延续,明清律中依然保留了"服辩"这一词汇,但依据当时的理解作了改动。例如《大明律》就将《唐律》中"仍取囚服辩"改为"仍取囚服辩文状"(薛允升撰,怀效锋、李鸣点校:《唐明律合编》,法律出版社,1999 年,第 808 页)即增加了"文状"二字。由此知明律的编者认为仅"服辩"二字恐含义难明,易致误解,必须加"文状"二字才能清楚表明"服辩"是一种文书。这也可反证"服辩"在唐代的含义。

唐代诉讼文书格式初探

——以吐鲁番文书为中心

一、问题的提出

唐代诉讼文书采用什么格式,在史籍上很少记载,即使不多的一点记载,也因语焉不详,多有矛盾,而一直为我们所不明。正因如此,关于这一问题的研究者也不多,似乎还没有专门的论著出现。

最近,有陈玺《唐代诉讼制度研究》①一书问世(以下简称为《诉讼制度》),书中在第一章第二节《起诉的程序要件》中,列有"唐代律令关于起诉程序之一般规定"与"出土文书所见唐代诉牒之格式规范"两小节。在前一小节中,作者指出:"唐代诉讼实行'书状主义'原则,当事人诉请启动诉讼程序,均需向官司递交书面诉状。"②这里称唐代诉讼文书为"诉状"。又引复原唐《狱官令》35条及唐律,认为"唐律严惩代书辞牒诬告他人之行为……若于他人雇请代书诉状文牒之际,加状不如所告,但未增重其罪者,依律科笞五十"③。这里称诉讼文书为"辞牒"或"诉状文牒"。作者还说:"刑事、民事案件诉事者在向官府告诉前,均需制作诉牒,作为推动诉讼程序的基本法律文书。法律对于诉牒的格式与内容均有较为严格的要求。"④这里称诉讼文书为"诉牒"。作者举了几个例子,说"其中皆有辞状文书作为有司论断之基本依据"⑤。这里称诉讼文书为"辞状文书"。

这样,我们在该书不到3页的篇幅上,就看到作者对诉讼文书有以下几种不同称呼:诉状、辞牒、诉状文牒、诉牒、辞状文书。甚至在同一句话中,可

---

① 商务印书馆,2012年。
② 《诉讼制度》,第18页。
③ 《诉讼制度》,第19页。
④ 《诉讼制度》,第20页。
⑤ 《诉讼制度》,第20页。

以前面称"诉牒"后面称"诉状"。① 此外还有"辞状文牒"②"诉牒辞状"③等说法。其中如"诉牒辞状"并列,作者写为"诉事人递交的诉牒辞状",则不知两者是一种文书,还是两种不同的文书。

这种混乱,实际也说明了诉讼文书在唐代称呼的不确定性,以及使用时的混淆。那么,到底唐代诉讼文书④在当时如何称呼? 它在实际使用时有无变化? 其格式究竟如何? 这就成了本文希望解决的问题。

二、唐代法典中的称呼

首先我们要看看唐代法典中对诉讼文书有怎样的称呼。《诉讼制度》引用了唐代法典中的一些条文,⑤但论述的重点不在对诉讼文书的称呼上,即没有明确指出法典对诉讼文书的具体称呼。现在让我们再重新梳理一下唐代法典的相关条文。

1. 复原唐《狱官令》35 条前半:

> 诸告言人罪,非谋叛以上者,皆令三审。应受辞牒官司并具晓示虚得反坐之状。每审皆别日受辞。(若使人在路,不得留待别日受辞者,听当日三审。)官人于审后判记,审讫,然后付司。

按:此条唐令是根据《唐六典》卷六《刑部郎中员外郎》条、《通典》卷一六五《刑法》三《刑制》下,以及《天圣令》宋 29 条等复原而成。⑥ 令文中称诉讼文书为"辞牒";称接受诉讼文书为"受辞"或"受辞牒"。

2. 唐《斗讼律》"告人罪须明注年月"条(总第 355 条):

> 诸告人罪,皆须明注年月,指陈实事,不得称疑。违者,笞五十。官

---

① 《诉讼制度》,第 21 页第 2—3 行。

② 《诉讼制度》,第 25 页。

③ 《诉讼制度》,第 33 页。

④ 本文一般称其为"诉讼文书",具体行文时,依据文书在当时的不同称呼,分别称其为"辞""牒""状"或"诉辞""诉牒""诉状"。

⑤ 《诉讼制度》,第 19—20、29 页。

⑥ 复原令文及依据,见天一阁博物馆、中国社会科学院历史研究所天圣令整理课题组《天一阁藏明抄本天圣令校证(附唐令复原研究)》,中华书局,2006 年,第 624 页。《狱官令》的复原由雷闻撰写。

司受而为理者,减所告罪一等。即被杀、被盗及水火损败者,亦不得称疑,虽虚,皆不反坐。其军府之官,不得辄受告事辞牒。

疏议曰:告人罪,皆注前人犯罪年月,指陈所犯实状,不得称疑。"违者,笞五十",但违一事,即笞五十,谓牒未入司,即得此罪。官司若受疑辞为推,并准所告之状,减罪一等,即以受辞者为首,若告死罪,流三千里;告流,处徒三年之类。……"其军府之官",亦谓诸卫及折冲府等,不得辄受告事辞牒。①

按:此条律文称诉讼文书为"辞牒"或"告事辞牒"。接受诉讼文书者为"受辞者"。诉讼文书不实,为"疑辞"。又称呈递"入司"的文书为"牒"。另外要注意:疏议中所谓"准所告之状"中的"状",指"实状"(律文称"实事")即情况、事状,而非文书形式之"书状"之义。

3. 唐《斗讼律》"为人作辞牒加状"条(总 356 条):

诸为人作辞牒,加增其状,不如所告者,笞五十;若加增罪重,减诬告一等。

疏议曰:为人雇倩作辞牒,加增告状者,笞五十。若加增其状,得罪重于笞五十者,"减诬告罪一等",假有前人合徒一年,为人作辞牒增状至徒一年半,便是剩诬半年,减诬告一等,合杖九十之类。②

按:此条律文亦称诉讼文书为"辞牒",可以雇人书写。如果在辞牒中增加所告罪状,要笞五十。律文中的"状"是"情状""罪状"之意,也不是文书形式之"状"。

以上是法典中关于诉讼文书最基本的条文,从中可知,在唐代法典中,对诉讼文书最正规最严谨的称呼,应该是"辞牒"。从其中"受辞""受疑辞"看,又以"辞"为诉讼文书的大宗,其次为"牒"。

法典中也有"状",例如"辞状"③"告状"④等,但正如前面所说,这里的"状"都是情状、罪状,即文书内容或犯罪实情,还不是一种文书形式的意思。⑤

---

① 《唐律疏议》卷二四,中华书局,1983 年,第 444 页。
② 《唐律疏议》卷二四,第 444 页。
③ 《唐律疏议》卷二九《断狱》"死罪囚辞穷竟雇倩人杀"条(总 471 条),第 547 页。
④ 《唐律疏议》卷二九《断狱》"依告状鞫狱"条(总 480 条),第 555 页。
⑤ 参钱大群《唐律疏义新注》,南京师范大学出版社,2007 年,第 960、975 页。

三、吐鲁番出土文书中所见唐代
诉讼文书中的《辞》

《诉讼制度》重视敦煌、吐鲁番文书中保存的诉讼资料,在"出土文书所见唐代诉牒之格式规范"一节中收录了诉讼文书(书中称"诉牒")23 件,为我们研究诉讼文书提供了一定的帮助。① 但是作者没有区分"辞"和"牒",使用了一些"状",未能讲清它们之间的关系,也没有复原出"辞"和"牒"的格式。凡此种种,都有重新研究的必要。

关于"辞"和"牒"的区别,是研究唐代文书制度者的常识,但相关资料其实有些差异。常引的是《旧唐书·职官志》所云:"凡下之所以达上,其制亦有六,曰表、状、笺、启、辞、牒(表上于天子。其近臣亦为状。笺、启上皇太子,然于其长亦为之。非公文所施,有品已上公文,皆曰牒。庶人言曰辞也。)"②这其中的"有品已上",《唐六典》作"九品已上"③,是史料的差异之一。此外,引文的注中说"非公文所施,有品已上公文,皆曰牒",文气不顺:既有"皆"字,当言"公文及非公文所施,皆曰牒"才对,否则"皆"字没有着落。《唐会要》没有"非公文所施"字样,作"下之达上有六(上天子曰表,其近臣亦为状。上皇太子曰笺、启。于其长上公文,皆曰牒。庶人之言曰辞)"④。到底哪种说法正确,现已无法判明,就"辞""牒"的区别而言,至少有两点可以肯定:第一,有品的官吏所上公文曰牒。第二,庶人之言曰辞。至于是"有品"还是"九品",从实际使用的例子看,似应以"有品"为是。如果上文推测的"皆"字与公文和非公文的联系有道理,则有品官吏所上公文及非公文皆曰牒。简单来说,在上行文书的使用上,品官(含职官、散官、勋官、卫官等)用"牒"、庶人用"辞"。这一区别也适用于诉讼文书场合。

关于吐鲁番文书中的"辞",中村裕一早在 20 世纪 90 年代就有过研究。他在《唐代公文书研究》第五章《吐鲁番出土の公式令规定文书》第二节《上

---

①　《诉讼制度》,第 21—24 页。
②　《旧唐书》卷四三《职官志》,中华书局,1975 年,第 1817 页。
③　《唐六典》卷一《三师三公尚书都省》,中华书局,1992 年,第 11 页。不过此中华书局的点校本,据《旧唐书》《唐会要》等作了一些校订,非本来面貌,使用时需要注意。
④　《唐会要》卷二六《笺表例》,中华书局,1990 年,第 504 页。引用时标点有所变动。

行文书》第四小节《辞》中指出：辞式文书是庶民向官府申请时用的文书，实例只存在于吐鲁番文书中，应该为《公式令》所规定。《辞》在北朝已经存在，传到高昌成了高昌国的《辞》，也为唐代所继承。唐代《辞》与高昌国《辞》的区别是后者没有写明受辞的机构。《辞》的文书样式是：开头写"年月日姓名辞"，结尾写"谨辞"。书中列举了六件唐代《辞》的录文。[①]

中村裕一的研究已经涉及唐代《辞》的主要方面。本文要补充的，其一，是将《辞》的格式更完备地表示出来。其二，补充一些《辞》的文书，并作简单分析。最后，总结一下《辞》的特点，以便与作为诉讼文书的《牒》进行比较。

完整的诉讼文书的《辞》，应该具备以下格式：

年月日(籍贯身份)姓名　辞

标的(即所诉人或物)

受诉机构(一般为：县司、州司、府司、营司等)：所诉内容。

结尾——谨以辞(或咨、状)陈，请裁(或请……勘当；请……)。谨辞。

(实用诉讼文书，后面附有判词)

吐鲁番文书中的《辞》，仅就《吐鲁番出土文书》一至十册[②]统计，有近30件，若包括案卷中所引的《辞》，约有40件之多。以下举几个相对比较完整的例子。

例一　唐贞观廿二年(648)庭州人米巡职辞为请给公验事[③]

1 贞观 廿 二 [　　　　]庭州人米巡职辞：

2　米巡职年叁拾　奴哥多弥施年拾伍

3　婢娑匐年拾贰　驼壹头黄铁勒敦捌岁

4　羊拾伍口

5 州司：巡职今将上件奴婢、驼等，望于西

6 州市易。恐所在烽塞，不练来由，请乞

7 公验。请裁。谨辞。

8　　巡职庭州根民，任往

① 中村裕一：《唐代公文书研究》，汲古书院，1996年，第191—196页。

② 国家文物局古文献研究室、新疆维吾尔自治区博物馆、武汉大学历史系编：《吐鲁番出土文书》第一册至第十册，文物出版社，1981—1991年。

③ 《吐鲁番出土文书》第七册，第8—9页。前引中村裕一《唐代公文书研究》中亦有引用。

9　　西州市易，所在烽

10　　塞勘放。　　怀信白。

11　　　　　廿一日

此件《辞》严格说不是诉讼文书，而是申请书。是米巡职向庭州提出的申请，目的是希望发给他公验，好去西州贸易。处理此件《辞》即写判词的"怀信"，应该是庭州的户曹参军事。① 此件《辞》的申请人，应该是一般的庭州百姓。

例二　唐永徽三年(652)士海辞为所给田被里正杜琴护独自耕种事②

1□徽三年[　　　　　　　　　　]海辞

2　　口分 常 [

3县司：士海蒙给田，已 [　　] 贰 载 未得田地。

4今始闻田共同城人里正杜琴护连风(封)。其地，琴护

5独自耕种将去，不与士海一步。谨以咨陈讫。

6谨请勘当，谨辞。

此件《辞》是某士海上诉至县里，说本应给自己的田地被里正耕种，请县里核查处理。"某士海"应该是一般百姓。

例三　唐麟德二年(665)牛定相辞为请勘不还地子事③

1麟德二年十二月　日，武城乡牛定相辞：

2　　宁昌乡樊輂堆父死退田一亩

3县司：定相给得前件人口分部一亩，径(经)今五年

4有余，从嗦(索)地子，延引不还。请付宁昌乡本

5里追身，勘当不还地子所由。谨辞。

6　　　付坊追輂堆过县

7　　　对当。果　示

8　　　　　　十九日

此件《辞》是牛定相上诉县里，要求调查樊輂堆五年不还他地子的原因。县

---

① 比照西州处理申请过所事务，在此处写判词的即户曹参军事，如梁元璟。参李方《唐西州官吏编年考证》，中国人民大学出版社，2010年，第118—119页。

② 《吐鲁番出土文书》第七册，第23页。

③ 《吐鲁番出土文书》第五册，第92页。中村裕一《唐代公文书研究》已引。

里接到《辞》并审理后，县令或县丞某"果"①下判词，命令坊正带樊董堌到县里接受询问并与牛定相对质。② 以此件《辞》来上诉的牛定相，应是一般百姓。

例四　唐总章元年(668)西州高昌县左憧憙辞为租佃葡萄园事③

1 总章元年七月　 日高昌 县左 憧憙 辞

2 　张渠蒲桃一所(旧主赵回□)

3 县司：憧憙先租佃上□桃，今[

4 恐屯桃人并比邻不委， 谨以 辞 陈 ，[

5 公验，谨辞。

此件《辞》是左憧憙上诉县司，就一所葡萄园的租佃纠纷，请县里出示公证(公验)。上诉者应是一般百姓。

例五　唐仪凤二年(677)西州高昌县宁昌乡卜老师辞为诉男及男妻不养赡事④

1 　仪凤二年四月　 日宁昌乡人卜老师辞

2 　　男石德妻汉姜

3 　　　 老 师上件男妻，从娶已来，经今一十

4 　　　 咸 亨二年，其男及妻遂即私出在

5 　　　 两眼俱盲，妻 服

6 　　　 不应当。既是儿妻　　　　　 却

7 　　　 不取言教所由，谨辞。

此件《辞》残缺较多，在第 3 行开头，应有"县司"字样。《辞》的内容是卜老师诉其儿子并儿媳私自出走，不赡养自己。咸亨二年是公元 671 年，即儿子夫妇出走已经 6 年了。上诉人卜老师应是普通百姓。

---

① "果"为县令或县丞，参前引李方《唐西州官吏编年考证》，第 177—178 页。

② 关于本件文书的性质，参陈国灿《唐代的"地子"》，见《唐代的经济社会》，文津出版社，1999 年，第 156—157 页。

③ 《吐鲁番出土文书》第六册，第 426 页。

④ 《吐鲁番出土文书》第七册，第 528 页。

例六　唐永隆二年(681)卫士索天住辞为兄被高昌县点充差行事①

1 永隆二年正月　　日校尉裴达团卫士索天住辞

2　　兄智德

3 府司：天住前件兄今高昌县点充

4 行讫,恐县司不委,请牒县知,谨辞。

5　　　　　　付司　伏生示

6　　　　　　　　　六日

7　　　　　正月六日　　毕

8　　　　　司马　　　皃?②

9　　　　　差兵先取军人

10　　　　君柱等,此以差

11　　　　行讫。准状别牒高

12　　　　昌、交河两县,其

13　　　　人等白丁兄弟,请

14　　　　不差行。吴石仁

15　　　　此以差行讫,牒

16　　　　前庭府准状,

17　　　　余准前勘。待

18　　　　举　　示

19　　　　　　六日

20　　　　依判。伏生 示

21　　　　　　六日

此件《辞》是军府(前庭府?)卫士索天住上诉至西州都督府③的诉《辞》,说自己的兄弟索智德已被点充府兵,请都督府牒下高昌县告知。上诉人是府兵的卫士。写"付司"的"伏生"是西州都督。④　前引唐《狱官令》云："官人于审

① 《吐鲁番出土文书》第六册,第559页。前引中村裕一《唐代公文书研究》中亦有部分引用。

② 此署名为草书,不识为何字,因而也无法用标准正字写定。

③ 西州设有前庭、岸头、蒲昌、天山四个军府,完全听命于西州都督府。参陈国灿、刘永增编《日本宁乐美术馆藏吐鲁番文书》,文物出版社,1997年,第10—11页。

④ 前引李方《唐西州官吏编年考证》,第8—9页。

后判记,审讫,然后付司。"此件文书的处理则是先"付司",通判官给出意见后,长官批示"依判"。给出具体意见的通判官"待举"是西州长史。① 当然,所判意见针对的其他几件诉《辞》,因文书残缺而不为我们所知了。

例七　唐景龙三年(709)严令子妻阿白辞②

27 景□三年十二月　　日宁昌乡人严令子妻白辞

28　夫堂弟住君

29 县司:阿白夫共上件堂弟同籍,各自别居。一

30 户总有四丁,三房别坐。籍下见授常田十

31 亩已上。除夫堂兄和德为是卫士,取四亩分

32 外,余残各合均收。乃被前件夫堂弟见

33 阿白夫并小郎等二人逃走不在,独取四亩,

34 唯与阿白二亩充二丁分。每年被征阿白

35 两丁分租庸,极理辛苦,请乞处分,谨辞。

此件《辞》是《高昌县处分田亩案卷》的一部分。③ 案卷有"高昌县之印"数方,因此本件《辞》应是诉讼文书的原件。文书内容是严令子妻阿白诉丈夫的堂弟严住君多占了她的地,每年还要交二个丁男(此二丁男已经逃走)的租庸,请县里处分。从后面的案卷看,县里接到诉《辞》后命坊正带严住君来县里询问。严住君用《辩》作了回答,说自己没有多占,阿白所少的地,是北庭府史匡君感花了一千文钱从阿白手中买来的,有保人作证。由于文书后残,最后如何判决我们不能详知。此件《辞》的上诉人阿白,应该是一般百姓。若与此《辞》前面残存的另一件董毳头《辞》对比来看,笔迹完全不同,知是本人所写,当然也可能是雇人所写,总之,不是由官府命人统一誊清的。

例八　唐景龙三年(709)张智礼辞④

104 景龙三年十二月　　日宁昌乡人张智礼辞

105 县司:智礼欠口分常田四亩,部田六亩,未□

① 前引李方《唐西州官吏编年考证》,第35—38页。
② 《吐鲁番出土文书》第七册,第508—509页。前引中村裕一《唐代公文书研究》亦曾引用。
③ 案卷全部残存177行,见《吐鲁番出土文书》第七册,第506—523页。
④ 《吐鲁番出土文书》第七册,第516页。

106 给授。然智礼寄住南城，请勘责 ☐☐☐☐☐

107 于天山县宽☐请授。谨辞。

108 　　☐付☐　司　虔☐　☐

此件《辞》亦为上述案卷中的一件。内容是张智礼向县里申请，请于宽乡天山县补足所欠口分常田和部田。《辞》中没有"标的"，是因为申请人无法指定该得的田地的位置。下令"付司"的"虔☐"，是高昌县令。[①] 张智礼应是普通百姓。

例九　唐开元三年(715)交河县安乐城万寿果母姜辞[②]

1　开元三年八月日交河县安乐

2　城百姓万寿果母 姜 辞 ：县司：

3　阿姜女尼普敬，谷☐山人年卅三，

4　不用小法(注?)。请裁。辞。

此件《辞》的笔迹极拙劣，可能是拟的草稿，因此"县司"没有另抬头，不符合《辞》的一般格式。"请裁"后面也缺了"谨"字。《辞》的内容不明，上诉人阿姜是个"百姓"。

例十　唐宝应元年(762)百姓曹没冒辞为康失芬行车伤人事[③]

8　元年建未月　日，百姓曹没冒辞。

9　　女想子八岁

10 县司：没冒前件女在张游鹤店门前坐，乃

11 被行客靳嗔奴扶车人，将车辗损，腰骨

12 损折，恐性命不存，请乞处分。谨辞。

13 　　　付本案 铮

14 　　示

此件《辞》是《康失芬行车伤人案卷》中的一件，内容是曹没冒向县里起诉康

---

① 前引李方《唐西州官吏编年考证》，第 194—195 页。其实署名之"虔☐"无法识读，更无法用标准正字写定，有的录文即录为"管皇"。

② 《吐鲁番出土文书》第八册，第 73 页，录文标点略有改动。前引中村裕一《唐代公文书研究》亦曾引用。

③ 《吐鲁番出土文书》第九册，第 129 页。

失芬驾车将其女儿撞伤一事。县里接到诉《辞》后,命将肇事人带到县里询问,最后判决是"放出勒保辜,仍随牙"①。上诉人是天山县百姓,"铮"是天山县令。② 本件《辞》的字迹朴拙,与前后所存《牒》《辩》不同,应是本人书写。

通过以上十例我们可以看出,使用《辞》来上诉或申请的人,基本是百姓(内有妇女二人,即严令子妻阿白和万寿果母阿姜)和卫士。检查其他残存的《辞》,则使用者还有僧人、里正、健儿、兴胡③等,都是没有官品的"庶人"。

从内容看,十件中多与田亩纠纷有关(五件),其他四件分别为差兵役、行车撞人、赡养纠纷、请公验,余一件内容不明。查阅其他残存的《辞》,所诉内容还包括因病请白丁充侍、请从兄男充继子、举取练绢纠纷、番期舛误、勘查鞍具并辔、受雇上烽、租佃纠纷、因病不堪行军、赔死马并呈印、查找失踪兄弟、请颁发市券、请改给过所④等,其中有些不是诉讼,只是申请,可见《辞》是一种用途广泛的私人上行文书,其中诉讼用者可称为诉《辞》,申请用者可称为申《辞》。

从格式看,其最重要的特征是:第一,"年月日姓名 辞"置于《辞》的首行,这与下面要说的《牒》以及《辩》⑤不同。第二,姓名前要写明籍贯如某乡人或身份如百姓、卫士等。这与《辩》明显不同。后者不必写籍贯身份(保辩除外)但一定要写年龄。这可能是因为《辞》是最初的法律文件,看重的是身份;《辩》是面对官府询问的回答,身份已知,故需强调未知的年龄。第三,一定要有受理机构如县司等,这与下面要说的《牒》不同。第四,最后以"谨辞"结尾。区别《辞》《牒》的重要标识,即一为"谨辞"结尾,一为"谨牒"或"牒"结尾。

---

① 案卷共 60 行,研究者众多,可参看刘俊文《敦煌吐鲁番唐代法制文书考释》,中华书局,1989年,第 566—574 页。

② 参前引李方《唐西州官吏编年考证》,第 213—215 页。

③ 分别见《吐鲁番出土文书》第四册,第 46、244 页;第八册,第 91 页;第九册,第 27 页。其中"里正"的《辞》是一个极残的残卷,详情不明。若参下节,里正也可使用《牒》。或许里正用《牒》是比较规范的。

④ 分别见《吐鲁番出土文书》第六册,第 197、203—204、470—471 页;第七册,第 42—43、78、111、330、358、394—395 页;第八册,第 91、385—387 页;第九册,第 27、35 页。

⑤ 关于《辩》,参见拙作《唐代法律用语中的"款"和"辩"——以〈天圣令〉与吐鲁番出土文书为中心》,载《文史》2013 年第 1 辑(已收入本书)。《辩》虽然也将答辩者置于首行,但年月日则放在文书末尾。

至于为何《辞》要将年月日姓名置于首行,而《牒》则否,目前还不能很好解释。我的初步想法是:诉讼文书中,诉讼人非常重要,须承担真实起诉、诉辞真实的责任,必须首先让官府知道,因此列在首行。宋元以后的诉讼文书,首列告状人,①也是这个道理。而《牒》,演化自官文书的《牒》但省略了收发信机构,造成首行无发信人即诉讼人的状况。也正因如此,《辞》的形式为以后的诉讼文书所继承,而《牒》的形式则被此后的诉讼文书淘汰了。

四、吐鲁番出土文书中所见唐代
诉讼文书中的《牒》

如上节所说,唐代诉讼文书最基本的形式是"辞牒"。《辞》是一般庶人所用,《牒》则为"有品已上"者使用。

关于《牒》,相关研究甚多。国内方面,卢向前《牒式及其处理程序的探讨——唐公式文研究》是比较早的综合研究。② 文中将牒式文书分为平行型、补牒型、牒上型和牒下型四种,特别强调主典之"牒","仅仅是'判案'环节中的一个组成部分,必须把它和原始的牒文区分开来,当然也不妨仍然称它为牒"③。这后一个结论很重要,日本学者的意见即与此不同。日本方面,前引中村裕一《唐代公文书研究》在前人研究的基础上,专设一节研究《敦煌发见の公式令规定文书》之《牒》,认为敦煌文献中最多的公文书是牒式文书;牒和状一样,是公私均广泛使用的文书;并复原了祠部牒的样式、列举了一件首尾完整的敦煌县向括逃御史上的牒。④ 中村又在《吐鲁番出土の公式令规定文书》之《牒》中指出有品者对官府使用的文书称《牒》;吐鲁番出土的牒式文书数量很多;并列举了五个例子。文中着力分析了"谨牒"和"故牒"的区别,但没有区分不同样式的《牒》,所举 5 例中大部分属于公文书。⑤ 最

---

① 例如南宋李元弼《作邑自箴》所列"状式",就是如此。见《四部丛刊续编》本,上海古籍出版社,1984 年(据商务印书馆 1934 年版重印),第 40 叶 B—41 叶 A。

② 原载《敦煌吐鲁番文献研究论集》第三辑,北京大学出版社,1986 年,后收入《唐代政治经济史综论》,商务印书馆,2012 年,第 307—363 页。以下引用即出自该书。

③ 前引卢向前《唐代政治经济史综论》,第 363 页。

④ 前引中村裕一《唐代公文书研究》,第 107—115 页。

⑤ 中村裕一:《唐代公文书研究》,第 186—190 页。

近,赤木崇敏发表了《唐代前半期的地方公文体制——以吐鲁番文书为中心》①的长文,文中将牒式文书分为两类:牒式 A 与牒式 B,并认为前述卢向前所说的一类牒实为《状》(详后)。他所归纳的两类牒式的格式如下:

> 牒式 A
> 发件单位　　件名(为……事)
> 收件单位　(正文)……牒至准状(式)。故牒(或谨牒)。
> 　　　　　　年月日
> 　　　　　　府
> 某曹参军事
> 　　　　　　史
> 牒式 B
> 发件单位　　牒　收件单位
> 　　件　名
> 牒……(正文)……谨牒
> 　　　　年月日　发件者　　牒

以上列举的中外学者的研究,大多集中在公文书的《牒》的研究上,对于私文书的《牒》,特别是用作诉讼文书的《牒》着力不多。本文即在以上研究的基础上,着重探讨一下诉讼文书的《牒》的格式、使用者,及其内容。吐鲁番文书中确实有很多《牒》,但如果我们接受赤木崇敏的意见,其中有许多就不是《牒》而是《状》了。这一问题我们下节讨论,这里仅列举比较典型的《牒》。

首先要指出的是,作为诉讼文书的《牒》的格式,与赤木所说的牒式 B 很近似,但由于是私人用文书,所以没有所谓"发件单位"与"收件单位"。没有"发件单位"很好理解,因为是私人行为;但没有"收件单位"即没有如《辞》中所列的"县司"等受理机构,就不太好理解了。

与《辞》一样,我们先将完整的诉讼文书的《牒》的格式整理如下:

标的(所诉人或物)
牒:所诉内容。

---

① 原载《史学杂志》第 117 编第 11 号(2008 年),修改后收入邓小南、曹家齐、平田茂树主编《文书・政令・信息沟通:以唐宋时期为主》,北京大学出版社,2012 年,第 119—165 页。

结尾——谨以牒陈,请裁(或"请乞判命""请追勘当""请处分"等),谨牒。

　　年月日　　籍贯身份姓名　　牒

　　例一　唐永徽元年(650)严慈仁牒为转租田亩请给公文事①

1　　常田四亩　东渠

2 牒:慈仁家贫,先来乏短,一身独立,

3 更无弟兄,唯租上件田,得子已供喉命。

4 今春三月,粮食交无,逐(遂)将此田租与安横

5 延,立卷(券)六年,作练八匹。田既出赁,前人从

6 索公文。既无力自耕,不可停田受饿。谨以

7 牒陈,请裁。谨□

8　　　　　永徽元年九月廿　日云骑尉严慈仁

此件《牒》是上诉人严慈仁为将租来的田转租给安横延,而安横延要求出具公文,因此申请发给公文。严慈仁为云骑尉,是正七品上的勋官,所以用《牒》不用《辞》。请注意,此件《牒》即没有写受理机构,其年月日和姓名置于最末行。

　　例二　唐开耀二年(682)宁戎驿长康才艺牒为请处分欠番驿丁事②

1 ┌─────┐ 秃双　龙定□　赵顒洛　宋弘义

2　丁顒德　左辰欢　翟安住　令狐呼末　泛朱渠

3　龙安师　竹士隆

4 牒:才艺从去年正月一日,至其年七月以前,每番

5 各欠五人,于州陈诉。为上件人等并是阙官白

6 直,符下配充驿丁填数,准计人别三番合上。其

7 人等准两番上讫,欠一番未上,请追处分。谨牒。

8　　　　　　开耀二年二月　日宁戎驿长康才艺牒

此为康才艺"于州陈诉"的《牒》,内容是汇报应该上三番的驿丁,只上了两

① 《吐鲁番出土文书》第六册,第223页。前引中村裕一《唐代公文书研究》亦有引用。

② 《吐鲁番出土文书》第六册,第570页。

番,请处分。"驿长"在唐代没有品级,但属于可免课役的、有一定权力的职役(或称色役)。或许这样身份的上诉人也用《牒》。当然还有一种可能,即此《牒》属于一件公文书,是官府(驿)上于官府(州)的《牒》。

例三　唐□伏威牒为请勘问前送帛练使男事[1]

1　　　前送帛练使王伯岁男
2　□伏威曹主并家口向城东园内就凉。
3　□□午时,有上件人于水窗下窥 头　看
4　□□遣人借问,其人遂即跰口,极无
5　上下,请勘当。谨牒。
6　　　　　　　　　　　　　　　　　伏威牒

此《牒》某伏威上诉,说王伯岁的儿子偷看他们全家乘凉。从"水窗"字样看,他们全家可能在沐浴(洗凉水澡)。由于王伯岁的儿子是官员子弟,因此提起上诉。由于文书残缺,不知上牒的年月以及"某伏威"的身份。文书2行言其为"曹主",但唐代并无"曹主"这一职官,推测是某种低级官吏的俗称。[2] 无论如何,他应是官吏,所以使用了《牒》。

例四　武周载初元年(689)史玄政牒为请处分替纳逋悬事[3]

1 令狐隆贞欠垂拱四年逋县米三斗三升二合
2 　青科(稞)七斗二升　粟一石四斗
3 牒:玄政今年春始佃上件人分地二亩半,去
4 年田地乃是索拾拾[4]力佃食,地子见在
5 拾力腹内。隆贞去年五月身死,地[5]亦无人受
6 领。昨被里正成忠追征,遣替纳逋悬,又不追
7 寻拾力。今年依田忽有科税,不敢词诉,望

---

[1] 《吐鲁番出土文书》第七册,第110页。
[2] 据《资治通鉴》卷一八三隋炀帝大业十二年(616)十月条,称"狱吏"为"曹主"。中华书局,1976年,第5707页。
[3] 《吐鲁番出土文书》第七册,第410—411页。其中武周新字改为通用字。
[4] 原注:索拾拾力:其中有一"拾"字当衍。
[5] 若参另一件同样内容的《牒》的草稿,"地"后面漏了"子"字。因此无人受领的不是"地"而是"地子"。见同书第412页。

8 请追征去年佃人代纳。请裁。谨牒。

此《牒》是史玄政说自己租的地，欠了去年的"地子"，而所欠"地子"应由去年租此地的索拾力交纳。史玄政是里正，①曾署名为"前官"②。由于未见他曾担任其他职官的记录，因此或许这里的"前官"即指里正，也就是说，当地人将"里正"视为"官"。无论如何，史玄政与一般庶人不同，上诉使用了《牒》。文书最后没有年月日和署名，不知是否因阙文之故。

例五　武周久视二年(701)沙州敦煌县悬泉乡上柱国康万善牒为以男代赴役事③

1 牒：万善今简充马军，拟迎送使。万

2 善为先带患，瘦弱不胜驱使，又复

3 年老，今有男处琮，少年壮仕，又便弓

4 马，望将替。处今随牒过，请裁。谨牒。

5　　　　久视二年二月　日悬泉乡上柱国康万善牒

6　　　　付　司

（后缺）

此件《牒》出自敦煌，内容是康万善因年老患病，申请由其子替他充任马军。可能因为是上诉人诉自己的事，所以前面没有标的(也可能前面有缺文)。康万善是上柱国，正二品勋官，所以使用了《牒》。从其籍贯只署"悬泉乡"看，上诉所至机构应该是县一级。

例六　唐景龙三年(709)品子张大敏牒④

82　一段二亩永业部田城东五里左部渠东张陀　西渠　□□　北渠

83　一段一亩永业部田城东五里左部渠东荒　西渠　南渠　北荒

84 牒：上件地承籍多年，不生苗子，虚挂

85 籍书，望请退入还公，并于好处受地。谨牒。

86　　　　景龙三年十二月　日宁昌乡品子张大敏

---

①　参前引李方《唐西州官吏编年考证》，第323—326页。

②　《唐西州官吏编年考证》，第449页，时间是武周圣历元年(698)。

③　《吐鲁番出土文书》第七册，第230页。武周新字改为通用字。

④　《吐鲁番出土文书》第七册，第514—515页。

```
87          付  司  虔□  示
88                        廿五日
89      十二月廿五日录事 赵    □
```

此件《牒》与上节《辞》中的例七、例八同属《高昌县处分田亩案卷》，是其中的一件原件。《牒》的内容是申请退还"不生苗子"的劣地，要求授予好地。申诉人张大敏是品子，虽非官吏，但也不同于一般庶人，因此使用的是《牒》而非《辞》。

例七　唐开元二十年（732）瓜州都督府给西州百姓游击将军石染典过所①

```
15      作人康禄山  石怒怼  家生奴移多地
16      驴拾头沙州市勘同，市令张休。
17 牒：染典先蒙瓜州给过所，今至此市易
18 事了，欲往伊州市易。路由恐所在守捉不
19 练行由。谨连来文如前，请乞判命。谨牒。
20 印  开元廿年三月廿  日，西州百姓游击将军石染典牒。
21      任去。琛示。
22                  廿五日。
23 印
24 四月六日伊州刺史张宾  押过
```

此件《牒》连在瓜州所发过所后，是件原件，内容是石染典因要去伊州，请允许持此过所继续前往。20 行的印以及"琛 示"上的印均为"沙州之印"，23 行的印为"伊州之印"。因此此《牒》所上当为沙州，"琛"当为沙州刺史或都督，过所在伊州已经使用完毕。申请人石染典是游击将军，为从五品下武散官，所以使用的是《牒》，而同样申请过所的"甘州张掖县人薛光泚"用的就是《辞》。② 不过要注意的是，石染典虽是游击将军，但署名时仍称"百姓"，作"百姓游击将军"云云，故知当时署名为"某县某乡人"，一定是庶人；署名"百姓"则可能是庶人也可能有某种身份。

---

① 《吐鲁番出土文书》第九册，第 41—42 页。
② 《吐鲁番出土文书》第九册，第 35 页。

例八　唐开元二十二年(734)杨景璇牒为父赤亭镇将杨嘉麟职田
出租请给公验事①

1　_____镇押官行赤亭镇将杨嘉麟职田地七十六亩^{亩别粟六斗,计册五石六斗,草
一百五十二围。}

2　_____璇父上件职田,先租与蒲昌县百姓范小奴。其开廿
　　二年

3　_____付表兄尹德超。景璇今却赴安西,恐有□□

4　_____县分付并各给公验,庶后免有交错,谨牒。

5　_____开元廿二年七月　日,赤亭镇将男杨景
　　璇牒。

6　　　　　　付　司　宾　示

7　　　　　　　　廿七日

此《牒》是杨景璇因其父的职田先后租与多人,恐互有差错,申请县里提供公
证(公验)。其父杨嘉麟是镇押官,代行镇将事。镇将,若是下镇镇将的话,
是正七品下。杨景璇不知是否有品级,总之不是一般庶人,所以使用了
《牒》。下令“付司”的“宾”,据考证是张待宾,时为西州都督或刺史。② 如此,
则此《牒》虽向县申请给公验,但直接递到州里。或是因为“镇”直接由州(或
都督府)管辖。

例九　唐宝应元年(762)康失芬行车伤人案卷③

1　　　男金儿八岁

2 牒:拂郁上件男在张鹤店门前坐,乃被行客

3 靳嗔奴家生活人将车辗损,腰已下骨并碎破。

4 今见困重,恐性命不存,请处分。谨牒。

5　　　元年建未月　日　百姓史拂郁　牒。

6　　　追问铮示

7　　　　四日

此件《牒》与上节《辞》例十,同属《康失芬行车伤人案卷》,内容也是起诉靳嗔

---

① 《吐鲁番出土文书》第九册,第 101 页。
② 前引李方《唐西州官吏编年考证》,第 19—20 页。
③ 《吐鲁番出土文书》第九册,第 128 页。

奴家人行车将自己的孩子撞伤。虽然两件诉讼文书起诉内容相同，但前例用的是《辞》，本例用的是《牒》，原因不明。两个起诉人署名都是"百姓"，或许本件"百姓史拂郁"与《牒》例七之"百姓游击将军石染典"类似，虽名"百姓"实际是一个有品级或有身份的前任官吏。

　　例十　唐大历三年(768)曹忠敏牒为请免差充子弟事①
1　　　　　　　手无 四 指

2 牒：忠敏身是残疾，复年老，今被乡司不委，差充子弟，

3 渠水窄，经今一年已上，寸步不得东西，

4 贫下交不支济，伏望商量处分。谨牒。　得得得

5 得得贫贫　　　贫　是大历收谨谨

6　　　　　　　大历三年正月　　　日百姓曹忠敏牒

此《牒》是曹忠敏因残疾(手无四指)，加上年老，申请免去差充子弟。申诉人身份为"百姓"，但使用了《牒》。或许到唐后期，《辞》的使用减少，《牒》的使用增多了、泛化了。

　　以上与《辞》相仿，也举了十个例子。从这十个例子看，使用《牒》作为诉讼或申请文书的有云骑尉、驿长、曹主、里正、上柱国、品子、游击将军、镇将男等，均非一般庶人(白丁)。从残存的其他《牒》看，还有前仓督、别将赏绯鱼袋、前镇副、流外②等。开元以后，一些"百姓"也开始使用《牒》如例九、十。还有"百姓尼"③。这些"百姓"使用《牒》，或者是因为他们另有如"游击将军"等身份，或者是因为开元以后《牒》的使用泛化造成的。

　　从内容看，以上十例涉及田亩租赁、违番欠番(这个可能是官方行为)、偷看就凉、兵役替代、田租(地子)纠纷、田亩授受、职田租赁、驾车伤人、申请免役、请给过所等，从其他《牒》的例子看，还有买马付主、请给市券、患病归贯、异地请禄、申请墓夫④等。这些内容主要是民事纠纷而无刑事诉讼。为何没有刑事诉讼文书的《牒》(以及《辞》)留存呢？这是个需要继续研究的

---

① 《吐鲁番出土文书》第九册，第158页。其中第4行三"得"字与第5行，是后人戏书，与本件内容无关(参原注)。

② 分别见《吐鲁番出土文书》第七册，第57页；第九册，第32、56、135页。

③ 《吐鲁番出土文书》第十册，第8页。

④ 分别见《吐鲁番出土文书》第七册，第26页；第九册，第29、52、135页；第十册，第8页。

问题。

从格式看,《牒》与《辞》的不同是：第一,申诉人的籍贯身份姓名及年月日置于末行。第二,起首写"牒"字,但并无受理机构如县司、州司等。第三,结尾写"谨牒"。为何有这种不同,也是应该继续研究的重要问题。

《牒》中间还有一大类,其特点是以"牒,件状如前,谨牒"结束。赤木崇敏等一些学者认为这种格式的《牒》实为《状》。我们将其与《状》一并讨论。

五、吐鲁番出土文书中所见唐代诉讼文书中的《状》

《状》在诉讼文书中占有重要位置,所谓"诉状""告状"等,都与《状》有直接关系。但是如前所述,《状》又并非法典规定的诉讼文书名称,因此,《状》在唐代究竟有何意义,它与《辞》《牒》的关系如何,它是一种独立的诉讼文书吗,就成了很难回答的问题。下面我们就尝试着对这一问题进行一点初步探讨。

关于《状》的研究更多。这不仅是因为它是唐代使用广泛的官文书,而且与书仪相关,又是使用广泛的上奏和书信文书。中村裕一在前引《唐代公文书研究》第三章《敦煌发见の公式令规定文书》第二节《上行文书》第三小节《状》中,认为状与表类似,是个人书简之一,公私皆用,"对状的用途不可能予以定义"。文中列举了五代时的两个状,特别指出有的状是以"状上"起首,而以"牒"结句,即存在着以"牒"结句的状。他又指出,认为这些以"牒"结句的文书是"状",是后人的判断,后人的判断则未必正确。[①]作者又在第五章《吐鲁番出土の公式令规定文书》第二节《上行文书》第三小节《状》中认为在敦煌没有唐代的状的留存,但在吐鲁番文书中有。文中重申了写有"件状如前"的牒应是《状》,并指出：在上申文书中,何时使用状、何时使用牒,有无规律性,是今后应该探讨的问题。[②]

赤木崇敏继承了中村裕一的看法,以《石林燕语》为依据,明确指出写有

---

① 前引中村裕一《唐代公文书研究》,第 102—107 页。
② 前引中村裕一《唐代公文书研究》,第 183—185 页。

"牒，件状如前，谨牒"字样的文书是《状》，并给出了状式文书的样式：①

　　发件单位　　　状上　　收件单位
　　　件名
　　右……（正文）……谨（今）录状（以）上（言）。
　　牒，件状如前。谨牒。
　　　　　年月日　发件者　牒。

　　关于《状》的最新研究还有吴丽娱《试论"状"在唐朝中央行政体系中的应用与传递》(2008)。② 文章探讨的主要是作为公文书的奏状、申状在中央行政体系中的运用。作者又有《从敦煌吐鲁番文书看唐代地方机构行用的状》(2010)，③列举了众多例证，认为状和牒由于中转的原因产生混用，即用牒的方式将"状"的内容递交。到晚唐五代，虽不需递交而可以直接申上，但保留了"牒，件状如前，谨牒"的格式，它实际上是状。文章还以"县"的申状为例，给出了申状的标准格式。此文结论虽与赤木的文章略同，但精深过之，对其变化背后原因的探讨更是很有说服力。

　　不过吴丽娱文章(2010)虽然涉及个人用"状"，但与赤木崇敏文章一样，主要探讨的是地方机构行用的状，也没有专门研究诉讼文书。那么，作为私人诉讼用文书，有没有《状》呢？那些写有"牒，件状如前，谨牒"的诉讼文书是如吴丽娱或赤木崇敏所说那样的《状》吗？

　　首先要说明，在唐代法典中的"状"，如前所述，主要是"事状""情状""罪状"之意。所谓"具状申诉"④之中的"状"有些或应作此解。吐鲁番文书中的"状"有些或即此义。例如一件诉讼文书《辞》的模板：

　　7　请乞从兄男绍继辞　　县司：治但某维缘□□
　　8　今□不□　　　　　　　　　　年过耳顺，今既孤

---

① 前引赤木崇敏《唐代前半期的地方公文体制——以吐鲁番文书为中心》，《文书·政令·信息沟通：以唐宋时期为主》，第129—131页。
② 原载《文史》2008年第1辑，后收入前引《文书·政令·信息沟通：以唐宋时期为主》，第3—46页。
③ 《中华文史论丛》第2期，上海古籍出版社，2010年，第53—114页。
④ 见《唐律疏议》卷八《卫禁律》"私度及越度关条"（总82条），第173页。钱大群将此处的"具状"翻译为"呈状"，恐不确，参钱大群前引《唐律疏义新注》，第277页。

9 ⎡＿＿＿＿＿＿＿＿＿＿＿＿＿＿＿＿⎤独,扶养无人,求

10 侍他边,仍生进退。今有从兄男甲乙,性行淳和,为人

11 慈孝,以状咨陈,请乞绍继,孤贫得济,谨辞。

此处的"以状咨陈",在下面另一件《辞》的范本中,写作"以状具陈"①。两处"状"都是"事状""情状"之意。再一例:

《唐上元二年(675)府曹孝通牒为文峻赐勋事》②的最后三行为:

7 实给牒,任为公验者。今以状牒,牒至⎡

8 验。故牒。

9 勘同　福　　上元二年八月十五日府曹孝通牒

此件为《牒》无疑,且是下行的《牒》,所以用了"故牒"而非"谨牒"。其中的"状"也是"事状""情状",意思是"今以事状牒告与你,牒至后按照牒的内容行事"。

因此在唐前期,牒文中所谓"件状如前"中的"状"大致多为此意。"件状如前"与"件检如前""件勘如前""检案连如前"一样,③都是主管案件的官员处理完案件后,向上级汇报时使用的词句,"状"应该是动词。这其中"件"的含义,按照司马光《书仪》的解释,为"多件"的意思。他在列举"牒式"时说:"牒(云云,若前列数事,则云:牒件如前云云)谨牒。"④单独一件,就只说"状如前""检如前""勘如前",意思是"事状复述(或呈报)如前""翻检案卷(结果)如前""核查案件(结果)如前"等。举一个例子:

唐永淳元年(682)坊正赵思艺牒为堪当失盗事⑤

1 ⎡＿＿＿＿⎤坊

2 　麹仲行家婢僧香

3 　　右奉判付坊正赵艺专为勘当

4 　　者,准状就僧香家内捡,比邻全无

5 　　盗物踪迹。又问僧香口云:其铜钱、

———————————

① 分别见《吐鲁番出土文书》第六册,第203—204页。

② 《吐鲁番出土文书》第六册,第508页。

③ 例子甚多,不录。

④ 司马光《书仪》卷一,文渊阁《四库全书》影印本,上海古籍出版社,1987年,第142册,第461页。

⑤ 《吐鲁番出土文书》第七册,第76页。

6　　耳当(珰)等在厨下,帔(被)子在一无门房内

7　　坎上,并不觉被人盗将,亦不敢

8　　加诬比邻。请给公验,更自访觅

9　　者。今以状言。

10　□状如前。谨牒。

11　　　　永淳元年八月　日坊正赵思艺牒

第10行所缺的字应是"牒"。由于此《牒》只是一件事,所以不必说"牒,件状如前"而只要说"牒,状如前"即可。《牒》的内容是某坊正赵思艺接到上级要求(奉判)并按照其中内容(准状)核查僧香家被盗事,最后将调查后的事状言上,再写套话"牒,状如前,谨牒"。

此例当属官文书。从其他例子我们也可以看到,在出现"牒,件状如前,谨牒"(包括"牒,件检如前"等)字样的文书中,最后署名的必定是处理此案卷的官吏如府、史、典、录事等。从这个意义上说,我同意卢向前的意见,即这种类型的文书在唐前期是判案中的一个环节,虽与原始的《牒》不同,但还应该算是《牒》,而不是状(只有到了唐后期,这种《牒》才具有了《状》的性质,详下)。前述吴丽娱文(2010)认为前期存在一个用"牒"将"状"中转的过程,但是这件文书是坊正赵思艺自己上的牒,不存在中转问题,但仍使用了"状如前"的词句,可见这里的"状"当为动词。

需要强调指出的是,这种附有"牒,件状如前,谨牒"字样的《牒》,由于大多与处理案卷有关,属于公文书,因此实际上并不在我们探讨的诉讼文书的范围内。

不过,由于"状"除了"事状""情状""罪状"的含义外,它本身也是一种文书形式,因此出现在文书中的"状",渐渐与《辞》和《牒》有了某种程度的混淆。[①]《辞》和《牒》有时也被称为状。于是出现了"辞状"("右得上件□等辞状")[②]、"牒状"("右得上件牒状")[③]等称呼。到《宝应元年康失芬行车伤人案卷》中,如前所述,两个被撞伤的百姓,起诉书一个用的是《辞》一个用的是

---

①　关于与"牒"的混淆,前述吴丽娱文(2010)有很好的分析。但其原因,除因中转造成的混淆外,《牒》《状》本身性质的相近,恐怕也是一个原因。

②　《景龙三年高昌县处分田亩案卷》132行,《吐鲁番出土文书》第七册,第519页。

③　《开元年间高昌县状为送阙职草事》5行,《吐鲁番出土文书》第九册,第118页。

《牒》，但到官府询问当事人时，变成"问：得史拂郎等状称：上件儿女并在门前坐，乃被靳嗔奴扶车人辗损"云云，[①]《辞》和《牒》都成了《状》。可见这时，"状"的用法已经泛化，可以代指《辞》和《牒》了。

不仅如此，在一些"牒，件状如前"类《牒》文书中，逐渐在结尾出现了"请处分""请裁"等申请处分字样，甚至出现了"谨状""状上"。这就使这类《牒》超出了转述事状、汇报检案结果等事务的功能，标志着《状》作为一种相对独立的诉讼文书开始出现。

于是《牒》和《状》开始混淆。一件《天宝年间事目历》有如下记载："兵李惟贵状为患请□莫茱萸等药"，"兵袁昌运牒为患请药〔　　　〕"[②]。同样是兵，同样是因患病请药，一个用《牒》，一个用《状》，可见两者已经混淆不清了。

到唐晚期，随着这种个人使用的、写有"状上""请处分（请裁）"之类字样的《牒》文出现，《状》作为一种诉讼文书正式出现了。目前我们所能见到的此类《状》的实例，主要出现在敦煌。这是因为敦煌文书主要是唐后期五代的文书，而吐鲁番文书主要是唐代前期的文书。所以一般来说，吐鲁番文书中有《辞》而《状》少见，敦煌文书中无《辞》而有《状》。

这种主要出自敦煌的诉讼文书的《状》，其格式大致如下：

身份姓名　状

右(直接写所诉内容)。

结尾——伏请处分(或伏请判命处分、伏请公凭裁下处分)

牒，件状如前，谨牒。

年月日身份姓名　牒

举一个例子：

　　唐景福二年(893)九月卢忠达状[③]

　　1 百姓卢忠达　　状

　　2　　　右忠达本户于城东小第一渠地一段

---

① 《康失芬行车伤人案卷》18—19行，《吐鲁番出土文书》第九册，第130页。

② 《吐鲁番出土文书》第八册，第500页。

③ 唐耕耦、陆宏基编：《敦煌社会经济文献真迹释录》第二辑，全国图书馆文献缩微复制中心，1990年，第291页。《诉讼制度》已经引用。文书为伯二八二五号，上述作者的录文均有误，今对照图版重新誊录。

3　廿亩,今被押衙高再晟侵

4　劫将,不放取近,伏望

5　常侍仁恩照察,乞赐公凭。伏请

6　处分。

7 牒,件状如前,谨牒。

8　　景福二年九月　日押衙兼侍御史卢忠达　牒①

此件《状》的内容是诉田亩纠纷。申诉者是押衙兼侍御史。要注意,其身份虽是押衙,但仍自称"百姓"。这或可解释我们在《牒》一节中困惑的现象,即为何有的百姓使用了"有品"者才能使用的《牒》。现在看来,一些低级胥吏(估计是前任胥吏)自称为"百姓"的现象十分普遍。因此称"百姓"者中,有些实际是或曾经是官吏。

《敦煌社会经济文献真迹释录》中还收有多件此类诉讼文书的《状》,可参看。

从这类《状》的格式,可知有这样几个显著特点:1. 身份姓名既置于首行,又置于末行,即既同于《辞》又同于《牒》,是混合了辞牒的格式。2. 没有专门的"标的",而是直接叙述所诉事项,这实际是吸收了官文书处理案卷的《牒》的格式的结果。"牒,件状如前,谨牒"也说明了这一点。以上两点可证明诉讼文书的《状》是从《辞》《牒》发展而来的。3.《敦煌社会经济文献真迹释录》中所录的几件诉讼文书的《状》,都不是向某机构申诉,而是请求官员个人处分,如本件的"常侍",以及其他各件的"大夫阿郎""殿下""司空""仆射阿郎""司徒阿郎"等。② 因此颇怀疑这类《状》的格式是敦煌地区特有的。③

总之,唐末诉讼文书中的这种《状》,因带有"牒,件状如前,谨牒"字样,应该说属于诉讼文书的《状》的初步形成阶段,带有《辞》《牒》的浓厚色彩。而且,正像中村裕一所说,虽然这种文书因有"状"或"状上"等字样,因此我们称其为"状",但这是我们现在的称呼,也许当时人仍然称其为《牒》呢。

到宋代特别是南宋,诉讼文书的"状式"就没有了"牒,件状如前,谨牒"

---

① "牒"字基本不存,《真迹释录》录作"状",并无根据。按此类《状》的格式,应该是"牒"字。

② 参见前引《敦煌社会经济文献真迹释录》第二辑,第 288—295 页。

③ 前述吴丽娱文《从敦煌吐鲁番文书看唐代地方机构行用的状》(2010)认为这应来自中原,又认为这是不需向县而直接向节度使申诉造成的。第 98 页。

字样,但仍然前列告状人,后以"谨状"(或"具状上告某官,伏乞……")结束,年月日后复有告状人姓名并"状"字。① 元代黑水城文书中的诉讼文书,也是前写"告状人某某",后写"伏乞……",年月日后再写告状人姓名并"状"字。② 它们与唐代诉讼文书中《状》的继承关系是很明显的。

六、唐代史籍中关于诉讼文书的称呼

如上所述,从法典用语及出土文书的实例看,诉讼文书在唐代的称呼、形式、格式有多种,且互有交叉,复有演变。大致说来,正规的称呼应该是《辞》和《牒》,同时,其内容常被称为"状"并与实体的《状》逐渐混同,出现了"辞状""牒状"等称呼。到唐后半期,作为诉讼文书的《状》开始出现。此时的《状》带有鲜明的《辞》《牒》特点。

与以上状况相适应,在唐代史籍(法典之外)中,对诉讼文书的称呼也很不固定,大致说来,有以下称呼。③

1. 辞牒

"辞牒"在历代史籍中使用不多,主要即出现在南北朝至唐代。例如:

《文苑英华》卷三六一引杨夔《公狱辨》云:"缙绅先生牧于东郡,绳属吏有公于狱者。某适次于座,承间咨其所以为公之道。先生曰:吾每窥辞牒,意其曲直,指而付之,彼能立具牍,无不了吾意,亦可谓尽其公矣。"④杨夔不同意缙绅先生的说法,此当别论,其中提到的"辞牒",显然是诉讼文书。

《白居易集笺校》卷二二《和三月三十日四十韵》回忆他在苏杭当刺史时

---

① 参见前引《作邑自箴》卷八,第40—41叶。又南宋陈元靓《事林广记》卷之八《词状新式》记"写状法式"为:首行写"告状人　厶人",中写内容,后写"具状上告某官,伏乞……",末行写"年月日告状人　厶人　状"(长泽规矩也编:《和刻本类书集成》影印本,上海古籍出版社,1990年,第396页),反映了宋元时期的诉讼文书样式。

② 例如黑水城元代文书《失林婚书案文卷》中F116:W58号,其首行写"告状人阿兀",中写所告内容,然后写"具状上告　亦集乃路总管府,伏乞……",末写"至正二十二年十一月　告状",后缺,所缺文字当是"人阿兀　状",可参见F79:W41号文书,其末行为"大德六年十二月　日取状人杨宝　状"(李逸友编著:《黑城出土文书(汉文文书卷)》,科学出版社,1991年,第164、150页)。这一诉讼文书样式与前引《事林广记》所列"词状新式"相同。

③ 以下所引资料,使用了《四库全书》电子版的检索功能。

④ 《文苑英华》,中华书局影印本,1966年,第1854页。

事说:"杭土丽且康,苏民富而庶。善恶有惩劝,刚柔无吐茹。两衙少辞牒,四境稀书疏。俗以劳俅安,政因闲暇著。"①看来苏杭地区诉讼较少,这里的"辞牒"也指诉讼文书。

2. 辞状(附词状)

"辞状"似最早出现在《后汉书》,以后直至《大清会典则例》都有使用,但最集中的,出现在唐五代史籍中。例如:

《旧唐书》卷八八《韦嗣立传》,引韦嗣立反对刑法滥酷所上的《疏》,在说到酷吏锻炼冤狱时说"虽陛下仁慈哀念,恤狱缓死,及览辞状,便已周密,皆谓勘鞫得情,是其实犯,虽欲宽舍,其如法何? 于是小乃身诛,大则族灭,相缘共坐者,不可胜言"②。其中的"辞状"应指诉讼文书或案卷。

《旧唐书》卷一八五下《裴怀古传》言裴怀古为监察御史,"时恒州鹿泉寺僧净满为弟子所谋,密画女人居高楼,仍作净满引弓而射之,藏于经笥。已而诣阙上言僧咒诅,大逆不道。则天命怀古按问诛之。怀古究其辞状,释净满以闻,则天大怒"③。这其中的"辞状"显然指诉讼文书。

《资治通鉴》卷二百高宗显庆四年(659)四月条言许敬宗等诬告长孙无忌谋反,高宗颇有疑惑,向许敬宗询问。许敬宗在回答了长孙无忌谋反的原因后说"臣参验辞状,咸相符合,请收捕准法"④。这里的"辞状"指诉讼文书。《册府元龟》卷三三九《宰辅部·忌害》记此句为"臣参验辞伏,并相符合,请即收捕,准法破家"⑤。其中的"辞伏"或当为"辞状"之误。⑥

《册府元龟》卷六一七《刑法部·正直》记"王正雅,文宗时为大理卿。会宋申赐事起,狱自内出,无支证可验。当是时,王守澄之威权,郑注之势在庭,虽宰相已下,无能以显言辨其事者。惟正雅与京兆尹崔管上疏,言宜得告事者,考验其辞状以闻。由是狱稍辩,以管与正雅挺然申理也"⑦。这里的

---

① 《白居易集笺校》,上海古籍出版社,1988 年,第 1471 页。

② 《旧唐书》,中华书局,1975 年,第 2868 页。

③ 《旧唐书》,第 4808 页。

④ 《资治通鉴》,中华书局,1976 年,第 6313 页。

⑤ 《册府元龟》,中华书局影印本,1960 年,第 4011 页。

⑥ 《四库全书》本《册府元龟》即作"辞状"(907 册,第 775 页)。但如果"辞伏"不误,则此处的"辞"指诉讼文书,"伏"指"伏辩"即认罪文书,也可通。

⑦ 《册府元龟》,第 7422 页。其中的"宋申赐"当作"宋申锡"。

"辞状"与"告事者"相连,也指诉讼文书。

《通典》卷二四《职官六·御史台》言:"旧例,御史台不受诉讼。有通辞状者,立于台门,候御史,御史竟往门外收采。知可弹者,略其姓名,皆云'风闻访知'。"①这里的"辞状"与"诉讼"相连,显然指诉讼文书。

"辞状"又有写作"词状"者。即以上条关于御史风闻的例子而言,《唐会要》卷六十《御史台》作:"故事,御史台无受词讼之例。有词状在门,御史采有可弹者,即略其姓名,皆云'风闻访知'"②,将《通典》中的"辞状"写作"词状"。

《唐律疏议》卷三十《断狱》"官司出入人罪"条(总487条)云:"疏议曰:'官司入人罪者',谓或虚立证据,或妄构异端,舍法用情,锻炼成罪。故注云,谓故增减情状足以动事者,若闻知国家将有恩赦,而故论决囚罪及示导教令,而使词状乖异。称'之类'者,或虽非恩赦,而有格式改动;或非示导,而恐喝改词。情状既多,故云'之类'。"③

《旧唐书》卷一百九十中《李邕传》记李邕天宝年间为北海太守,"尝与左骁卫兵曹柳勣马一匹,及勣下狱,吉温令勣引邕议及休咎,厚相赂遗,词状连引,敕刑部员外郎祁顺之、监察御史罗希奭驰往就郡决杀之"④。

唐代以后,"辞状"多写作"词状"。宋代政书《宋会要辑稿·刑法》就有多处"词状",例如《禁约门》宋徽宗宣和五年(1123)中书省言"乡村陈过词状,未论所诉事理如何","或因对证,勾追人户到县,与词状分日引受"。⑤ 元代政书《元典章》在《刑部》卷十五《书状》"籍记吏书状""词状不许口传言语""站官不得接受词状"等条中也都明确使用了"词状"。⑥ 不知上述三例唐代史籍中的"词状"是唐代史籍的原文呢,还是后代刊本的改写,⑦从宋元时代

① 《通典》,中华书局点校本,1992年,第660页。
② 《唐会要》,第1041页。
③ 《唐律疏议》,第563页。
④ 《旧唐书》,第5043页。
⑤ 马泓波点校:《宋会要辑稿·刑法》,河南大学出版社,2011年,第251页。
⑥ 陈高华、张帆、刘晓、党宝海点校:《元典章·刑部》卷十五《书状》,中华书局、天津古籍出版社,2011年,第1745—1752页。
⑦ 其中中华书局点校本《唐律疏议》使用的底本是元刻本,见《点校说明》(第5—6页);《唐会要》与《通典》有"词"与"辞"的不同,两者都不能确证唐代史籍中使用了"词状";唯《旧唐书》中的"词状"来源待考。

固定使用了"词状"来看,改写的可能性还是很大的。

3. 牒状

"牒状"的使用极少,检索《四库全书》,只有 17 处:最早出自《魏书》,最晚到宋金时期。唐代史籍中的两处,均与诉讼文书关系不大。其中一处出自《少林寺准敕改正赐田牒》,是少林寺方面回答有关机构对他们"翻城归国"的质疑,说他们曾发牒给当时"翻城"带头者的刘翁重、李昌运,结果李昌运的回答"与(刘)翁重牒状扶同"①。这里的"牒状"实际指刘翁重的答辞,与诉讼文书关系不大,但仍然是诉讼过程中的一种证词文书。

4. 诉状

"诉状"的使用少于"辞状"而多于"牒状",有 66 卷、74 处。始于《宋书》,使用直至明清,而以宋朝最多。唐代史籍大约只有二三处。例如:

《册府元龟》卷四五七《台省部·总序》言知匦使始末云:"唐太后垂拱元年置,以达冤滞。天宝九载改为献纳,乾元元年复名知匦。尝以谏议大夫及补阙拾遗一人充使,受纳诉状。每日暮进内,向晨出之。"②这里的"诉状"显然指诉讼文书,不过《册府元龟》此处的《总序》是宋人所作,不能确证是唐人的称呼。

《册府元龟》卷四九一《邦计部·蠲复》记元和六年十月关于放免租税制曰:"又属霖雨所损转多,有妨农收,虑致劳扰,其诸县勘覆有未毕处,宜令所司据元诉状,便与破损,不必更令捡覆;其未经申诉者,亦宜与类例处分。"③这里的"诉状"与下文"申诉者"相关,指诉讼文书无疑。

《续玄怪录》卷二《张质》讲亳州临涣县尉张质被追到阴间,"入城郭,直北有大府门,门额题曰'地府'。入府,经西有门,题曰'推院'。吏士甚众,门人曰:'临涣尉张质。'遂入。见一美须髯衣绯人,据案而坐,责曰:'为官本合理人,因何曲推事,遣人枉死?'质被捽抢地,叫曰:'质本任解褐到官月余,未尝推事。'又曰:'案牍分明,诉人不远,府命追勘,仍敢扺欺。'取枷枷之。质又曰:'诉人既近,请与相见。'曰:'召冤人来。'有一老人眇目,自西房出,疾

---

① 原题作《少林寺牒》。此处引文据《全唐文》卷九八六,中华书局,1983 年,第 10197 页。其中的"扶同"应是"状同"。

② 《册府元龟》,第 5423 页。其中"知匦"的"知"原缺,据《四库全书》本补。

③ 《册府元龟》,第 5873 页。

视质曰:'此人年少,非推某者。'仍敕录库检猗氏张质,贞元十七年四月二十
一日上临涣尉。又检诉状被屈抑事。又牒阴道亳州,其年三月临涣见任尉
年名,如已受替,替人年名,并受上月日。得牒,其年三月见任尉江陵张质,
年五十一,贞元十一年四月十一日上任,十七年四月二十一日受替。替人猗
氏张质,年四十七。检状过,判官曰:'名姓偶同,遂不审勘。错行文牒,追扰
平人,闻于上司,岂斯容易。本典决于下:改追正身,其张尉任归'"①。这里
的"诉状"与"诉人"相联系,所指必为诉讼文书。

　　唐代史籍中关于诉讼文书的称呼肯定还有许多,我们只列举了四种,即
"辞牒""辞状""牒状""诉状",从中可见称呼的不固定。但若细细分析,这四
种称呼又各有不同:"辞牒"和"牒状"用例都很少;"诉状"似只出现在唐代后
半期;使用最多的是"辞状"。因此,虽然我们说唐代当时对诉讼文书没有统
一的称呼,但大致而言,多用"辞状",后来逐渐演变为"诉状"。这种称呼的
变化,与《辞》《牒》逐渐演变为《状》是相一致的。

七、简短的简论

　　以上我们通过一些实例,介绍和分析了唐代诉讼文书中的《辞》《牒》
《状》,以及唐代史籍中对诉讼文书的相关称呼,由此可得出一些简单结论。

　　诉讼文书在唐代法典上的称呼是"辞牒"。就实际使用看,在唐前期,普
通庶民使用《辞》;有品级或有一定身份的人使用《牒》。《辞》的格式特点是
年月日姓名及"辞"置于首行,且有受理官司的名称,最后有"请裁,谨辞"类
套话。《牒》的格式特点是年月日姓名置于末行,没有受理官司的名称。在
"标的"之下以"牒"起首,结尾有"请裁,谨牒"字样,最后在姓名下复有"牒"
字。《辞》和《牒》的内容都可以称为"状",是"事状""情状""罪状"之意,后来
受实体文书《状》的影响,逐渐出现了"辞状""牒状"类称呼,诉讼文书中也开
始出现"状上""请处分,谨状"类字样,后来出现了个人使用的诉讼文书的
《状》。这种《状》含有《辞》和《牒》的特点:庶民和官员都可以用;姓名置于首
行(此似《辞》),年月日姓名复置于末行(此似《牒》);前多有"状上"(此似

---

① 李复言:《续玄怪录》,上海古籍出版社,1985 年,第 170 页。

《辞》),后有"请处分,谨状(或请裁下)",最后有"牒,件状如前,谨牒"(此似《牒》)。当《状》逐渐出现后,《辞》就变得少见了,《牒》也逐渐被淘汰(因其首行不列诉讼人或告状人)。这可以说是《状》吸收了《辞》《牒》的特点,从而使用广泛化所造成的结果,影响直至后代。

唐朝人对诉讼文书多称其为"辞状"(或许是因为行文需要,即因四六文等行文节奏的缘故,需要将"辞"之类文字变成双字节,于是添加了"状"字)或"词状",到后期,渐有"诉状"的称呼产生。此后,"状"就成了诉讼文书的固定称呼。在宋代,史籍中多称"词状"和"诉状",元代亦然。这就与唐代的《辞》和《状》有了很明显的继承关系。除此之外,称"辞牒"或其他的也还有一些,大约都不占主要地位,换句话说,《辞》《牒》作为诉讼文书曾经的形式或称呼,逐渐退出历史舞台了。

回到文章开头的问题:我们今天叙述唐代诉讼文书,或以诉讼文书来研究各种问题,应该如何称呼呢? 我想,叫"辞状""诉状"都可以,而前者或更具唐朝特色。

关于唐代诉讼文书的实况,以上只是作了极其粗浅的介绍和分析,若要得出更符合唐朝实际的结论,可能还需要再搜集更多的文书资料和传世史籍资料,这一工作,希望在今后能继续进行下去。

原载《敦煌吐鲁番研究》第十四卷,上海古籍出版社,2014 年。

敦煌吐鲁番契据文书中的
署名画指与画押
——从古文书学的视角

　　古文书学是以古文书为研究对象的学问,它与写本文献学等古文献学的重要区别,一是不研究古本典籍,二是重视文书的物质形态以及书式,包括纸张、字体、署名、印章、画押、格式等,而后一点尤其是古文书学区别于其他相似学科的重要特征。

　　以敦煌吐鲁番文书为例。以往研究纸张、字体、格式的论著很多,但专门研究署名、画指、画押的文章则比较少,而这些署名、画指、画押,是文书的重要组成部分,值得我们专门进行研究,以丰富古文书学的研究实践。

　　涉及敦煌吐鲁番文书画指、押字研究的主要成果,是日本学者仁井田陞大作《唐宋法律文书の研究》中的第一编第三章《花押及び略花押》和第四章《画指·指模(指印)及び手模(掌印)》。[1] 在第三章中作者指出:唐初尚无花押,只有如韦陟署名若"五朵云"似的花书,到晚唐如日本所藏的圆珍过所中,才有类似花押的出现,但此时花押与草书体署名不易区分,到五代乃至宋代,花押就比较普遍了。作者还指出:中国从古代开始就往往让代笔人替自己署名,然后自己在那个署名下画个如"十""七""力""巾""○"之类的记号。这些记号日本的古文书学者称之为"略花押"[2]。这种"略花押"在五代时期的敦煌文书中可见。作者还论述了略花押在明清时候的使用。

　　在第四章中作者指出:画指与指印不同,是画出指的形状或其一部分。画指在汉代可能就有,北魏时出现"画指"砖;[3]唐高宗永徽年间(650—655)

---

①　仁井田陞:《唐宋法律文书の研究》,东京大学出版会,1937年初版,本文所用为1983年复刻版,第24—78页。关于仁井田陞相关研究的信息,受教于大津透先生,特此致谢。
②　仁井田陞上述书,第32—33页。
③　此为孤证,能否落实,可能还要进一步研究。

已经实行,在中村不折藏咸亨二年(671)的吐鲁番出土文书中可以看到画指,此后在吐鲁番、和田、敦煌出土文书中都能看到。① 作者指出:画指有两种类型:一是只画三点,多用食指,可称为"点式画指";二是画出指头长度,多用中指,可称为"指形式画指"。而且一般而言是男左女右。作者随后论述了画指在元明时的实行,以及在日本、朝鲜、越南的实行。作者指出,画指是无笔者代替署名而实行的署名法,因此只要是需要署名的各种文书,就都应该能看到。②

仁井田陞的文章研究了画指与花押的主要方面,但受限于资料,所论还是有进一步探讨的空间。这主要表现在:一、画指与花押的关系如何,是否有先后之分。二、在画指之前,是否有一个署名的阶段。由于我们现在能看到的画指和押字的实物(文书)远多于仁井田陞写作时的 20 世纪 30 年代,因此我们可以对此进行更系统的梳理和更细致的分析。

此外吴震曾写过《吐鲁番出土券契文书的表层考察》(以下简称为《吴文》),将吐鲁番出土券契分为晋到十六国、高昌国、唐代三个时期,并梳理了三个时期券契格式的变化,其中涉及署名与画指。③《吴文》没有涉及敦煌文书,也就没有谈到画指以后的变化,为我们留下了研究空间。

以下本文将在敦煌吐鲁番出土大量文书的基础上,试图梳理出一个从署名到画指再到押字的发展过程,并归纳与这一发展相适应的格式用语的变化过程。④

翻检敦煌吐鲁番文书,这些署名、画指、画押主要出现在各种契据(含遗书、分书、放妻书、放良书等)中,此外还包括部分上报事务的"牒"、申辩供述的"辩"、领受物品的"抄"、部分收支"历"等,总之出现在所有需要证明当事人真实可信的场合。

---

① 书中列有"画指"文书 17 件的表格(第 43—44 页),其中只有两件敦煌文书。
② 仁井田陞上述书,第 58 页。这其中的"无笔者"含义不明,推测是指不会写字的人。又,第四章后段研究了指印,举伯希和一件土地交换文书,认为其中"张月光"代替自署捺了指印(第60—61 页)。由于指印本文暂不涉及,因此就不介绍了。
③ 原载《敦煌吐鲁番研究》第一卷,北京大学出版社,1996 年,后收入《吴震敦煌吐鲁番文书研究论集》,上海古籍出版社,2009 年。以下引文均出自《论集》。
④ 格式用语的变化,仁井田陞文章很少涉及。此外凡仁井田陞已经讨论过的问题,本文将不再涉及。

为简明起见，也为了能粗略梳理出一条演变轨迹，本文将问题集中在各种契约中，而舍弃了牒、辩、历、抄等，留待将来再作更详细的整理研究。

同样是为了查找、核对方便，我将所用文书的资料局限在这样两种书中，即《吐鲁番出土文书》（图版本）一至四册①与《敦煌社会经济文献真迹释录》第二辑②中的"契据"部分。这两种书的好处都是图版与录文俱在，若录文有疑问，可查图版。在此基础上，我搜集了相关资料。搜集的原则是：只搜集写有署名画指画押字样，或留有署名画指画押痕迹的契约，凡没有这些字样或痕迹的残文书不在搜集范围内。

搜集的结果，吐鲁番文书中共得 156 件，敦煌文书共得 102 件。两类文书从时代上说正好前后相接。从内容说主要是契约：吐鲁番文书不包括牒、辩、抄；敦煌文书不包括牒、抄、历，也不包括遗书、分书、放良书、放妻书等。③ 原因是这些不包括的部分，其署名画指画押的用语与契约用语不同，样本也少，不足以看出变化。此外要说明的是，所有契约文书只要有相关字样，就在搜集和研究范围内，不再区分原件、抄件和稿件。以下研究就建立在这 258 件契约资料的基础上。

一、署　　名

敦煌吐鲁番契约类文书中，最早的证明真实性的方式是"署名"。在 156 件吐鲁番契约文书中，高昌国时期的文书大约有 57 件。其套语基本是"民有私要，要行二主，各自署名为信"。后面有"倩书"人、"时见"人、"临坐"人的署名（"临坐"不必然有），几乎没有例外。例如：

高昌延寿四年（627）赵明二买作人券［60TAM338：14/2（a）］：④

6……民有私要，要⑤行二主，各自署 名为信 。

7　　　　　　　倩书赵愿伯

---

① 唐长孺主编：《吐鲁番出土文书》一至四册，文物出版社，1992—1996 年。
② 唐耕耦、陆宏基编：《敦煌社会经济文献真迹释录》第二辑，全国图书馆文献缩微复制中心出版，1990 年。
③ 如果加上这些，则吐鲁番文书有 168 件，敦煌文书限定在"契据"类是 123 件。
④ 《吐鲁番出土文书》二，第 241 页。
⑤ "要"，原为同文符号，现录为文字。下件同。

8　　　　　时见刘尸裢

9　　　　　临坐范养佑

高昌延寿九年(632)范阿僚举钱作酱券(69TAM140：18/2)：①

6……民有私要,要行贰主,各自署名为□。

7　　　　倩书赵善得

8　　　　时见张善佑

9　　　　临坐康冬冬②

由于吐鲁番出土的高昌国时期的契约文书③多数有残缺,以上两件就是结尾部分比较完整的文书了。从这两个例子可以看到高昌国时期契约文书证明真实性的方式主要是"署名"。有了这一认识,我们来看看《吐鲁番出土文书》中几件契约文书的年代。

《吐鲁番出土文书》所收最早的一件有结尾的契约文书是"北凉承平五年(447)道人法安弟阿奴举锦券"[75TKM88：1(b)]。④ 整理者有注释说:"承平是北凉沮渠无讳、沮渠安周的年号。据长历,承平五年(447)应是丁亥,本件作丙戌,干支不符……据推测……本件的丙戌应为公元506年,而这个承平年号也就是高昌王麹嘉的年号。因无确证,现仍将本件列在北凉时期。"

我以为整理者的意见是对的。这件文书应该是高昌国时期的文书。除了整理者给出的理由外,我们从文书格式也能证明。我们知道,一个朝代有一个朝代的文书格式(同一朝代因年代不同也有变化),此件契约文书的格式与高昌国时代的契约格式完全相同,这或者也是其属于高昌国时期文书的一个旁证。我们看这件文书的结尾是:

5……民有私

6 要,要行二主,各自署名为信。……

7……倩书道人知骏

---

① 《吐鲁番出土文书》二,第197页。

② "冬",原为同文符号,现改录为文字。

③ 整理者将高昌国时期的契约文书均定名为"券",而将唐以后的契约文书均定名为"契"。

④ 《吐鲁番出土文书》一,第88—89页。

　　8 时见　　道[人]智惠　　　永安

具备上文所说高昌契约文书结尾的全部因素，即"民有私要，要行二主，各自署名为信"。后面有"倩书"人、"时见"人的署名。

　　同样的文书还有"北凉承平八年（450）翟绍远买婢券"[75TKM99：6(a)]。① 整理者注释说："本件出自墓道中，似系由外扰入，故与该墓室中所出文书年代无关。本件纪年为'承平八年岁次己丑'，据长历，北凉承平八年（450）应为庚寅，本件干支不符，误差一年，与哈拉和卓八八号墓所出《北凉承平五年道人法安弟阿奴举锦券》相同。因此，本件的'承平'也有可能不是北凉年号而是高昌王麴嘉的年号，而己丑应为公元 509 年。因无确证，现仍列在北凉时期。"

　　这件文书的结尾部分也符合高昌国时期的契约格式，作：

　　6……民有私要，要行二主，各自署名为信。

　　7……　　　　　　倩书道护

　　还有一件"义熙五年道人弘度举锦券"[75TKM99：6(b)]。② 整理者注释说："据文献记载，仅东晋有义熙年号，其义熙五年干支应为己酉，与本件不合……本件另面为《北凉承平八年翟绍远买婢券》，买婢人与本件锦主同为翟绍远，倩书也同为道护，两件时代应相距不远……本件义熙年号亦应属高昌麴嘉时期，而义熙五年当为公元 514 年。总之，本件的年代可以肯定不是东晋义熙五年，但如列为高昌麴氏王朝时期亦无确证，今仍据上件例，暂属北凉时期。"

　　我们看此件文书的结尾格式为：

　　5……民有私要，要行二主

　　6 各自署名为信。……　倩书道护

　　8 时见

即具备了上文所说高昌国时期契约文书结尾的主要因素，因此它应该属于高昌国时期的契约文书。

---

①　《吐鲁番出土文书》一，第 92—93 页。

②　《吐鲁番出土文书》一，第 94—95 页。

　　有了以上关于高昌国时期契约文书结尾部分格式的认识,可以为我们确定文书时代提供一些帮助。例如《吐鲁番出土文书》(录文本)第五册收有一件"唐贞观十八年(644)张阿赵买舍契"(60TAM338：14/5)。[①] 整理者说:"本件纪年残缺,但有干支'甲辰岁'。同墓所出有纪年文书,最早为麴氏高昌延寿二年(625),最晚为唐龙朔四年即麟德元年(664)。查麴氏高昌之延昌二十三年(584)和唐贞观十八年(644)都是甲辰。延昌二十三年下距唐龙朔四年凡八十年,时距过长,且同出高昌文书均属延寿年间,别无此前纪年,故此'甲辰岁'应是唐贞观十八年。"我们看本件文书结尾的最后几行:

6……民有私
7□□行二主,各自 署 名为信。
8　　　　　　倩书　道人法贤
9　　时见　　　□众养

显然是高昌时期契约文书的写法,因此此件文书应该不是唐贞观十八年的契约文书。《吐鲁番出土文书》的编者后来意识到了这一点,于是在图版本中作了修正。图版本第二册收有这件文书,编者在题解中写道:"本件纪年残缺,据所书干支岁次及署名程式,为麴氏高昌时期文书。麴氏高昌最末一个'甲辰岁'为延昌二十三年(584),本件或成于是年。"[②]"干支岁次"是原来就清楚的,因此改正的真正原因实际上是考虑到了"署名程式"即契约结尾的套语。这一改正无疑是正确的。[③] 其实在吐鲁番出土契约文书中,只要有"各自署名为信"以及"倩书""时见"等,基本就可以判定为高昌国时期的文书。[④]

　　例如"唐西州高昌县范阿伯买舍契"〔60TAM337：11/4(a),11/3(a)〕。[⑤] 据题解:"此墓盗扰严重……出唐显庆二年(657)范阿伯墓志一方。所出文书兼有麴氏高昌及唐代。其有纪年者,最早为高昌延昌八年(568),

---

① 国家文物局古文献研究室、新疆维吾尔自治区博物馆、武汉大学历史系编:《吐鲁番出土文书》第五册,文物出版社,1983年,第138页。
② 《吐鲁番出土文书》二,第239页。
③ 《吴文》已由署名形式指出此件文书当是延昌廿四年(584)券契,第419页。这里将"甲辰岁"定为延昌二十四年。
④ 个别与唐西州早期文书有交叉,但这需要具体文书具体分析。
⑤ 《吐鲁番出土文书》二,第228页。

最晚为出于墓道填土中之唐龙朔三年（663）夏田契。"我们看此件契约的结尾几行：

12□署名为信。　　时□[
13　　　　　　临□[

这里有"署名为信"，有"时见""临坐"，应该是麹氏高昌时期的契约文书。①

总之，高昌国时期契约文书写有"署名为信""倩书""时见"以及"临坐"，是其最显著的特征。

二、画　　指

吐鲁番所出唐代契约文书，证明真实性的方式由"署名为信"变成了"画指为信"。标准的写法是"两和立契，画（获）指为信（验）"。这一过程是如何形成的，目前我们没有确切资料，但从贞观十四年唐灭高昌设立西州后不久，这一变化就出现了。速度这么快，我们考虑，一定是将内地实行的契约模式（范式）带到西州，加以推行的结果。

不过也要考虑高昌末期，契约用语虽然没有变化，但已经开始用画指代替署名了。最早的例子见于"高昌延寿九年（632）曹质汉、海富合夏麦田券"（69TAM117：57/3）。② 其结尾几行为：

7……　　　　　　]名为信。
8　　　　　]丨指丨节丨为 明
9　　　　　]丨指丨节丨为 明
10　　　　　　海口
11　　　　　]丨指丨节丨为 明
12　　　　　]丨指丨节丨为 明

此件文书本无纪年，只有"壬辰岁"，整理者推论为延寿九年。这个推论是有道理的。我们看文书中有"[署]名为信"就可知它属于高昌时期文书的可能

---

① 至于文书中提到"（范）阿伯"也好理解。范死于显庆二年（657），上距麹氏高昌灭亡不过十几年，因此该契约立于高昌时期是完全可能的。
② 《吐鲁番出土文书》二，第289页。

性比较大。但后面又出现了画指，说明在契约文字写"署名"的前提下，有"画指"的变通。并且特意说明这是以"指节为明（名）"，即以指节代替署名（仍然强调"名"）。这个变化的起因当是由于一些契约的当事人不识字，不能书写自己的名字。①

说得更清楚的是"唐西州高昌县赵怀愿买舍券"（59TAM301∶15/4-3）。② 文书结尾几行是：

7……民有私要，要 行 [　　　　]署名为信。｜以息阿丰｜手不解
｜书，以至（指）节为明③

8　　　　　倩书　张　　　　武　　　　　　　　□

9　　　　　时见　刘　　　　　德　　　　　　　□

10　　　　临坐　□　　　（下残）

据题解，本文书所出自的 301 号墓，"所出文书兼有麴氏高昌及唐代，其有纪年者为唐贞观十七年"。"本件文书纪年已缺，属麴氏高昌或属唐代，不明，今姑置于唐代"。其实从"署名为信"，以及"倩书""时见""临坐"看，很可能属于高昌国时期文书。不过与典型的高昌时期契约文书不同的是：虽然文中写到要"署名"，但实际出现了画指，并说明这是由于"不解书"的缘故，所以要"以至（指）节为明（名）"。

这种在契约本文中写"署名为信"，实际又有画指的文书，只出现在高昌时期末和唐西州时期早期。我们可称其为契约用语的过渡时期。很快，契约本文中就改写为"画指为信"，"倩书""时见""临坐"也都变成"某主""知见人（或见人）""保人"等了。④

我们在吐鲁番文书中所能见到的最早在契约本文中写有"画指为信"的大概是贞观二十二年（贞观十四年八月唐灭高昌设西州）。"唐贞观二十二

---

① 本文在会议上宣读的一个月后，在另一会议上看到裴成国提交的论文《唐西州契约的基础研究》（载《敦煌吐鲁番法制文献与唐代律令秩序学术研讨会论文集》，2017 年 9 月，以下简称为《裴文》），文章认为画指代替署名的原因一是高昌国时期的契约因当事人识文断字率低，往往需要请人代笔，二是因为画指比署名简便易行（第 126、128 页），但是为何识字率低的时期反而要"署名为信"，这一格式与请人代书是什么关系，似乎未能讲清楚。

② 《吐鲁番出土文书》二，第 84 页。

③ "以息阿丰手不解书，以至（指）节为明"原为双行小字，写在三道指节印之间。

④ 这一点，《吴文》业已指出，第 420 页。

年(648)洛州河南县桓德琼典舍契"(72TAM204∶18)，①其中的相关文字为：

1 贞观 廿二年 八 月十 六 日，河南县张□□

8……两共和可， 画 指为验②。

9　　　　负钱人　　桓德｜琼｜琼｜

10　　　　男大义　　　　｜　｜义｜

11　　　　同坊人　　成敬嗣

12　　　　　　　　　　｜　｜嗣｜

13　　　坊正李　差　经

这里在契约本文中明确写有"两共和可，画指为验"，后面署名中有画指，与高昌时期的契约格式明显不同。要注意的是：这是一件来自内地河南县的契约，可知这种来自内地的契约格式影响了西州契约从"署名为信"向"画指为信"的转变。换言之，高昌末期内部出现"以指为名"的变化，与来自唐朝中原地区契约格式的影响，促成了"画指为信"用语的出现。③于是，几乎同时，我们看到了西州当地的契约格式变化：

"唐贞观二十二年(648)索善奴佃田契"(64TAM24∶26)：④

1 贞观廿二年十月卅日，索善 奴 [

11□指为信。

12　　　　田主赵

13　　　佃田人索善奴｜　｜　｜

14　　　知见人冯怀勖｜勖｜　｜

15　　　知见人刘海愿｜　｜　｜

----

① 《吐鲁番出土文书》二，第152页。

② "验"后有三竖道。

③ 对于高昌国末期为何会出现因不解书而"以指为名"的现象，文章宣读后与会学者有过讨论。一种解释是：或许高昌国前期，契约文书的使用主要在上层阶层，后来契约的使用下移并普遍化，造成下层民众使用时无法署名的情况出现(赵晶先生有此看法)。另种意见认为：画指取代署名，是由于署名的可靠性不如画指，从署名到画指，体现的是契约法律效力不断增强的过程(王素先生有此看法)，但上引文书中明确说是由于"不解书"才"以指为名"，并非为增加可靠性才"以指为名"，因此关于从署名为信到画指为信变化的原因，还需进一步研究。

④ 《吐鲁番出土文书》二，第177页。

本件文书不仅正文写了"□(画)指为信"而且后面确有画指,并改"倩书""时见""临坐"为"田主""佃田人""知见人",说明契约格式已经改变,与内地一致了。

更完整的契约见于"贞观二十三年(649)傅阿欢夏田契"(64TAM10：34),①最后几行为:

6　……两和立卷(券),画指为信。

7　　　　　田主　范 酉隆　∣　　∣　　∣

8　　　　　夏田□ 傅 阿欢

9　　　　　知见□□□恩 ∣　　∣　　∣

10　　　　知见□□□□□

自此以后,"两和立契,画指为信(或为验、为记)"就成为唐代契约上的套语。"画指"彻底代替了"署名"。② 我们举一个完整的例子。

"唐显庆五年(660)张利富举钱契"(64TAM4：38)：③

1　显庆五年三月十八日,天山县南平

2　乡人张利富于高昌县崇化

3　乡人左憧憙边举取银钱拾文,

4　月别生利钱壹文。到左还须

5　钱之日,张即须子本具还。若身

6　东西不在,一仰妻儿及保人等

7　代；若延引不还,听掣家资

8　杂物平为钱直。两和立契,

9　画指为信。

10　　　钱主

11　　　举钱人张∣利∣富∣

12　　　保人康∣善∣获∣

13　　　知见人

---

① 《吐鲁番出土文书》二,第207页。

② 《吴文》已经指出:吐鲁番券契文书第三期与第二期的区别之一即"由于画指节习俗逐渐流行,券末之'各自署名为信',改为'获(画)指为信(记)'",第420页。

③ 《吐鲁番出土文书》三,第209页。

这种"两和立契,画指为信"在吐鲁番出土的契约中一直延续下去。到开元以后,虽然"画指为信(为验、为记)"不变,但前面的词语出现了微小变化。

"唐开元二十一年(733)石染典买马契"(73TAM509：8/10)①结尾写作"恐人无信,故立私契。两共和可,画指为记"。后面有练主、马主、保人三人,除练主外,其他人的姓名下多了年龄。"唐乾元二年(759)或上元二年(761)曹忠敏租田契"(64TAM37：21)②结尾写"两共平章,获指为记"。后面田主、保人亦均有姓名和年龄。"唐大历三年(768)僧法英佃菜园契"(73TAM506：04/1)③结尾写"两家平和,画指为记"。后面地主也有姓名年龄。要注意的是,虽然都是"画指为记",但前面的词语增加了"两共平章"即双方共同商量的分量。这与"两和立契"是稍有不同的。

"画指为信(为验、为记)"一直延续到唐后期,在敦煌契约文书中也能见到。最早的大约是"唐天宝十三载(754)道士杨神岳便粟契"(伯4053号),④结尾写"恐人无信,故立私契,两共平章,画指为记"。强调了"两共平章"。再如"大历十七年(782)霍昕悦便粟契"(斯5871号)⑤结尾为"恐人无信,故立私契,两共对面平章,画指为记";"唐建中三年(782)马令痣举钱契"(斯5867号)⑥结尾"恐人无□(信),故立私契。两共平章,画指为记"。都强调了"两共平章"。吐蕃占领时期依然如此。如"未年(827)安环清卖地契"(斯1475号V5),⑦结尾写作"官有政法,人从私契。两共平章,书(画?)指为记"。我们见到"画指"最晚的有纪年的文书是大中年间的,即"大中十二年(858)孟憨奴便麦契稿"(伯3192号背),⑧其结尾写作"恐人无信,故立私契,用为后验,画至(指)为记"。

如下节所要说到的,"用为后验"基本是取代"画指为记"的说法,因此大中十二年的这件文书是个例外(没有写"两共平章"之类也可证明)。除了这

---

① 《吐鲁番出土文书》四,第279页。
② 《吐鲁番出土文书》四,第345页。
③ 《吐鲁番出土文书》四,第576页。
④ 《敦煌社会经济文献真迹释录》第二辑,第76页。
⑤ 《敦煌社会经济文献真迹释录》第二辑,第138页。
⑥ 《敦煌社会经济文献真迹释录》第二辑,第140页。
⑦ 《敦煌社会经济文献真迹释录》第二辑,第1页。
⑧ 《敦煌社会经济文献真迹释录》第二辑,第108页。

件之外,总体来看,"画指为信(为验、为记)"一直延续到吐蕃占领末期。这之后就变为另种格式。当然这个变化也不是一下就形成,而是逐渐发展,最后定型的。换言之,敦煌契约文书中,凡有"两共平章,画指(往往又写作书指或书纸)为记(为验)"的,大致可以肯定是吐蕃占领时期或之前的文书。

三、"用为后凭"与"押字"

在"画指为信(为验、为记)"成为程式的过程中,出现了另一种简单的契约用语,即虽然仍用指节印表示契约的真实可靠,但在契约本文中并不写明,只注明立契本身就具有了证明真实性的功能。最早一例可见"唐总章三年(670)左憧憙夏菜园契"(64TAM4:33),①结尾处写"为人无信,故立私契为验",没有写"画指",但后面的"园主""知见人"姓名下都有指节印。再如"唐至德二载(757)杨堰租田契"(73TAM506:04/9)②结尾也写作"恐人无信,故立此契 为 □"。

这样的例子不多,总共也就四五件,但它表明一种只以"立契"本身来证明事物真实性的格式用语已经出现。随着"画指为记"的逐渐淡出,这种只用"立契"作为验证的套语形成了。其典型的说法是"恐人无信,故立私契,用为后凭(或后验)"。

这种套话比较早的例子见敦煌文书中的"唐大中六年(852)僧张月光、吕智通易地契"(伯3394号),③其结尾写"恐人无信,故立此契,用作后凭"。后面没有画指,但据录文,在地主、保人二人后面按有手印,在另一保人后面有"押"。说明这种在正文中不写"署名"或"画指",只写立契"用为后凭"的,在物主、保人、知见人后面既可画指,也可按手印,还可以画押,总之不拘一格。同样的例子还见于"唐天复九年(909)安力子卖地契"(斯3877号V4),④其结尾的用语也是"恐人无信,故立私契,用为后验"。

这种以"用为后凭(后验)"为特色的契约用语,从吐蕃占领时期结束后

① 《吐鲁番出土文书》三,第 222 页。
② 《吐鲁番出土文书》四,第 573 页。
③ 《敦煌社会经济文献真迹释录》第二辑,第 2 页。
④ 《敦煌社会经济文献真迹释录》第二辑,第 8 页。

一直沿用至唐末五代宋初。我们随便举几个例子。

"甲午年(874 或 934)邓善子贷生绢契"(伯 3124 号)：①

　　6 恐人无信,故立此契,用为后凭。

　　7　　　　贷绢人邓善子(押)

　　8　　　　见人押衙张宗进

　　9　　　　见人上座宗福

"丙午年(886)翟信子欠麦粟契"(伯 3860 号)：②

　　5……恐人无信,

　　6 故立此契,用留后验。

　　7　　　　欠物人男定君(押)

　　8　　　　欠物人父翟信子(押)

　　　　　(后缺)

"甲申年(924 或 984)五月二十二日曹延延贷绢契"(斯 766 号背)：③

　　7 恐人无信,故立此契,用为后凭。

　　8　　　　贷绢人延延(押)

　　9　　　　口承兄曹延昌(押)

　　10　　　　知见人阿阿父奴(押)

"后唐清泰三年(936)杨忽律哺卖宅舍地基契"(斯 1285 号)：④

　　11……恐人无信,立此文书,用为后凭。

　　12 舍主兼字

　　13　　　　出卖舍主杨忽律哺│左│头│指

　　14　　　　出卖舍主母阿张　│右│中│指

　　15　　　　同院人邓坡山(押)

　　16　　　　同院人薛安升(押)

---

①　《敦煌社会经济文献真迹释录》第二辑,第 109 页。
②　《敦煌社会经济文献真迹释录》第二辑,第 111 页。
③　《敦煌社会经济文献真迹释录》第二辑,第 117 页。
④　《敦煌社会经济文献真迹释录》第二辑,第 9 页。

17　　　　见人薛安胜（押）

18　　　　见人薛安住（押）

　　　　　　　（后略）

　　"北宋开宝八年（975）三月一日郑丑挞出卖宅舍地基与沈都和契（抄）"（北图生字 25 号即 309：8347 号背面）：①

　　14……恐人无信，故立私契，用为后凭。

　　15 丙子年三月一日立契，僧知近自手题之耳记也（签字）

　　由上可知，以"用为后凭"为标志的契约用语代替了"署名为信""画指为记"，成为唐末五代宋初的主要用语。此用语没有限定是署名还是画指还是画押，因此三种情况都存在，但总体而言，署名和画指的都极少，大量的是画押，于是在这一过程中，出现了"押字为凭（定）"的说法。这种说法都出现在五代，大概有六七件的样子。例如：

　　"癸卯年（943）吴庆顺典身契"（伯 3150 号）②结尾为：

　　10 恐人无信，故立此契，用为后凭。

　　11……恐人无信，　　只（质）典兄吴庆顺（押）

　　12 押字为凭。　　　叔吴佛婢（押）　同取物口承弟吴万升（押）

　　　　　　　（后略）

　　"乙卯年（939?）安定昌雇工契"（伯 2887 号背）：③

　　9……恐人无信，故勒私契，用

　　10 为凭，押字为验

　　11　　　见人富郎（押）

　　12　　　入作弟盈德（押）

　　"乙巳年（945）徐富通欠绢契"（伯 3004 号）：④

　　6……恐后无凭，故立此契，押字

---

① 《敦煌社会经济文献真迹释录》第二辑，第 12 页。此件文书现在的编号是 BD03925 背 11。

② 《敦煌社会经济文献真迹释录》第二辑，第 51 页。

③ 《敦煌社会经济文献真迹释录》第二辑，第 67 页。书中文书号原作 2877，误，当为 2887。

④ 《敦煌社会经济文献真迹释录》第二辑，第 122 页。

7 为定。

8　　　　还绢人兵马使徐富通　　知

9　　　　还人徐富庆　同知

10　　　　还绢人弟徐盈达　　知

11　　　　见人索流住　十

这些写明"押字为验（为凭、为定）"者，后面的相关人员都确实画了押。这样，虽然写明"押字为验"的契约不多，但却是一种新的表示方式。它与"用为后凭"相配套，标志着契约文书中表示真实性的手段，彻底进入了"画押"的时代。

四、小　结

通过以上的排比分析，我们可以知道在敦煌吐鲁番契约文书中，表示契约真实可靠的方式主要有三种，这三种方式随时代不同而不同，并表现为不同的程式性语言：

第一阶段的用语特色是"各自署名为信"，主要行用于高昌国时期。契约当事人主要采用署名方式。到高昌国末期，在仍然使用"署名为信"的同时，当事人也有采用"画指"方式的。这一过渡性做法延续到唐贞观二十年前后（亦即只存在了6—8年）。

第二阶段的用语特色是"两和立契，画指为信"。这种套话可能来自内地，与吐鲁番地区出现的变化相结合，从唐贞观二十年前后开始出现，一直沿用到吐鲁番文书晚期的唐代宗大历年间，以及敦煌文书中的吐蕃占领时期（9世纪中叶）。这期间的相关用语中，从唐开元时又增加了"两共平章（或"两共对面平章"）"类说法，但"画指为信（为验、为记）"则保持不变。但是是否真有"画指"，则随着时代变化而有不同，大致到吐蕃占领时期，虽然写了"画指为信（为验、为记）"，但真正画指的并不多，取而代之的往往是画押。

说"画指为信"的套话来自内地，还有个旁证，即此语可能已经编入令文，然后随着令文的颁布天下，影响到了吐鲁番（西州）地区，即当地必须依令实行。按日本《养老令》的《户令》"七出条"云："凡弃妻……皆夫手书弃之，与尊属近亲同署。若不解书，画指为记。"《令集解》引《古记》解释说："谓夫不解写书,赁他人合(或作令)作牒(牒后或有状字)。年月日下,夫姓名注付,食指点署。"①《唐令拾遗》据此复原为唐《户令》三十五条。② 虽然令文讲的是"弃妻牒状"的书写,与我们所引的契约不尽相同,但均属需要证明真实性的文件,因此"弃妻牒状"使用"画指为记"入令,似乎可以旁证"画指为记"一类词语及其方式已经随令文的颁布全国而影响到了吐鲁番地区。我们要注意的是,据《古记》解释,之所以可以"画指为记",是因为立契约的人"不解书",这与我们看到的吐鲁番地区出现"画指"时的解释或说明[参见前引《唐西州高昌县赵怀愿买舍券》中所说"以息阿丰手不解书,以至(指)节为明(名)"]是完全一致的。

第三阶段的用语特色是"恐人无信,故立私契,用为后验"。这种格式淡化了"署名"还是"画指""画押",强调了"立契"本身就是以后的凭据。这种用语从唐末五代一直延续到北宋初年,而采用的具体方式则主要是画押。于是在这一阶段中,与主要是画押的方式相适应,从五代开始又出现了"押字为验"的说法。这种说法与"用为后验"的说法相配套,契约表达就大致进入了画押的阶段。③

从"署名"到"画指"到"押字",敦煌吐鲁番契约文书为我们展现了近五百年间契约格式的变化。了解了这些变化,不仅可以据此断定契约文书的年代,而且使我们知道了契约文书随时代不同而在格式上有所不同。并且我们还知道了契约与其他官文书一样,虽阶段不同但都存在着统一的格式,施行于内地和边陲。这种格式流行在民间,但一定有官方的推动在其中。契约文书中表示真实可靠性的方式及用语为何会出现这种变化? 民众在签订契约时是否依据现成的格式文本? 官方是否有所推动或在多大程度上推动契约格式的统一化? 这些问题都还值得我们去继续研究。

前面讲过,古文书学重视文书格式,若不具备古文书学知识,就不会从古文书学的角度发现问题、研究问题。以往研究契约文书的部分国内学者,或者从经济的角度,或者从法律的角度,但很少特别关注契约的格式变化,

---

① 新订增补国史大系《令集解》,吉川弘文馆,1980 年,第 306 页。

② 仁井田陞著,栗劲等编译:《唐令拾遗》,长春出版社,1989 年,第 162—163 页。仁井田陞将其复原为开元二十五年令,但因有《古记》解释,故也有永徽令的可能。

③ 当然,画指依然存在,参见前述仁井田陞文章。

很少能准确表述有关署名画指画押的问题。我们举三种著作为例（按时代先后）。

《敦煌吐鲁番法制文书研究》第三章《敦煌、吐鲁番契约文书》第二节《敦煌、吐鲁番契约文书中的契约形式》注意到契约的形式问题，指出"契约签署具有多种方式。一种是在契约中写明'各自署名为信'，双方在契约中提到自己姓名处亲笔书写，或者在契约后各自署名。这在僧侣等较有文化者之间比较通行。还有一种是在契约末盖上私印，但最为常见的是'画指'……这类契约正文的结尾处一般都写有'画为信''获指为信'"①。

由于采用的样本太少，作者在这里完全是凭印象发言。文中不仅没有提到后期常见的画押、押字，而且没有看到从署名到画指再到画押的时代前后变化。因此给出的结论似是而非，既不完整也不准确。

《唐代经济民事法律述论》在《契约制度》一节中说："唐时有关契约签署方式变化颇多，各不相同。一种是契约中写明'各自署名为信'，还有一种是在契约末盖私印，最为常见的（现今发现的契约原件）是'画指'……这类契约正文的结尾处一般都有'画指为信''获指为信'的惯语，可见画指是当时最流行的文书签署方式。"②

这里可能参考了上本著作，内容不出上本书，问题也如上本书一样。

《唐代民事法律制度论稿》在第十三章《隋唐五代买卖契约及其法律控制》第二节《隋唐五代买卖契约的基本内容》中说契约的第六项内容是"当事人、保人乃至见人的签字画押。如上举几份契约文书中，除张义全卖舍契、阿吴卖儿契可能由于是习字帖，习字者随意将当事人、保人或见人的签字画押省略外，其余都有。但应引起注意的是，在签字画押的人员当中，往往并不包括交易的被动方"③。

作者在这里主要关心的是签名画押者为谁，以及体现出来的特点，至于到底是署名还是画指画押，似乎并不关心，因此所用词语"签字画押"就不大符合当时实际情况了。

通过以上三例，可知以往的研究者虽然研究契约制度、契约内容，甚至

① 陈永胜：《敦煌吐鲁番法制文书研究》，甘肃人民出版社，2000年，第52页。
② 张中秋：《唐代经济民事法律述论》，法律出版社，2002年，第154—155页。
③ 岳纯之：《唐代民事法律制度论稿》，人民出版社，2006年，第253页。

契约形式,但实际都没有对格式予以充分重视。这样就失去或掩盖了许多历史细节,不利于对契约制度进行更深入的研究。

总之,古文书学十分重视文书格式,认为通过研究格式的异同,可以帮助我们深入了解不同时代所呈现出来的各种政治的、经济的、社会的或文化的具体异同。敦煌吐鲁番契约文书中签署形式的变化就是一个很好的例子。其实本文没有提到或没有展开的问题还有一些,比如仁井田陞曾研究过的手印问题,比如后期出现的"答印为记"问题等。这些问题将留待今后陆续进行仔细研究。

此外,本文主要关心的是文书的格式(程式)或格式语言,至于具体实施情况,即是否真有署名、画指、画押,或当事人在多大程度上执行了这些格式语言,[①]也需要今后再作进一步的深入研究。

本文为 2017 年第六届中国古文书学学术研讨会会议论文,后发表于《隋唐辽宋金元史论丛》第八辑,上海古籍出版社,2018 年。

---

① 前引《裴文》就比较详细地讨论了唐西州契约中画指的执行情况,从"谁该画指""在文书的哪个位置画指""所画指节的精确程度"几方面进行探讨,结论是"画指真正在契约中执行的并不严格"。第 128 页。

唐代制敕文书起草者
署名等问题浅析

一

所谓"制敕"文书,其实就是"王言",是皇帝颁下的册书、制书、诏书、敕书、赦书等的代称。唐《公式令》云"下制敕宣行,文字脱误,于事理无改动者,勘检本案,分明可知,即改从正,不须覆奏。其官文书脱误者,咨长官改正"①,即以"制敕"代表"王言",区别于"官文书"。郭正一在高宗时从中书舍人到中书侍郎,"在中书累年,明习旧事,兼有词学,制敕多出其手,当时号为称职"②,也是以"制敕"来代表皇帝所颁各种"王言"的。

制敕制作有一定程序,相关研究已经很多。国外比较著名的有日本学者中村裕一的《唐代制敕研究》③;国内比较著名的有刘后滨的《唐代中书门下体制研究——公文形态·政务运行与制度变迁》④(以下简称为《刘书》)。后者讨论的是一个很宏观的体制变迁问题,制敕制作只是其中一部分,但就这一部分,书中也有很好的梳理。

根据《刘书》研究,唐前期(中书门下体制建立之前)制度上起草制敕是中书舍人的专职。中书舍人起草制敕文书并非亲笔书写,有时只是口述或起草底稿,而由中书主书等小吏书写。中书舍人如果不能起草制敕,则是不称职。⑤

中书门下体制建立后,中书省向以中书舍人为长官的专门负责撰写制敕的机构过渡。起草制敕之职逐渐使职化,形成"知制诰"制度,并逐渐形成

---

① 《唐律疏议》卷一〇《职制律》所引,中华书局,1983年,第200页。
② 《旧唐书》卷一九〇中《郭正一传》,中华书局,1975年,第5010页。
③ 中村裕一:《唐代制敕研究》,汲古书院,1991年。
④ 刘后滨:《唐代中书门下体制研究——公文形态·政务运行与制度变迁》,齐鲁书社,2004年。
⑤ 《刘书》,第118页。

与翰林学士的分职。①

肃宗以后,在开元以来以"知制诰"为标志的起草诏令之职逐渐使职化的情况下,以翰林学士供奉制敕的做法得以继承下来,②到元和初,翰林院单独设置书诏印,翰林学士的作用逐渐固定到起草诏令上,与中书舍人对掌"二制"的格局因此确定下来。③

制作程序之外,无论中村裕一著作还是《刘书》,都研究了制敕的格式。但是他们都没有涉及制敕文书起草者的署名问题。④ 本文即打算在这方面搜集些资料,作一点初步分析,想解决两个问题:第一,由于当值的中书舍人或翰林学士往往有两人,例如白居易就曾分别与钱徽、崔群等同时在禁中当值,⑤裴垍也曾与李吉甫同时在禁中当值,⑥如果正式制敕或制敕草稿上没有起草者的署名,那么群臣是怎么很快就知道制敕是谁起草的呢? 第二,知道了起草者之后,会带来哪些后果,它对于我们理解制敕内容又会有哪些启示?

---

① 《刘书》,第 231—232 页。

② 《刘书》,第 253 页。

③ 《刘书》,第 255 页。书中引《册府元龟》卷五百五十《词臣部·总序》说"凡赦书、德音、立后、建储、大诛讨、拜免三公将相曰制,百官班于宣政殿而听之。赐予征召、宣索处分之诏,慰抚军旅之书,祠飨道释之文,陵寝荐献之表,答奏疏赐军号,皆学士院主之;余则中书舍人主之。其翰林学士、中书舍人分为两制"。从实际例子看,翰林学士起草的制敕往往与中书舍人起草者有交叉。

④ 关于制敕起草者中书舍人等的研究还有许多,最近从政治文化史入手研究的有陆扬《论唐五代社会与政治中的词臣与词臣家族》,收入《清流文化与唐帝国》(北京大学出版社,2016 年,第 283—304 页)。文章高度评价词臣在唐五代政治中的作用,但也没有涉及制敕起草者的署名问题。

⑤ 白居易《冬夜与钱员外同直禁中》诗"夜深草诏罢,霜月凄凛凛"(朱金城笺校:《白居易集笺校》卷五,上海古籍出版社,1988 年,第 282 页),是与钱徽同宿禁中草诏;《答户部崔侍郎书》"顷与阁下在禁中日,每视草之暇,匡床接枕,言不及他"(《白居易集笺校》卷四五,第 2806 页),是与崔群同宿禁中草诏。此外如中书舍人、知制诰等,往往有数人同时任职,具体由谁撰写的诏敕,若无署名,外人怎么会得知? 例如"元和五年,(王仲舒)自职方郎中知制诰",同时,"(元和)五年,(李绛)迁本司(司勋)郎中,知制诰"。如果此时有制诰颁布,怎么知道是王仲舒草拟还是李绛草拟的呢? 但事实是,"(王)仲舒文思温雅,制诰所出,人皆传写",即当时人只要制诰颁布,就知道是谁写的了(参见《旧唐书》卷一百九十下《王仲舒传》,第 5059 页;卷一六四《李绛传》,第 4285 页)。

⑥ 《翰林志》记载:"至李吉甫除中书侍郎平章事,适与裴垍同直。裴垍草吉甫制,吉甫草武元衡制,垂帘挥翰,两不相知。"聂清风校注:《唐国史补校注(附录:翰林志)》,中华书局,2021 年,第 322 页。

二

我们阅读唐代皇帝制敕的集子如《唐大诏令集》，会发现有的制敕有起草者的署名，有的没有。这是为什么呢？原因或在于宋敏求编《唐大诏令集》，采自各种文集、诏令总集及实录，①可能采自文集的均有起草者的署名，其他则无。宋敏求只能按他搜辑到的资料，有署名的就署名，没有署名的就阙如了。

《文苑英华》所收制敕也说明了这一点。《文苑英华》"中书制诰"与"翰林制诏"共93卷，②所收制敕在千首以上，其中只有34首没有署名，且这34首中大部分是漏载而非缺名。③有署名者大多出自苏颋、孙逖、常衮、元稹、白居易、杜牧等，显然出自他们的文集。其他没有署名但署有出处的主要出自《编制》《内制》（或《太平内制》）、《制集》《类制》《玉堂遗范》和《王言会最》，共176首。这些收入制集的制敕，恐怕在收入时就删去了署名。

这样看来，虽然制敕在正式发布时并没有起草者的署名，④但起草者往往会将自己起草的制敕收入文集，使我们得以知道哪些制敕是何人所起草。

起草者将所起草的制敕收入自己文集，是因为制敕是文章的一类，制敕写得好坏，是判断一个人文章好坏的重要标准。所谓"大手笔"主要就是指制敕文章写得好。所以史籍中常有对制敕写得好的人的夸奖。例如：

> 齐澣……迁中书舍人。论驳书诏，润色王言，皆以古义谟诰为准的，侍中宋璟、中书侍郎苏颋并重之。⑤

> （孙）逖掌诰八年，制敕所出，为时流叹服。议者以为自开元已来，

① 《唐大诏令集》前言，中华书局，2008年，第4—5页。
② 《文苑英华》，中华书局，1982年。
③ 大多是前一首有署名，下一首写"前人"，则缺名的一首当为漏载署名。
④ 现存唐代告身上有中书令、中书侍郎、中书舍人的署名；赦书上有（吐鲁番文书《景龙三年南郊赦》，参见张弓主编《敦煌典籍与唐五代历史文化》四《史地章》，作者李锦绣。中国社会科学出版社，2006年）；制书、敕书上也有（参见久曾神升编《不空三藏表制集》，汲古书院，1993年）。不过这些署名只是中书省在履行"宣、奉、行"职责，并不意味着这里署了名的中书舍人就是该制敕的起草者。
⑤ 《旧唐书》卷一九○中《齐澣传》，第5036—5037页。

> 苏颋、齐澣、苏晋、贾曾、韩休、许景先及逖,为王言之最。逖尤善思,文
> 理精练,加之谦退不伐,人多称之。①
>
> (郑畋)俄迁中书舍人。(元和)十年(815),王师讨徐方,禁庭书诏
> 旁午,畋洒翰泉涌,动无滞思,言皆破的,同僚阁笔推之。②

因此之故,这些制敕的底稿就作为起草者自己得意的文章,收入文集,目的
当然是要宣示自己的"著作权",让文章被大家读到,以流传百世。所以我们
看现存唐人文集,凡起草过制敕的文人,其文集中必定有制敕文章。其中著
名的如白居易,文集中《中书制诰》有 6 卷、《翰林制诏》有 4 卷,共有 10
卷,③占文集 70 卷的 14%,若除去诗赋的 38 卷,则占文集的 31%;《元稹集》
中"制诰"12 卷,占文集 60 卷的 20%,④若除去诗赋的 27 卷,则占文集的
36%;《李德裕文集》中"制"2 卷、"诏敕"3 卷、"制词"1 卷共 6 卷,占文集 20
卷的 30%;⑤《陆贽集》中"制诰"10 卷,占文集 22 卷的 45%。⑥ 也就是说,这
些文人所作的制敕类文章,占到了全部文章的三分之一以上,多的将近二分
之一。这样一大批文章,自然不能轻易放弃属于自己的"著作权"了。

那么为什么有些制敕没有署名呢? 这个问题比较复杂,现在能想到的
原因可能是因为起草者没有将一些制敕收入自己的文集。至于为何不收入
自己文集,可能有两个原因。一个原因是作者不愿意留下底稿,导致制敕在
后来的传抄中丢失起草者姓名,又无法在其文集中找到。例如"(高郢)改中
书舍人,凡九岁,拜礼部侍郎……掌诰累年,家无制草。或谓之曰:'前辈皆
留制集,公焚之何也?'曰:'王言不可存私家。'"⑦另一个原因可能是有的起
草者认为制敕中部分内容不当收入个人文集。这一点,我们可以从元稹的
意见中探得一点儿信息。元稹说:"刘秩云制不可削。予以为有可得而削之
者:贡谋猷,持嗜欲,君有之则誉归于上,臣专之则誉归于下,苟而存之,其攘
也,非道也;经制度,明利害,区邪正,辨嫌惑,存之则事分著,去之则是非泯,

---

① 《旧唐书》卷一九〇中《孙逖传》,第 5044 页。
② 《旧唐书》卷一七八《郑畋传》,第 4631 页。
③ 其中《翰林制诏》中有伪作,参见《白居易集笺校》相关笺注。
④ 冀勤点校:《元稹集》,中华书局,1982 年。
⑤ 傅璇琮、周建国校笺:《李德裕文集校笺》,河北教育出版社,2000 年。文集中不包括诗赋。
⑥ 王素点校:《陆贽集》,中华书局,2006 年。文集中不包括诗赋。
⑦ 《旧唐书》卷一四七《高郢传》,第 3977 页。

苟而削之,其过也,非道也。"①也就是说,有些制敕可以保留在文集中,有些则不能收,收了就是"臣专之"就是"非道"。因此我们看到的收在文集中的制敕,并非起草者所作制敕的全部。后代人编辑类似《唐大诏令集》一类的诏敕集,如果从文集中看不到,自然也就无法署名了。

三

现在的问题是,制敕起草者将制敕草稿收入自己文集,往往是起草者将自己多年文章结集,也就是制敕发布很久以后的事情,那么为何制敕颁布后不久,群臣就知道是谁起草制敕了呢?

例如唐文宗大和九年(835)八月丁丑(四日),"以太仆卿郑注为工部尚书,充翰林侍讲学士"②。任命的制书为中书舍人高元裕起草,恐怕制书宣布后不久,群臣就都知道了。由于"(高)元裕为郑注除官制,说(郑)注医药之功,(郑)注衔之",借口高元裕饯送李宗闵,"壬寅(二十九日),贬中书舍人高元裕为阆州刺史"③。郑注显然很快就知道是谁起草的制书,然后在制书颁布的二十几天后找了个借口将起草者贬出京城。郑注显然不是从高元裕文集中知道他是起草者的。那么郑注是怎么知道制书是高元裕起草的呢?

再如"(封敖)会昌初,以员外郎知制诰,召入翰林为学士,拜中书舍人……(武宗)封(李德裕)卫国公,守太尉。其制语有:'遇横议于风波,定奇谋于掌握。逆稹盗兵,壶关昼锁,造膝嘉话,开怀静思,意皆我同,言不他惑。'制出,敖往庆之,德裕口诵此数句,抚敖曰:'陆生有言,所恨文不逮意。如卿此语,秉笔者不易措言。'座中解其所赐玉带以遗敖,深礼重之"④。李德裕显然也不是从封敖的文集中知道他是起草者的,那他又是怎么知道制书是封敖起草的呢?

要想解决这一问题,仅凭现有史料很难实现,我们只能作一点推测:

一个可能是制敕起草者会在制敕的草稿上署名,而这署名可能会被官

① 《旧唐书》卷一六六《元稹传》,第 4336 页。标点有所改动。
② 《旧唐书》卷一七下《文宗本纪下》,第 559—560 页。
③ 《旧唐书》卷一七下《文宗本纪下》,第 560 页。
④ 《旧唐书》卷一六八《封敖传》,第 4392—4393 页。

员(特别是在禁中的官员)看到。唐李肇撰《翰林志》提到裴垍与李吉甫同时在禁中草制,"裴垍草吉甫制,吉甫草武元衡制,垂帘挥翰,两不相知。至暮,吉甫有叹惋之声,垍终不言,书麻尾之后,乃相庆贺"①。这里的"书麻尾之后"可能的一个解释,是将起草者的名字"书"在"麻尾"上。又,我们知道唐代的制敕制作会有几份抄件。《梦溪笔谈》卷一记:"按唐故事,中书舍人职掌诏诰,皆写二本,一本为底,一本为宣。"②留底的那本大概会有起草者署名,供群臣查阅。《程氏续考古编》卷二说"玄宗爱苏颋文曰:'卿所为诏令,令别录副本,书臣某撰,朕当留中。'后遂为故事"③。由此可知在制敕的副本上要明确写明"臣某撰"即由谁起草,也就是要署名的。这里说副本上署名在玄宗以后形成"故事",于是我们看到《文苑英华》也好,《唐大诏令集》也好,制敕有署名的如苏颋、孙逖、常衮、白居易、元稹等,主要都在玄宗朝或以后。可见在制敕草稿(副本)上署名,或许从玄宗以后就形成了制度。④ 这种有署名的草稿,可能会很快被官员看到。柳宗元在做集贤殿正字时,听说有诏书要贬国子司业阳城于道州,听后闷闷不乐。这时"署吏有传致诏草者,仆得观之",提前看到诏书草稿,知道了皇帝贬阳城的目的,于是"宽然少喜"。⑤ 由此可知,诏书草稿是可能被人看到的,尤其是在禁中的官员。

还有一个可能是登载了官员任免信息的"进奏院状""报状""邸报"(以下统称为"报状"⑥)等文件中可能记载了制敕起草者的名字。

---

① 《唐国史补校注(附录:翰林志)》,第 322 页。

② 沈括撰,胡道静校注:《新校正梦溪笔谈》卷一,中华书局,1957 年,第 25 页。"皆写二本"原作"皆写四本",校注者据万历本改。其实写四本也是有可能的,除去底、宣二本外,可能还有一本为起草者个人保有。前引高郢事,说他"掌诰累年,家无制草",显然一般起草者是"家有制草"的。

③ 程大昌撰,刘尚荣校点:《程氏续考古编》卷二,辽宁教育出版社,第 16 页。原文为"元宗",改为"玄宗"。

④ 唐前期在表状的草稿上也会有起草者的署名,例如钱易撰,黄寿成点校《南部新书》卷辛记载"洛阳郑生……家藏法书数十轴……有欧阳率更为皇太子起草表本,不言太子讳,称臣某叩头顿首。书甚端谨,然多涂改,于纸末别标'臣询呈本'四字"(中华书局,2002 年,第 126 页),就是欧阳询在他起草的表本上署名的一例。

⑤ 尹占华、韩文奇校注:《柳宗元集校注》卷三四《与太学诸生喜诣阙留阳城司业书》,中华书局,2013 年,第 2167 页。

⑥ 唐代没有"邸报",因此若总唐宋言之,以"报状"统称比较妥当。

　　关于"报状"的研究,以往主要是新闻史的研究者在作,①唐宋时期最近的成果有《唐代官报研究》②《宋代邸报研究》③。根据研究,报状在宋代比较成熟,而无论唐宋,这类文件内容中的重要一项是官吏任免。先看宋代,相关资料甚多,例如《老学庵笔记》卷六记"予在闽中,与何擂之同阅报状,见新进骤用者,擂之曰:'渠是一生人,宜其速进'"④;《渑水燕谈录》卷九记"孙公冕……殊不喜谈朝廷除授,亦未尝览除目。每得邸吏报状,则纳怀中,不复省视。或诘其意,曰:'某人贤而反沈下位,某人不才而骤居显官,见之令人不快尔'"⑤;《毗陵集》卷八记"臣伏睹进奏官报状,蒙恩除臣资政殿大学士,闻命震悸,不知所云"⑥;《鹤林集》卷三一记"六月间得邸吏报状,见御笔新除两谏官,除书一颁,识与不识,莫不为朝廷庆得贤之喜"⑦;由此可见群臣包括被任命者自己,都是通过报状读到制书(除书),获知任免信息的。

　　这种性质的"报状"唐代也有。《北梦琐言》卷三记陈会"大和元年(827)及第,李相固言览报状"⑧云云;卷四记"(陈)敬瑄(打球)获头筹,制授右蜀节旄以代崔公,中外惊骇。报状云,陈仆射之命,莫知谁何"⑨;卷五记"始,蒋伸相登庸,李景逊尚书西川览报状而叹曰:'不能伏事斯人也。'遂托疾离镇"⑩;《东观奏记》卷上记马植"寻除光禄卿,报状至蜀,(杜)惊谓术士曰:'贵人至阙,作光禄卿矣!'"⑪这里的"报状"其实就是"进奏院状",在《桂苑笔耕集》中记载了很多,例如:"臣得进奏院状报,二月二十二日恩除建王可开府仪同三司兼太保充魏博节度使者";"臣得进奏院状报,伏奉某月日恩制,加授臣侍

①　有关学术史的综述,参见董粉和、吴慧慧《邸报研究综述》,《新闻界》2016 年第 20 期,第 2—9,33 页。
②　作者李东,安徽大学 2013 年硕士学位论文。
③　作者李亚菲,安徽大学 2013 年硕士学位论文。
④　陆游撰,李剑雄、刘德权点校:《老学庵笔记》卷六,中华书局,1997 年,第 77 页。
⑤　王辟之撰,吕友仁点校:《渑水燕谈录》卷九,中华书局,1997 年,第 115 页。
⑥　张守:《毗陵集》卷八《辞免除资政殿大学士札子》,文渊阁《四库全书》影印本,上海古籍出版社,1987 年,第 1127 册,第 760 页下栏。
⑦　吴泳:《鹤林集》卷三一《答郭子寄书》,文渊阁《四库全书》影印本,第 1176 册,第 305 页下栏。
⑧　孙光宪撰,贾二强点校:《北梦琐言》卷三,中华书局,2002 年,第 62 页。
⑨　《北梦琐言》卷四,第 75 页。
⑩　《北梦琐言》卷五,第 97 页。
⑪　裴庭裕撰,田廷柱点校:《东观奏记》卷上,中华书局,2006 年,第 89 页。

中，余并如故，仍加食实封一百户者"；①等等。可见，唐人也是通过"报状"（或"杂报"②）一类文件得知朝廷任免信息的。

敦煌文书中有两件进奏院状，③虽然内容没有涉及官吏任免，但在其中一份修状请节的进奏院状中，几次写了"李伯盈修状四纸""又遣李伯盈修状四纸""又遣李伯盈修状七纸"等，明确写出了请节状起草者的姓名。官员任免的诏敕，可能也会有此类信息。

于是或可推测，会不会"报状"（杂报）在刊登有关任免制书时，会将起草者姓名以某种形式刊登出来了呢？可惜没有实物存世。

总之，制敕起草者虽然不在正式颁布的制敕上署名，但其作为起草者可能会在草稿上署名，其撰写或署名的信息可能在传递过程中（诏敕草稿要经某种程序才能获批书写颁行，其中包括从起草者到审批者、颁行者的传递过程）或通过朝廷报状类文件为别人所知道。起草者还会将所起草的制敕文字收入个人文集（正式署名），以便流传。

四

群臣知道了制敕文书起草者，一个作用是可以判断起草者是否公允，有助于起草者的声望，也能使制敕所涉官员更令人爱戴或更令人憎恶。这种情况往往出现在任免官员的制书中。制书与起草者姓名因此而并传于世。《东观奏记》就记有以下几例：④

> 广州节度使纥干皋以贪猥闻，贬庆王府长史，分司东都。制曰："钟陵问俗，澄清之化靡闻；南海抚封，贪黩之声何甚！而又交通诡遇，沟壑无厌。迹固异于澹台，道殊乖于吴隐。"舍人韩琮之词也。尽上一朝，不进用矣。⑤

---

① 崔致远撰，党银平校注：《桂苑笔耕集校注》卷上，中华书局，2007年，第8、85页。
② 孙樵：《孙可之文集》卷一〇《读开元杂报》，上海古籍出版社，2013年，第85—87页。孙樵在文中说"及来长安日，见条报朝廷事者，徒曰今日除某官，明日除某官，今日幸于某，明日畋于某"。可见在长安的官员也是通过此类"报"获知官员任免信息的。
③ 参张国刚《两份敦煌"进奏院状"的研究》，《学术月刊》1986年第7期，第57—62页。
④ 《东观奏记》卷中，第112—113页；卷下，第133页。
⑤ "尽上一朝，不进用矣"一句用《四库全书》本。中华书局本作"书上，一朝不进用矣"，恐非是。

　　工部尚书杨汉公前任荆南节度使,以不廉闻,公议益喧,左迁秘书监。制曰:"考三载之绩,尔最无闻;致多士之嘲,人言未息,既起风波之论,难安喉舌之司。"舍人沈询词也。

　　武昌军节度副使苗(名与庭裕家讳同)责童子严不避马,擒至幕,笞其背。严母诣阙称冤,苗贬江州司马。制曰:"避马虽乖于严敬,鞭人合顾于簪缨。"舍人杨绍复之词也。苗自此为清议所薄。

　　敕:"乡贡进士温庭筠早随计吏,夙著雄名,徒负不羁之才,罕有适时之用。放骚人于湘浦,移贾谊于长沙,尚有前席之期,未爽抽毫之思,可隋州隋县尉。"舍人裴坦之词也。……上明主也,而庭筠反以才废。制中自引骚人长沙之事,君子讥之。

这几件制书中的前三件之所以被记载被流传,不仅因为用词用典,而且因为这些制书颁下后,制书所涉之人或"一朝不进用"或"为清议所薄",收到了起草者要达到的效果。在这种情况下,制书起草者的大名("舍人韩琮之词也""舍人沈询词也""舍人杨绍复之词也")也就和制书中语句一并流行并为人所知了。最后一例用典有误,敕书起草者("舍人裴坦之词也")遂被"君子讥之"。

　　起草者署名的作用还在于如果出现失误,便于追究责任。例如元和八年(813)十月,"以神策普润镇使苏光荣为泾州刺史、四镇北庭行军泾原节度使"①,翰林学士韦弘景"草麻,漏叙光荣之功,罢学士,改司门员外郎"②。这是在起草制书时,漏写了苏光荣的功劳事迹。由于苏光荣是隶属于神策军的镇使,因此处罚相对比较重。而苏光荣估计是看到制书草稿③的署名知道是谁起草的,才建议追究了起草者的失误责任。

　　反映在制书中更多的是恩怨爱憎。起草者往往在制书中塞有私货,曲折表达爱憎,因此会引起种种恩怨。先看感恩方面。例如:

　　穆宗即位,征拜(崔群为)吏部侍郎,召见别殿,谓群曰:"我升储位,知卿为羽翼。"群曰:"先帝之意,元在陛下。顷者授陛下淮西节度使,臣

① 《旧唐书》卷一五《宪宗本纪下》,第447页。
② 《旧唐书》卷一五七《韦弘景传》,第4153页。
③ 前述柳宗元能看到诏书草稿就是一例。

奉命草制,且曰:'能辨南阳之牍,允符东海之贵。'若不知先帝深旨,臣
岂敢轻言?"数日,拜御史中丞。①

按穆宗为淮西节度使,是元和五年(810)为皇太子之前,崔群时为翰林学士、
中书舍人,负责起草制书。② 他在制书中暗示穆宗会成为皇太子,所以穆宗
即位后感谢并将其提拔。这也表明穆宗当时作为诸王很清楚制书是谁写
的。这就是起草者署名的作用。前述李德裕对制书起草者封敖的感谢也是
一例。

至于因起草制书导致作者被怨恨的例子就更多了。前述起草者高元裕
被郑注怨恨就是一例。再如:

> (令狐)楚再贬衡州刺史。时元稹初得幸,为学士,素恶楚与(皇甫)
> 镈胶固希宠,稹草楚衡州制,略曰:"楚早以文艺,得践班资,宪宗念才,
> 擢居禁近。异端斯害,独见不明,密赞讨伐之谋,潜附奸邪之党。因缘
> 得地,进取多门,遂忝台阶,实妨贤路。"楚深恨稹。③

这是说元稹为翰林学士,厌恶令狐楚,因此在起草贬令狐楚为衡州刺史的制
书时,使用了大量贬斥性语言,导致令狐楚对元稹的深深怀恨。这里元稹起
草时所用词语,完全是出于对令狐楚与皇甫镈勾结朋党的义愤,措辞具有鲜
明的褒贬。令狐楚看到这件制书时的气愤可以理解,不过他忘了他自己才
是利用制书词语陷害别人的高手:

> (武)儒衡气岸高雅,论事有风彩,群邪恶之。尤为宰相令狐楚所
> 忌。元和末年,垂将大用,楚畏其明俊,欲以计沮之,以离其宠。有狄兼
> 谟者,梁公仁杰之后,时为襄阳从事。楚乃自草制词,召狄兼谟为拾遗,
> 曰:"朕听政余暇,躬览国书,知奸臣擅权之由,见母后窃位之事,我国家
> 神器大宝,将遂传于他人。洪惟昊穹,降鉴储祉,诞生仁杰,保佑中宗,
> 使绝维更张,明辟乃复。宜福胄胤,与国无穷。"及兼谟制出,儒衡泣诉
> 于御前,言其祖平一在天后朝辞荣终老,当时不以为累。宪宗再三抚慰

① 《旧唐书》卷一五九《崔群传》,第 4189 页。
② 分见《旧唐书》卷一六《穆宗本纪》(第 475 页)及卷一五九《崔群传》(第 4187 页)。
③ 《旧唐书》卷一七二《令狐楚传》,第 4461 页。

之。自是薄楚之为人。①

为了阻止武儒衡为相，宰相令狐楚不惜自己动手起草制书，通过任命狄仁杰后代的曲折方式，在制书中明写"奸臣擅权""母后窃位"，暗示武儒衡与武后的关系，用心极其阴险，难怪宪宗因此"薄（令狐）楚之为人"。由此制书还可知道，虽然其中说"朕听政余暇，躬览国书"云云，采用的是皇帝口气，实际却是起草者的私货，皇帝并未看什么国书。这就提示我们，以皇帝名义颁发的制敕，并非都体现着皇帝旨意，反而往往掺杂起草者的意志。

这类例子还有不少，限于篇幅，我们就不列举了。

以上我们提到拜官免官的制书往往与皇帝的旨意相出入，有的还曲折反映了朝廷的权力斗争。这里举一个有名的例子。例子还是与令狐楚有关。《旧唐书·李逢吉传》记载：

> 时用兵讨淮、蔡，宪宗以兵机委裴度，逢吉虑其成功，密沮之，由是相恶。及度亲征，学士令狐楚为度制辞，言不合旨，楚与逢吉相善，帝皆黜之。②

这里提到翰林学士令狐楚为裴度起草的制书，其"制辞，言不合旨"，所以宪宗把他和李逢吉都罢免了。不过令狐楚起草的"制辞"实际不是不合圣旨，而是不合裴度之意，而且只是几句看起来似乎无关紧要的词语。《旧唐书·裴度传》对此有详细记载：

> 诏曰："辅弼之臣，军国是赖。兴化致理，秉钧以居；取威定功，则分阃而出。所以同君臣之体，一中外之任焉。属者问罪汝南，致诛淮右，盖欲刷其污俗，吊彼顽人。虽挈地求生者实繁有徒，而婴城执迷者未翦其类，何兽困而犹斗，岂鸟穷之无归欤？由是遥听鼓鼙，更张琴瑟，烦我台席，董兹戎旃。朝议大夫、守中书侍郎、同平章事、飞骑尉、赐紫金鱼袋裴度，为时降生，协朕梦卜，精辨宣力，坚明纳忠。当轴而才谋老成，运筹而智略有定。司其枢务，备知四方之事；付以兵要，必得万人之心。是用祷于上玄，拣此吉日，带丞相之印绶，所以尊其名；赐诸侯之斧钺，

① 《旧唐书》卷一五八《武儒衡传》，第4162页。
② 《旧唐书》卷一六七《李逢吉传》，第4365页。

所以重其命。尔宜宣布清问,恢壮皇猷,感励连营,荡平多垒,招怀孤疾,字抚夷伤。况淮西一军,素效忠节,过海赴难,史册书勋。建中初,攻破襄阳,擒灭崇义。比者胁于凶逆,归命无由。每念前劳,常思安抚。所以内辍辅臣,俾为师率,实欲保全慰谕,各使得宜。汝往钦哉! 无越我丕训。可门下侍郎、同中书门下平章事、蔡州刺史,充彰义军节度、申光蔡观察等使,仍充淮西宣慰招讨处置使。"

诏出,度以韩弘为淮西行营都统,不欲更为招讨,请只称宣慰处置使。又以此行既兼招抚,请改"翦其类"为"革其志"。又以弘已为都统,请改"更张琴瑟"为"近辍枢衡",请改"烦我台席"为"授以成算",皆从之。①

裴度这里挑出的几句话,其实无关大局,主要就是以此来指责起草者,兼及背后的指使者,以达到削除掣肘、以便全力征讨的目的。因此我们才说令狐楚起草的制辞不是不合皇帝旨意,而是不合裴度之意。《旧唐书·令狐楚传》就是这样说的:

(元和)十二年(817)夏,度自宰相兼彰义军节度、淮西招抚宣慰处置使。宰相李逢吉与度不协,与楚相善。楚草度淮西招抚使制,不合度旨,度请改制内三数句语。宪宗方责度用兵,乃罢逢吉相任,亦罢楚内职,守中书舍人。②

这里就明确说令狐楚起草的制书,"不合(裴)度旨"。所以所谓制书,有时未必反映的是皇帝的旨意。此外值得注意的是,流传至今的令狐楚起草的制书文字,流传有两种"制辞"。一种是编辑于《唐大诏令集》中的《裴度门下侍郎彰义军节度宣慰等使制》③。《四库全书提要》指出:

其中不尽可解者,如《裴度门下侍郎彰义军节度使宣慰等使制》,据《旧唐书》,其文乃令狐楚所草,制出后度请改制内"剪其类"为"革其志",改"更张琴瑟"为"近辍枢衡",改"烦我台席"为"授以成算",宪宗从之,楚亦因此罢内职。是当时宣布者,即度奏改之辞。今此集所载,尚

---

① 《旧唐书》卷一七〇《裴度传》,第4416—4417页。
② 《旧唐书》卷一七二《令狐楚传》,第4460页。
③ 《唐大诏令集》卷五二,第275—276页。

仍楚原文,不依改本。未详何故。①

对四库馆臣的这一疑问,赵守俨先生认为很可能是据令狐楚的文集辑入的。② 不过当时还流传着另一个版本的"制辞",即《文苑英华》中的《授裴度彰义军节度使制》。这个制书采用的是经裴度建议改后的文字,即"革其志""近辍枢轴""授以成算",但署名也是"令狐楚"。③ 作为制书的起草者,令狐楚在将这份制书收入自己文集时,到底收的是自己起草的原稿还是改后的定稿? 推而广之,其他起草者在自己文集中是收入草稿还是定稿呢? 这都需要今后再进行认真的比对和研究。④

<h1 style="text-align:center">五</h1>

以上所说主要是拜官免官的制书,那么其他制敕的情况呢? 我们先举一个有关赦书的著名例子。《旧唐书·韦处厚传》云:

> 宝历元年(825)四月,群臣上尊号,御殿受册肆赦。李逢吉以李绅之故,所撰赦文但云左降官已经量移者与量移,不言未量移者,盖欲绅不受恩例。处厚上疏曰:"伏见赦文节目中,左降官有不该恩泽者。……臣与逢吉素无雠嫌,与李绅本非亲党,所论者全大体,所陈者在至公。伏乞圣慈察臣肝胆,倘蒙允许,仍望宣付宰臣,应近年左降官,并编入赦条,令准旧例,得量移近处。"帝览奏,深悟其事,乃追改赦文,

① 《四库全书总目》卷五五,中华书局,1981 年,第 495 页上栏。
② 《唐大诏令集》前言,第 4 页。
③ 《文苑英华》卷四五二《翰林制诏》,第 2294 页。
④ 《白居易集》所收制诏,有的注有"某年某月某日进",例如卷五四《除阎巨源充邠宁节度使制》注有"四年十月一日进"(《白居易集笺校》,第 3122 页);《除程执恭检校右仆射制》注有"七月十二日夜进"(第 3125 页)。这些注有"某日进"的制书可能是草稿原件。又,从《白居易集》所收制诏与其他书如《唐大诏令集》等的不同,也可知二种书所收,虽然均署名"白居易",但可能一为草稿一为定稿。例如卷四八《韦觊可给事中……制》"不置于佩服掌握之间",在《文苑英华》中则为"不置佩服之中,掌握之上"(顾学颉校点:《白居易集》,中华书局,1979 年,第 1022 页);卷五〇《册回鹘可汗加号文》"能事大图远,纳忠贡诚",在《唐大诏令集》中则为"能事大国,远纳忠贤"(第 1045 页)。当然,这也可能是传抄过程中造成的不同。

绅方沾恩例。①

关于这件事,《刘书》认为反映了"宰相与翰林学士在制敕起草过程中的不同作用。宰相李逢吉所撰的敕文节目,即是所谓'处分之要者',是为'诏意',没有经过翰林学士的起草仍不能宣出。故须付学士院,使增其首尾常式之言。翰林学士韦处厚的上疏,即在接到宰相的'诏意'之后"②。对此看法,我稍有怀疑,因为上文明确说是"李逢吉……所撰敕文",即敕文就是李逢吉撰写的,并没有通过翰林学士。而且这件敕文也是已经发布了的,所以才有敬宗看到上奏后"追改敕文"的做法。《刘书》的立论主要在韦处厚上疏中说看到了"敕文节目中"有"左降官不该恩泽"的话,所以认为这里的"节目"就是宰相付给学士院的"诏意"。但是若检查其他史料,这里的"节目"其实是敕文的"节文"。例如《旧唐书·敬宗本纪》就将此事记为"(宝历元年)四月,大赦……时李绅贬官,李逢吉恶绅,不欲绅量移,乃于赦书节文内,但言左降官已经量移,宜与量移近处,不言未经量移者宜与量移。翰林学士韦处厚上疏论列云……帝遽命追赦书添改之"③。这里明确说韦处厚看到的是赦书的"节文",而我们知道,赦书的节文是已经颁布了的,所以此段史料最后说"命追赦书添改之"。从"添改之"也可知道这个赦书是已经下发了的。《旧唐书·李绅传》对此更详细地记为"帝特追赦书,添节文云'左降官与量移',绅方移为江州长史"④。因此我们可以肯定,这件赦书是宰相李逢吉而非翰林学士撰写的。

从韦处厚疏文中"臣与逢吉素无雠嫌,与李绅本非亲党,所论者全大体,所陈者在至公"一句可知他在赦书颁布的当时,就知道赦书的起草者是李逢吉了。这也许可证明宰相起草制敕,也可能是在草稿上署名的。

从《文苑英华》看,如前所述,除任免制书外,有176首制敕(主要是赦书、册文等)出自《编制》《内制》《玉堂遗范》等制敕集子,没有起草者署名。

---

① 《旧唐书》卷一五九《韦处厚传》,第4185页。《唐大诏令集》卷一〇《宝历元年册尊号赦文》中没有关于未量移者量移的文字,四库馆臣于是有所质疑,但是查《文苑英华》卷四二三《宝历元年四月二十日册尊号赦文》,明确记有"未经量移者并与量移"字样(第2141页),可证赦书确实是改过了。

② 《刘书》,第319页。

③ 《旧唐书》卷一七上《敬宗本纪》,第514页。

④ 《旧唐书》卷一七三《李绅传》,第4499页。

这可能与其采取的资料源是各种《制敕集》有关。而《唐大诏令集》中的赦书、册文等虽然大部分没有署名,但也有署名的。例如《改元开元元年大赦天下制》,署名"苏颋"①;《奉天改兴元元年赦》,署名"陆贽"②;《睿圣文武皇帝册文》,署名"李吉甫"③;《仁圣文武章天成功神德明道大孝皇帝册文》,署名"李德裕"④;如此甚多。可以推测唐代除任免制书外,其他制敕如赦书、册文等,似乎起草者也要署名。只是在将这些制敕收入各种《制敕集》时可能删去了起草者的名字。

　　另外要注意的是,例如上述李吉甫起草的册文是元和三年(808),此时李吉甫已是宰相;李德裕起草的册文是会昌五年(845),此时他也是宰相。这就是说,宰相起草制敕,也要署名,也会迅速被人知道,就像上述李逢吉所起草的赦书一样。

　　宰相或大臣撰写制敕,自然也要在其中表达自己的观点。例如:

　　　　(李)训乱之夜,文宗召右仆射郑覃与(左仆射令狐)楚宿于禁中,商量制敕,上皆欲用为宰相。楚以王涯、贾𫗦冤死,叙其罪状浮泛,仇士良等不悦,故辅弼之命移于李石。⑤

这是文宗与尚书左右仆射"商量制敕"后,由大臣自己起草制敕。这个制敕先由令狐楚起草,由于其中同情王涯等宰相冤死,"叙其罪状浮泛",得罪了仇士良等宦官。仇士良显然知道制敕是令狐楚而非郑覃所写,可能也因为令狐楚在草稿上署了自己的名字。

　　指出宰相在制敕中表达自己观点最极端的例子是唐末昭宗在凤翔时,朱全忠欲以兵士迎驾的奏表。朱全忠在表中说:

　　　　臣独兼四镇,迨事两朝,……昨奉诏书,兼宣口敕,令臣速抽兵士,且归本藩,仍遣百官,俾赴行在。睹纶言于凤纸,若面丹墀;认御札于龙衣,如亲翠盖。然知从来书诏,出自宰臣,每降宣传,皆非圣旨,致臣误

① 《唐大诏令集》卷四,第20页。
② 《唐大诏令集》卷五,第27页。
③ 《唐大诏令集》卷七,第45页。
④ 《唐大诏令集》卷八,第49页。
⑤ 《旧唐书》卷一七二《令狐楚传》,第4462页。

将师旅,遽入关畿,比令迎驾之行,翻挂胁君之过。①

当时昭宗在凤翔,宰相在长安,造成"京师无天子,行在无宰相"的混乱局面,②所以朱全忠接到诏书不知是谁起草的。虽然如此,他仍然尖锐指出"从来书诏,出自宰臣,每降宣传,皆非圣旨",话说得也许比较极端,但反映出在当时人的意识里,许多诏书其实都出自宰相或其他大臣,并非准确表达了皇帝旨意。这一点很重要。它很好地诠释了宰相及其他起草者与制敕与皇帝旨意之间的关系。

简 短 结 论

通过以上分析,可以得出几个简单结论。

第一,一般而言,唐代制敕文书的起草者可能会在制敕草稿上署名(或许在玄宗以后形成制度)。这种署名可能会通过某种方式(例如草稿查阅或报状刊登流传)使群臣知道制敕的起草者。

第二,在制敕草稿上署名,从起草者的角度,是因为制敕作为一种文章类型,从中可看出起草者的撰文水平,因此愿意将其收入文集,以利传播,同时也是对制敕文书"著作权"的确认。若从制度文化角度,在制敕草稿署名则体现了一种"文责自负"精神:制辞若有问题,便于追究责任。

第三,由于起草者起草制敕时只拿到简单的"词头",因此在具体如何措辞方面就给了起草者相当大的自由发挥空间。于是我们看到起草者往往通过叙述功过、隐晦用典等手段将个人好恶塞进制敕,造成制敕表面看是皇帝圣旨,实际却含有起草者意图的局面。不过正因为制敕草稿均有署名,因此又可以从起草者的身份、地位、交友等背景出发,将那些塞进制敕的"私货"识别出来。这也就是制敕草稿署名最主要的功能所在。

第四,这也因此提醒我们,在阅读唐代制敕文书时,不能简单认为都是皇帝圣旨,都反映了皇帝的意志和观点。要特别留心制敕起草者塞进去的"私货",并将其鉴别出来,才能避免落入起草者设计的话语倾向之中。

---

① 《旧唐书》卷一七七《崔胤传》,第 4584 页。
② 《资治通鉴》卷二六二昭宗天复元年十一月条,中华书局,1976 年,第 8562 页。

一份制敕从起意、商议、起草到颁布、传播、接受、施行、回馈，是由一系列制度和行为构成的，其中充满细节。这些细节常常会影响制敕的效用。制敕起草者署名就是关涉制敕文书形成和实际效用的细节之一，因此值得研究。

起草者在制敕文书草稿上署名，让人知道是谁起草了制敕，是一个好的制度。它可以帮助我们识别制敕文书中的非皇帝意志部分，并更好理解制敕颁布前后的政治氛围，以及起草者思想行为对制敕内容的影响。可惜这一制度在现当代未能继续下去，这是令人十分遗憾的。

本文为 2018 年第七届中国古文书学学术研讨会会议论文，后进行了大幅增补修订，发表于《隋唐辽宋金元史论丛》第十一辑，上海古籍出版社，2021 年。

吐鲁番出土唐代文书中
"保证语"浅析

　　吐鲁番出土唐代文书中保留了许多官府文书。这些官府文书中有许多是民众向官府，或下级胥吏向上级官府报告事项的文件。在这些文件的最后，往往都写有"保证语"①。这些"保证语"多与法律相关，但多是套话，因此迄今似乎没有专门文章予以讨论。

　　本文试图从这些写有"保证语"的文书中找出一些典型事例，看看它们是否随时代的不同而有所不同，或者说这些不同具有什么特色。由于才疏学浅，错误之处必不可免。

一

　　唐朝灭亡高昌国后的当年，即贞观十四年（640）就开始出现"保证语"了。在吐鲁番出土的唐代文书中，它首先出现在手实里。所谓"手实"，是民户自己向官府申报户口、土地的文书，与编制户籍、与均田制都有关系，要求必须准确无误，因此在手实的最后都有一段"保证语"。

　　例如《唐贞观十四年（640）西州高昌县李石住等户手实》最后有云：

　　　7 牒被责当户手实，具注如前，更[无]加减。若后虚妄，
　　　8 求受罪。谨牒。
　　　9　　　　　贞观十四年九月　日户主李石住牒②

本件文书共有8段，只有1段即李石住户的申报后面录有完整的"保证语"，

① "保证语"是现在的俗称。唐时如何称呼我们并不清楚，可能叫"保白"。杜牧《唐故太子少师……牛公墓志铭》有云："大人守大梁二十年，齐、蔡诛后始来朝，今不以财援中外，设有飞一辞者，谁与保白。"（《杜牧集系年校注》，中华书局，2008年，第702页）。
② 《吐鲁番出土文书》第四册，文物出版社，1983年，第72页。

其他各段均有缺损。关于此件手实研究者众多,例如土肥义和、唐师长孺、池田温、朱雷、卢向前等,[①]但他们关注的主要是手实的性质、编制的时间以及与计帐户籍的关系等,没有特别关注这些"保证语",[②]只有卢向前排比了几种"保证语",[③]目的是证明手实形态有所演变,反映了西州百姓对唐代田令的认识由浑沌变得逐渐清晰。[④]

　　卢向前认为这件手实作于唐朝刚刚平定高昌国时,可能是在西州成立之前,反映在手实中的内容就不大符合唐田令的规定。他特别提出这件手实中的"被责"字样,在其他一些手实中并没有。这一提示十分重要。它说明吐鲁番民众刚被纳入唐朝统治,就"被责"即被要求提供自家有关户口和土地的资料。他们很惶恐,又对唐朝法令不很熟悉,因此在"保证语"中只好写上如果有虚妄,就"求受罪";甚至在同年的另一件手实中还写道"求受重罪"[⑤]!于是我们从中看到的是一群刚刚被新的统治者统治,在他们的命令下不得不提供信息、又怕出错的一种战战兢兢。这一"保证语"说明他们其实对要受何种"罪"并不清楚。

　　后来又过了几年,虽然还是贞观年间,但随着《田令》的普及以及《唐律》的普及,吐鲁番民众大概知道了如果有所虚妄的话,应该获得什么惩罚,于是手实的"保证语"有了微小变化:

　　　　3 牒被责 当户来年手实,件通如前,无有加减。若后虚妄,求依法
　　　　□罪。谨牒。[⑥]

这时虽然还是"被责"的,但所"求"的罪则变为"依法"受罪了。这个法应该就是武德律或贞观律中《户婚律》的如下规定:

　　　　诸脱户者,家长徒三年;无课役者,减二等;女户,又减三等。脱口

① 详见李锦绣《敦煌吐鲁番文书与唐史研究》中的"手实"一节(福建人民出版社,2006年,第70—75页),以及卢向前《唐代西州土地关系述论》中"均田制实行之准备"一节(上海古籍出版社,2001年,第1—17页)。
② 例如池田温就将它视为"最后加上老一套刻板式的词句"云云(龚泽铣译:《中国古代籍帐研究》,中华书局,2007年,第91页)。
③ 但他没有称为"保证语",而只是关注其中的"用辞"。
④ 卢向前:《唐代西州土地关系述论》,第15—17页。
⑤ 《吐鲁番出土文书》第四册,第73页。
⑥ 《吐鲁番出土文书》第四册,第255页。

及增减年状以免课役者,一口徒一年,二口加一等,罪止徒三年。其增减非免课役及漏无课役口者,四口为一口,罪止徒一年半,即不满四口,杖六十。①

作为"户主"的家长清楚知道如果漏报或增减年状会有何种惩罚,心中有数,手实报得就比较从容了。后来申报手实不再是"被责","保证语"就变成了:

8□□通当户来年手实,具注如前,并皆依实,[
9□妄,依法受罪。谨牒。②

这件文书也是贞观年间的手实,但没有了"被责",多了"依法",看上去申报户口、土地的民众踏实多了。

不仅手实,其他如里正编制户口帐也是如此。例如《唐贞观十八年(644)西州高昌县武城等乡户口帐》有云:

12　　]户口、新旧、老小、良贱、见输、白丁,并皆依实,后若漏妄,连署之人依法[受]罪。谨牒。

13　　　　　　　　　贞观十八年三月　日里正阴曹曹牒

14　　　　　　　　　　　　　　里正李[

15　　　　　　　　　　　　　　里[　③

这里也提到了"依法受罪"。这里的法应该是《唐律》的下面这条:

诸里正不觉脱漏增减者,一口笞四十,三口加一等;过杖一百,十口加一等,罪止徒三年。若知情者,各同家长法。④

以及:

诸同职犯公坐者,长官为一等,通判官为一等,判官为一等,主典为一等,各以所由为首。疏议曰:同职者,谓连署之官。⑤

乡里的几个里正,在编制户口帐时,要在"保证语"中写"连署之人依法受

①　《唐律疏议》卷一二《户婚》,中华书局,1983年,第231—232页。引文去掉了律文中的"注"。
②　《吐鲁番出土文书》第六册,文物出版社,1985年,第107—108页。
③　《吐鲁番出土文书》第四册,第215页。
④　《唐律疏议》卷一二《户婚》,第233页。
⑤　《唐律疏议》卷五《名例》,第110页。

罪",其实与上述手实的"保证语"性质是一样的。可见到贞观十八年西州地区就已经"依(唐朝)法"行事了。

这种"依法受罪"的"保证语"在唐玄宗开元年间还能看到。《唐开元二十一年(733)染勿等保石染典往伊州市易辩辞》云:

4……如染典等违程不回,连参①之人,并请代承课

5 役,仍请准法受罪。被问依实。谨辩。元

6　　　　　开元廿一年正月　日②

此件文书是"染勿等保石染典在此见有家宅及妻儿亲等,并总见在。所将人畜,并非寒誃等色",如果所保之人不能按时回来,则除要代为承担课役外,还要"准法受罪"。这里的"法"所指为何,一时无法查找。在《唐律疏议》中有关保人的条款大多与此不相适合。其中专门以"保任"为主的条款只有一条,即:

诸保任不如所任,减所任罪二等……若虚假人名为保者,笞五十。③

因此这里的"法"或许还有其他的《令》或格、敕依据。

二

除了这种"求受罪""求受重罪""求依法受罪"之类"保证语"外,在武周时代还有另一种保证语,也见于手实。

《武周载初元年(690)西州高昌县宁和才等户手实》有云:

14 牒件通当户新旧口、田段亩数四至,具状如前。如后有人纠

15 告,隐漏一口,求受违　敕之罪。谨牒。

16　　　　　载初元年壹月　日户主宁和才牒④

---

① "参",整理者疑为"答"。但据《唐律疏议》卷三《名例》,有"责保参对"的说法(《唐律疏议》,第55页),故录为"参"恐亦通。

② 《吐鲁番出土文书》第九册,文物出版社,1990年,第44页。

③ 《唐律疏议》卷二五《诈伪》,第474页。

④ 《吐鲁番出土文书》第七册,文物出版社,1986年,第415—416页。其中的"载初""年""月""日"原都是武周新字。

这件手实没有了"被责",也不是"求依法受罪",而是改为"求受违敕之罪"。如何理解这句"保证语"呢?

按:此处可能会有两种理解。一种理解是:在载初元年一月之前,曾经颁布过一份有关申报户口土地的敕文,这份敕文中规定的惩罚措施与《律》文不同,很可能要轻于律文,因为载初元年的同年九月就改年号为"天授",改唐朝为周朝了。在改朝换代之际,武则天很可能颁布了一份处罚要轻于唐朝的敕文以收揽人心。因此,要进入新朝的民众就按新的法律来指导自己的行为,从而在"保证语"中改"求依法受罪"为"求受违敕之罪"了。

关于这一点,我们找不到相关依据,但武则天发布过有关手实的敕文则是有迹可寻的。据《唐会要·团貌》记载,武周"延载元年(694)八月敕:诸户口计年将入丁、老疾应免课役及给侍者,皆县亲貌形状,以为定簿。一定以后,不得更貌。疑有奸欺者,听随时貌定,以付手实"①。这条敕文没有提到惩罚措施,但提到了"手实"。由此,四年前的载初元年曾颁布过一份与手实相关的带有惩罚措施的敕文,也许是可能的。

另一种理解是:当时出现了一种"违敕罪"。保证语中说如果有人纠告,就按这种"违敕罪"接受处罚。这种"违敕罪"与上面第一种理解的违反敕文的罪不同:后者可能在敕文中规定了惩罚措施,违反相关规定就要用这一惩罚措施来处罚;但前者是无论具有何种内容的敕文,只要违反,都按照统一的"违敕罪"的惩罚标准来处罚(与唐律中规定的违令罪、违式罪相同)。换句话说,后者是违反具体的敕的处罚,处罚标准不一;而前者是按一种罪名处罚,处罚的标准统一。

过去我们知道唐代存在"违敕罪",最早似乎出现在唐玄宗的开元年间。例如"(开元)二十三年(735)九月诏曰:天下百姓口分永业田频有处分,不许买卖典贴,如闻尚未能断贫人事业、豪富兼并,宜更申明处分,切令禁止。若有违反,科违敕罪"②。现在看来,武周时代手实"保证语"中的"求受违敕之罪"很可能是"违敕罪"的滥觞。

----

① 《唐会要》卷八五《团貌》,上海古籍出版社,2006 年,第 1843 页。
② 《册府元龟》卷四九五《田制》,中华书局,1960 年,第 5927 页。关于"违敕罪",参见拙作《〈天圣令〉中的律令格式敕》,载《〈天圣令〉与唐宋制度研究》,中国社会科学出版社,2011 年,第 24—25 页。

三

从唐玄宗开元天宝年间开始,"保证语"又出现了新的形式。

《唐高昌县史王浚牒为征纳王罗云等欠税钱事》有云:

11 武城乡户张郍 郍

12 　右同得状称:上件户今年税钱,无知征处者。

13 　依问□ 正 张曲,得款:上件户先寄住蒲昌,昨

14 　去二月内,却还到州,即拟输纳税钱。其人到此遂

15 　即疹患,久违不纳。请限三日内输纳。如有推延,

16 　阿曲请受重杖十下者……①

这个"保证语"出现在里正张曲的答款中,是说他会催张郍郍交纳税钱,如果三天内不能交纳,他将接受"重杖十下"的处罚。此件文书没有年代,由于文书背面是天宝三载(744)的名籍,因此估计文书的年代应该是唐玄宗开元时期或天宝初年。

还有一件《唐宝应元年(762)六月康失芬行车伤人案卷》有云:

45 靳嗔奴并作人康失芬

46 　右得何伏昏等状称:保上件人在外看养史拂郍等

47 　男女,仰不东西。如一保已后,忽有东西逃避及翻

48 　覆与前状不同,连保之人情愿代罪,仍各请求

49 　受重杖廿者。……②

这件文书的"保证语"也出现在保人的状中,是说如果被保之人逃走或翻供,他们这些"连保之人"甘愿接受"重杖廿"下的处罚。同样是保人的"保证语",这里就不像前引染勿保石染典那样"求准法受罪",而是"求受重杖廿"了。

以上两件文书的"保证语"都不是泛泛地说"求依法受罪",而是具体说

---

① 《吐鲁番出土文书》第八册,文物出版社,1987 年,第 431 页。

② 《吐鲁番出土文书》第九册,第 132—133 页。

明接受"重杖"若干下。这是"保证语"的重要变化,与唐朝刑法制度的变化有着直接关系。

　　我们知道,虽然唐朝法律规定了笞、杖、徒、流、死的五刑,但从唐前期开始就有对某些罪犯先杖若干的规定。例如对伪造官文书印的罪犯,"先决杖一百";对流外行署等犯赃一匹以上者"先决杖六十"①;等等。后来还有"重杖一顿"的规定。到代宗宝应元年(762)曾规定"制敕处分与一顿杖者,决四十;至到与一顿,及重杖一顿,并决六十"②。从以上所引文书中的两段"保证语"看,在唐玄宗到代宗时期,五刑之外的"杖"或"重杖"已经是非常普遍的惩罚手段,各级官府大概也主要以"杖"或"重杖"来处罚犯罪,法律规定的"笞""杖"等五刑可能已经演变为量刑标准而非实际惩罚手段了。

　　以往我们只知道"重杖"多是六十至一百下,但从上引"保证语"可知,也有重杖十下和二十下的,可见当时的"重杖"也已经分等级了,或许已经形成了从重杖十下到重杖二十,直至六十的等差。而且,远在西州的民众也熟知这一惩罚等差,所以才会在各种申辩文件的"保证语"中作出甘受"重杖十下"或"二十下"的承诺。这对于了解唐朝社会实际的刑罚措施有很重要的参考价值。

四

　　以上我们举出了唐朝民众或低级胥吏申报、申辩文书中几种不同的"保证语",主要有:一、"求受罪""求受重罪""求依法(准法)受罪";二、"求受违敕之罪";三、"求受重杖十下""求受重杖廿"下等三种不同类型。这三种不同类型的"保证语"与时代有一定关系:第一种用得比较多,其中"求受罪"大致在贞观时期,③而"求依法受罪"一直到开元时期都能看到。第二种主要在武周时期,后期是否还有此种"保证语",因资料有限不得而知。第三种主要

---

① 《神龙散颁刑部格残卷》,参见刘俊文《敦煌吐鲁番唐代法制文书考释》,中华书局,1989 年,第 247 页。

② 《唐会要》卷三九《议刑轻重》,第 830 页。

③ 武周时期还能看到"求受重罪"的说法,出现在《天授二年(691)李申相辩辞》中(参《吐鲁番出土文书》第八册,第 153 页)。由于文书过残,具体内容不清,故为何此时仍用"求受重罪"的原因不明。

在玄宗以后,可能一直到后期都存在。总之,三种"保证语"的不同与时代不同的相关还是比较明显的。

从这些不同的"保证语"中我们可以看到民众对法律的不同认识:从开始时的战战兢兢,到"依法受罪"的踏实;"求违敕之罪"告诉我们在律令格式之外还有"违敕罪";"求重杖"若干告诉我们"重杖"已经成为实际刑罚所采取的具体措施了。民众依据不同时期的刑罚标准采用不同的"保证语",所以虽然在某一时期看起来"保证语"是套话,但从整个唐代来看,"保证语"则非常直观地展示了刑罚的变化,并且非常底层地反映了民众所具有的法律意识。这就是我们分析"保证语"后得出的初步结论。

　　附记:

　　本文完成后,又在敦煌文书中找到一例含有"保证语"的文书,附记于下:

　　P.3899 背马社文书①是一个追征马社钱的案卷,长达 196 行。其中有欠钱人翟崇明说明会按期交纳欠钱的辩辞,最后几句是:

　　　　65　违限,求受重杖卌。被问依实,谨牒。

　　　　66　　　　　　　开元十四年三月　　　日　品子翟崇明。

之后针对敦煌县的再次催问,翟崇明只好又强调一定会按期交纳欠钱:

　　　　144　其上件钱等。如后更有符征崇明上件钱,求受重杖六

　　　　145　十,仍请准法科罪。被问依实,谨牒。

　　　　146　　　　　　　开元十四年三月　　　日品子翟崇明牒。

从此件文书可知:第一,开元十四年时,"保证语"中就出现了"求受重杖"字样。第二,求受重杖,除上文列举的十下和二十下外,这里出现了四十下和六十下,说明重杖的杖数确实已经形成系列,而民众熟悉这一系列,所以才会依据违规行为的程度,承诺不同的刑罚责任。特别是此件文书中的翟崇明,第一次保证时说求受重杖四十;当知道官府不相信时,第二次改为求受

---

①　本件文书的录文与研究,参见卢向前《马社研究——伯三八九九号背面马社文书介绍》,原载《敦煌吐鲁番文献研究论集》第二辑(北京大学出版社,1983 年),后收入作者《唐代政治经济史综论》,商务印书馆,2012 年,第 224—275 页。本文录文参考了后者。

重杖六十,说明他对重杖的阶梯性惩罚十分清楚。第三,在最后一句的"保证语"中,除"求受重杖"外,还写了"仍请准法科罪"。这可能有两个意义:一是可能说明当时的"保证语"处于从"请准法科罪"到"求受重杖"的过渡阶段,所以将两者并列;另一个可能说明当时的刑事处罚,存在一种先以重杖责打,然后再依照法典规定的刑罚予以惩罚的程序。总之,此件文书中的"保证语"是我们理解"保证语"演变的重要资料,值得继续深入研究。

本文为 2017 年"敦煌吐鲁番法制文献与唐代律令秩序"学术研讨会会议论文,后发表于《敦煌学辑刊》2018 年第 2 期。

唐代契约中"官有政法，人从私契"用语再析

一、前人的研究

唐代契约研究，由于敦煌吐鲁番契约的大量发现而成兴盛态势，由历史学者和法制史学者撰写的论著很多。这些论著大都关注到唐代法令中关于政府与契约关系的相关规定，即：

> 复原唐令《杂令》37 条：诸公私以财物出举者，任依私契，官不为理。每月取利，不得过六分。积日虽多，不得过一倍……若违法积利、契外掣夺，及非出息之债者，官为理……

> 复原唐令《杂令》38 条：诸以粟、麦出举，还为粟、麦者，任依私契，官不为理。仍以一年为断，不得因旧本更令生利，又不得回利为本。①

也就是说，在唐代，官府一般不干涉契约的订立，但规定了最高利息，违反者官府还是会受理相关诉讼的。

在这一背景下，敦煌吐鲁番契约中往往又有"官有政（正）法，人从私契"②的说法。关于这一说法，相关论著或者不提，或者即使提到也是一笔带过。例如：

张中秋《唐代经济民事法律述论》：唐《杂令》提出，民间借贷出举，"任依

---

① 天一阁博物馆、中国社会科学院历史研究所天圣令整理课题组：《天一阁藏明钞本天圣令校证(附唐令复原研究)》，中华书局，2006 年，第 751—752 页。

② 这其中的"政法"也有写作"正法"的，到底应该是"政法"还是"正法"？我以为应该是"正法"即"正式的法规"。"正"写作"政"在敦煌文书中常见，例如敦煌本《甘棠集》中《贺淮南崔相公状》将"进退惟正"写作"进退惟政"；《贺冬与两枢密状》将"正阴阳之候"写作"政阴阳之侯"就是例证(赵和平辑校：《敦煌表状笺启书仪辑校》，江苏古籍出版社，1997 年，第 15、21 页)。不过由于契约中写"政法"的要多于"正法"，因此本文在引用文书或今人论著时各仍其文，但在行文时一律用"政法"。

私契，官不为理”，确立官府不主动干涉的放任原则。唐代各种契约中，也往往有"官有政法，人从私契"的惯语。契约的种类、形式、内容等主要依靠民间的惯例。①

岳纯之《唐代民事法律制度论稿》比较强调国家对契约的干涉，书中写道：借贷契约的成立和履行，原则上是尊重当事人的意思，"任依私契，官不为理"。但如果一任当事人契约自治，国家毫不干预，也会导致某些不利于社会稳定和统治者统治、损及借贷双方利益的事情，正是因此，隋唐五代各朝在实行契约自治的同时，也为借贷契约的成立和履行设立了某些法律限制。②此书没有提到"官有政法，人从私契"的问题。

冯卓慧《唐代民事法律制度研究——帛书、敦煌文献及律令所见》认为契约"还强调'官有政法，人从私契'，即国家法律有明文规定，双方私人签订的契约是依法而签订的，对双方当事人有法律约束力"，"要强调契约是依法律规定而签订，'官有政法，人从私契'"。③

范一丁《古代契约法史稿》分析了"在计息之债出现'官不为理'的情况时，如何确保'私契'的权利实现和义务得以履行"的问题，指出"不计息之债的'民从私契'的原则，促使了这一时期借贷契约担保条款的发展"。④书是通论性著作，隋唐只占其中一小部分，没有提到契约中的"官有政法，人从私契"。

比较详细一点的分析则有：

陈永胜《敦煌吐鲁番法制文书研究》认为："我国中世纪的契约制度已达到相当高的水平，契约理念也较发达，当时契约中已有'官有政法，人从私契'等惯语，反映出我国古代契约发展至唐时已有把法律分为国家制定法与民间私约的基本分类"；"在敦煌、吐鲁番契约，如《未年安环清卖地契》《唐建中七年（786）苏门俤举钱契》《丙子年阿吴卖儿契》等中，都出现了'官有政法，人从私契''故立私契'等惯语。有的契约上还写明'民有私约，要（约）行二主'的惯语，强调契约是私人行为，强调私约、私契与官法

---

① 法律出版社，2002年，第153页。
② 人民出版社，2006年，第326页。
③ 商务印书馆，2014年，第245页。
④ 法律出版社，2017年，第114、116页。

的对立。这可能一方面意味着民间契约具有与官府法律相等的权力；另一方面也隐含着双方当事人约定极力排斥政府当局用公权力干预私权力，这些惯语及私契、私约概念的存在说明，私契已不是一般的、个别的存在，而是已成为一种观念的、抽象的存在，成为一种价值观，支配着人们的行为。"①

罗彤华《唐代民间借贷之研究》指出："民间契约常有'官有政法，人从私契'的惯用语，从乡法生利明明高于官方法定利率，而官府仍视若无睹，不加禁制或惩处思之，国家法律一方面保障人民的自由缔约权，另方面，人民也要求官府尊重私契的法律地位"；"从契约内容上看，官、民之间的确存在着许多差异，'官有政法，人从私契'，反映百姓心中是把私契与政法视为不相对待(等?)的敌体，方其缔约时，为了免于日后发生纠纷，债权人用乡法、牵挚财物、恩赦担保、有剩不还等条款保护自我权益，抗拒国家法律，相对地，官府即或不主动取缔违法契约，但对已受理的案件，在正常情况下，还是会依制论处，按律判决。换言之，政府只给予人民相对地契约自主权，其限度以契约内容不违政法为原则，否则只要有人提起告诉，人民私下间的约定就可能会因政法介入而废止或改变。"②

韩森《传统中国日常生活中的协商》认为："吐鲁番的平民百姓在并不征得地方官府赞同的情况下，设法管理其日常的交易行为，并使用契约。他们将券契区分为两种：私契——他们自己用的，和官契——在官府监督下订立的。而如果在私契方面发生纠纷，这种区别并未妨碍他们同样告官呈控，但他们在订立私契时看来并未预计到需要告官的问题。现存契约的用语反映出立法者在对待官府干预契约纠纷问题上举棋不定。毕竟，正如许多契约上所写的那样，'官有政法，人从私契'。"③韩森在这里的意思表达不是很清楚，大致是说"官有政法，人从私契"的意思是存在两种契约即私契和官契，其中私契可以不征得官府赞同。

以上议论大致可分为两种意见。一种意见认为"官有政法，人从私契"说明私契在与官法的对立中壮大，反映民间契约具有了与官府法律相等的

---

① 甘肃人民出版社，2000 年，第 46、102—103 页。
② 台湾商务印书馆，2005 年，第 339—341 页。
③ ［美］韩森著，鲁西奇译，江苏人民出版社，2008 年，第 42—43 页。

权力(陈永胜,韩森);另一种意见认为这一惯用语说明契约内容以不违反"政法"为原则,强调契约是依国家法律制定的(罗彤华,冯卓慧)。虽然两种意见都看到了官法和私契的对立,但前者强调这一惯语说明民间契约的力量,后者则强调官法在缔约中的重要。

　　现在的问题是:先不论上述两种意见谁的更有道理,我们首先要看他们议论的依据。以上几种提到"官有政法,人从私契"的论著,大都只是泛泛地说"唐代各种契约中,也往往有'官有政法,人从私契'的惯语"(张中秋);"(契约)还强调'官有政法,人从私契'"(冯卓慧);"契约中已有'官有政法,人从私契'等惯语"(陈永胜);"正如许多契约上所写的那样,'官有政法,人从私契'";"在吐鲁番契约中常见的将'私契'与'政法'区别开来的说法"(韩森);"民间契约常有'官有政法,人从私契'的惯用语"(罗彤华)。这里的"往往有""已有""许多""常有""常见"是什么概念,是每件契约中都有还是大多数有,占多少比例? 上述论著至多也就举出了两三件契约文书就作出"往往有""常有""许多""常见"的表述,显然是不科学的。

　　本文打算先讨论写有"官有政法,人从私契"的契约在唐代契约中是多数还是少数,然后略作分析,希望能进一步推动这一问题的深入研究。

二、统 计 的 结 果

　　研究唐代契约,主要资料是敦煌吐鲁番出土的契约,包括原件、稿本、样文等。由于时间关系,笔者没有全面梳理全部唐代契约,只着重在两种资料中进行了统计。

　　唐前期的契约文书,主要保存在吐鲁番文书中。笔者没有查找全部吐鲁番文书中的契约文书,只想在其中某一相同时代甚至相同人物的一组契约中,看看写有"官有政法,人从私契"的文书占多大比例。

　　这一相同时代甚至相同人物的一组契约文书,就是收录在《吐鲁番出土文书》第六册阿斯塔那四号墓即左幢憙墓出土的一组契约文书。有纪年的文书时代在显庆五年(660)到咸亨四年(673),是唐高宗时代的早期。

　　这组契约文书一共15件,除去2件尾部残缺无法判断外,尚存13件。在这13件契约文书中,写有"官有政法,人从私契"的契约只有2件,分别是:

①① 唐龙朔元年(661)龙惠奴举练契：

1 龙朔元年八月廿三日，安西乡人龙惠奴

2 于崇化乡人右幢憙边举取练三

3 拾匹，月别生利练肆匹。其利若出

4 月不还，月别罚练壹匹入左。如幢

5 憙须须练之日，并须依时酬还。若身

6 东西无，仰妻儿收后者偿。**人有正**

7 **法，人从私契**。两和立契，获指为信。

8　　　　　　练主左

9　　　　　　举练人龙惠奴|||

10　　　　　　保人男隆绪|||

11　　　　　　知见人巍巍|||

12　　　　　　知见人樊石德|||

13　　　　　　保人康文憙|||

根据注释，第 2 行的"右幢憙"应为"左幢憙"；第 5 行衍了一个"须"字；第 6 行"人有正法"当是"官有政法"。②

另一件是② 唐乾封元年(666)郑海石举银钱契：

1 乾封元年四月廿六日，崇化乡郑海石于左幢

2 憙边举取银钱拾文，月别生利钱壹

3 文半。到左须钱之日，嗦(索)即须还。若郑延

4 引不还左钱，任左牵掣郑家资杂物、

5 口分田园，用充钱子本直。取所掣之物，

6 壹不生庸；公私债负停征，此物不在停

7 限。若郑身东西不在，一仰妻儿及收后保

8 人替偿。**官有政法，人从私契**。两和立契，

9 画指为信。

─────────────

① 在本文中将其编号为①，以下顺序编号。

② 国家文物局古文献研究室、新疆维吾尔自治区博物馆、武汉大学历史系编：《吐鲁番出土文书》第六册，文物出版社，1985 年，第 408—409 页。

```
10      钱主左
11      举钱郑海石|||
12      保人宁大乡张海欢|||
13      保人崇化乡张欢相|||
14      知见人张欢德|||①
```

在同时代与同一人相关的一组契约中,只有 2 件写有"官有政法,人从私契",只占全部 13 件文书的 15％,即不到六分之一。

唐后期契约主要见于敦煌文书。将敦煌契约文书搜集在一起并进行录文的有中外多本著作。笔者使用了沙知辑校的《敦煌契约文书辑校》(以下简称为《辑校》)。在这本《辑校》中一共收录了大约 316 件文书(含《补遗》),除去一些牒、状等外,大约有 300 件契约文书。在这 300 件契约文书中,有相对完整结尾的契约共约 160 件。在这结尾相对完整的 160 件契约文书中,写有"官有政法,人从私契"或类似表达的只有 9 件,②其中包括 2 件样文。下面是这 9 件契约文书的录文(依《辑校》,··· 表示指节印):

③ 未年(827?)上部落百姓安环清卖地契,斯 1475 背:

```
1 宜秋十里西支地壹段,共柒畦拾亩。(东道,西渠,南索晟,北武再再)
2 未年十月三日,上部落百姓安环清为
3 突田债负,不办输纳,今将前件地
4 出买(卖)与同部落人武国子。其地亩别
5 断作斛斗汉斗壹硕陆斗,都计麦壹拾
6 伍硕、粟壹硕,并汉斗。一卖已后,一任武
7 国子修营佃种。如后有人忓恠识认,
8 一仰安环清割上地佃种与国子。其地
9 及麦当日交相分付,一无悬欠。一卖后,
```

---

① 《吐鲁番出土文书》第六册,第 417—418 页。

② 前述韩森著作在引用了一件敦煌契约后说:"在吐鲁番契约中常见的将'私契'与'政法'区别开来的说法,在敦煌契约中却只有这一例。看来敦煌居民并不像吐鲁番居民那样,深信'私契'完全脱离于'政法'"(第 52—53 页)。这一说法是不准确的,因此结论或也可商榷。

10 如若先翻悔，罚麦伍硕，入不悔人。

11 已后若　恩敕，安清罚金伍两纳入

12 官。**官有政法，人从私契**。两共平章，书指为记。

13　　　　　　　　　地主　安环清年廿一 •••

14　　母安年五十二 •••（此行倒书）　师叔正灯（押）

15　　见人张良友（此行倒书）　　　姊夫安恒子 •••①

④ 唐天复二年（902）赤心乡百姓曹大行回换舍地契（习字），斯 3877 背：

1 天成（复）贰年壬戌岁拾三日，赤心乡百姓曹大行

2 遂将前件舍地回换与洪润乡百姓令狐进通，取

3 同坊南壁上进通上 件 屋舍两口，内一口无屋，东

4 西三仗（丈）五尺，南北一仗（丈）二尺并基。其舍准数□□

5 斛斗玖硕，内伍硕准折进通屋木，更肆硕，当

6 日交相分付，一无玄（悬）欠。一定已后，其舍各自永充

7 主记。若有别人作主，一仰大行悇（另）觅上好舍

8 充替。或有天恩赦流行，不在论理之限。共（两）共对

9 面平章，不许休悔。如先悔者，罚麦贰䭾，入

10 不悔人。**官有法，人从此契**，用为后凭。②

⑤ 后周显德三年（956）兵马使张骨子买舍契　伯 3331：

（前缺）

1 三年丙辰岁十一月 廿八 日，兵马使 张骨子缘

2 无屋舍，遂买兵马使宋欺忠上件准尺

3 数舍居住。断作舍价物，计斛斗陆拾

4 捌硕肆斗，内麦粟各半。其上件舍价物，

5 立契日并舍两家各还讫，并无升合欠

6 少，亦无交加。其舍一买后，任张骨子永

7 世便为主记居住。中间或有兄弟房

① 《敦煌契约文书辑校》，江苏古籍出版社，1998 年，第 1—2 页。

② 《辑校》，第 12 页。"官有法"当是缺了"政"字，实际应为"官有政法"。

8 从及至姻亲忏怪,称为主记者,一仰舍

9 主宋欺忠及妻男邻近稳便买舍充

10 替,更不许异语东西。中间或有恩赦,亦

11 不在论限。**人从私契**,一买已后,更不许

12 翻悔。如先悔者,罚黄金三两,充入官

13 家。恐后无凭,故立此契,用为后验耳。

14 见人兵马使兼乡官李(倒书)　舍主兵马使宋

(后缺)①

⑥ 丙子年(916)赤心乡百姓阿吴卖儿契(习字),斯3877背:

1 赤心乡百姓王再盈妻阿吴,为缘夫主早亡,男女

2 碎小,无人求(救)济,供急(给)依(衣)食,债负深圹(广)。今将福
(腹)生

3 儿庆德柒岁,时丙子年正月廿五日,立契出卖与

4 洪润乡百姓令狐信(进)通。断作时价干湿共三拾石

5 当日交相分付讫,一无玄(悬)欠。其儿庆德自出卖与(已)

6 后,永世一任令狐进通家□充家仆,不许别人论

7 理。其物所买儿斛斗,亦须生利。或有恩　敕流

8 行,亦不在论理之限。**官有政法,人从私契**。恐

9 后无凭,故立此契,用为后验。②

⑦ 唐天宝十三载(754)龙兴观道士杨神岳便麦契(稿),伯4053背:

1 天宝十三载六月五日,龙兴观常住为少 种

2 粮,今于□□边直便小麦捌硕。其麦限至八月还

3 纳了?。如违限不还,一任□□牵掣常 住

4 车牛杂物等,用充麦直。**官有政法,人从**

5 **私契**。两共平章,画指为验。

6　　　　麦主

---

① 《辑校》,第26—27页。

② 《辑校》,第75页。

7　　　　　便麦人龙兴观道士杨神 岳 •••

8　　　　　保人道士泛志灯载卅五 •••

9　　　　　保人

10　　　　保人①

⑧ 雇工契（样文），伯3441背：

1 △年△月　日，百姓康富子为缘欠少人力，遂雇△乡百姓△专

2 甲子。雇使一周年，断作雇价每月多少，役事酌度。立

3 契已后，便须入作。所有笼具什物等，一仰受雇

4 人怪？什？。若是放畜牧，畔上失却，狼咬煞，一仰售（受）雇人

5 祇当与充替。若无替，克雇价物。一定已后，比年限

6 满，中间不得抛直（掷）。若有抛直（掷），五日已外，便知算日克勿

　（物）。

7 若有年未满蕃（翻）悔者，罚在临时，入不悔人。**官有政**

8 **法，人从私契**。两共对面平章，书纸为记，用为后凭。②

⑨ 唐咸通二年（861）齐像奴出租地契，伯3643P15：

1 张桃渠地一段两畦共贰拾亩[

2 咸通二年辛巳三月八日[

3 其人力，遂将上件地五亩一畦[

4 半，并前一畦，计壹拾贰[

5 至秋，像奴三分内仰请一分[

6 半，亦共僧福智停头[　　]两乡善[

7 蒿芸浇溉收拾等，两家辛苦，今[

8 抱功者看闲芒（忙）月，两家计算酬功。如后

9 有人怪护，一仰弟齐兴清祇当。一定已后，不许

10 翻悔。如先悔者，罚 [　　]军粮用。**官有**

11 **政法，人从私契**。两共平章，用为后验。

---

① 《辑校》，第82—83页。

② 《辑校》，第296页。

12	地主齐像奴(押)
13	保人弟齐兴清(押)
14	见人僧愿成(签名)
15	见人并书契僧明照
16	见人僧智谦①

⑩ 寅年(834?)节儿为杨谦让打伤李条顺处置凭,斯5816:

1 寅年八月十九日,杨谦让共李条顺相诤,遂打损　经(胫)。
2 节儿断,今杨谦让当家将息,至廿六日,条顺师兄及诸亲等,迎
3 将当家医理。从今已后,至病可日,所要药饵当直及将息物,亦
4 自李家自出,待至能行日,算数计会。又万日中间,条顺不可,
5 及有东西营局破用,合著多少物事,一一细算打牒,共
6 乡闾老大计算收领,亦任一听。如不稳便,待至营事了日
7 都算,共人命同计会。**官有政法,人从私契**,故立为验,用
8 为后凭。

9	僧师兄惠常
10	僧孔惠素
11	见人薛卿子②

⑪ 从良书样文,斯4374:

1 　从良书
2 奴某甲婢某甲,男女几人。吾闻从良放人,
3 福山峭峻,压良为贱,地狱深怨。奴某等
4 身为贱隶,久服勤劳,旦起肃恭,夜无安
5 处。吾亦长兴叹息,克念在心,缮告
6 先灵,放从良族。枯鳞见海,必遂腾波,
7 卧柳逢春,超然再起。任从所适,更不
8 该论。后辈子孙,亦无阑怪。**官有正**

---

① 《辑校》,第321—322页。
② 《辑校》,第413—414页。

9 **法，人从私断，**若违此书，任呈官府。年

10 月日郎父　　　兄弟　　　子孙

11　　　　　　　亲保

12　　　　　　　亲见

13　　　　　　　村邻

14　　　　　　　长老

15　　　　　　　官人

16　　　　　　　官人①

这 9 件契约文书，涉及卖地、回换舍地、买舍、卖儿、便麦、雇工、出租地、处置凭、从良书，但都很少，特别是在数量最多的"便贷类"80 余件契约中只有 1 件。② 从占比看，9 件写有"官有政法，人从私契"的契约文书，只占全部结尾相对完整的 160 件契约文书的 5.6%，即仅占不到十八分之一。

这样我们就有了初步结论：写有"官有政法，人从私契"的契约，在唐代契约中占有的比例很小，平均不到 10%。以上研究唐代契约的论著所谓唐代契约"往往有"或"常有""'官有政法，人从私契'的惯语"的判断并不准确。甚至可以说，在大多数情况下，虽然唐代契约结尾往往写有"两共平章，画指为信"或"恐人无信，故立私契，以为后验"等套话，但唐代契约一般并不写有"官有政法，人从私契"的字样。

三、初 步 分 析

现在我们来分析为何只有这几件契约写了"官有政法，人从私契"字样。其实要分析其中的原因是很难的。我们必须将同时代、同类型又没有写这些字的契约（可称之为一般契约）烂熟于心，才能判断为何这几件契约写了那些字。但限于时间和水平，笔者尚不能完全掌握一般契约的内容和特点，因此想要找到写有"官有政法，人从私契"字样的契约（可称之为特殊契约）为何写这些字的原因就非常难了。我们只能尝试分析一下。

---

① 《辑校》，第 494—495 页。

② 所以此件或可疑。

先看第②件契约即《郑海石举银钱契》。为找到这件契约为何要写"官有政法,人从私契"字样,我们先看看同墓出土的其他4件举钱契。

张利富举钱契,其中主要内容是(去掉行号并连书,省略结尾):

> 显庆五年三月十八日,天山县南平乡人张利富于高昌县崇化乡人左幢憙边举取银钱拾文,月别生利钱壹文。到左还须钱之日,张即须子本俱还。若身东西不在,一仰妻儿及保人等代;若延引不还,听掣家资杂物平为钱直。①

张善憙举钱契:

> 乾封三年三月三日,武城乡张善憙于崇化乡左幢憙边举取银钱贰拾文,月别生利银钱贰文。到月满,张即须送利。到左须钱之日,张并须本利酬还。若延引不还,听左拽取张家财杂物平为本钱直。身东西不在,一仰妻儿保人上钱使了。若延引不与左钱者,将中渠菜园半亩,与作钱质,要须得好菜处。②

张善憙举钱契:

> 总章三年三月十三日,武城乡张善憙于左幢憙边举取银钱肆拾文,每月生利钱肆文。若左须钱之日,张即子本具还。前却不还,任掣家资平为钱直。身东西不在,仰收后代还。③

白怀洛举钱契:

> 总章三年三月廿一日,顺义乡白怀洛于崇化乡左幢憙边举取银钱拾文,月别生利钱壹文。到月满日,白即须送利。左须钱之日,白即须子本酬还。若延引不还,听牵取白家财及口分平为钱直。仍将口分蒲桃用作钱质。身东西不在,一仰妻儿酬还钱直。④

这4份契约的共同点有二:第一,利率都是十文利息为一文,即利率是10%。第二,契约规定在掣夺家财杂物之前,要还"子本"(本利),若延引不

---

① 《吐鲁番出土文书》第六册,第404页。
② 《吐鲁番出土文书》第六册,第422页。
③ 《吐鲁番出土文书》第六册,第430页。
④ 《吐鲁番出土文书》第六册,第432页。

还，才掣夺家资杂物。

现在我们看看同墓出土的、前面引过的第②件写有"官有政法，人从私契"的郑海石举银钱契的主要内容：

> 乾封元年四月廿六日，崇化乡郑海石于左幢憙边举取银钱拾文，月别生利钱壹文半。到左须钱之日，嗦（索）即须还。若郑延引不还左钱，任左牵掣郑家资杂物、口分田园，用充钱子本直。取所掣之物，壹不生庸；公私债负停征，此物不在停限。若郑身东西不在，一仰妻儿及收后保人替偿。**官有政法，人从私契**。

与前4件契约不同，此件契约规定的利息是十文钱利息一文半，利率是15％。也没有还子本钱的规定，直接说若不还钱，就要牵掣家资杂物外加口分田园，用充"钱子本直"，并增加了"取所掣之物，壹不生庸；公私债负停征，此物不在停限"①等附带条件。所以我们推测，是否当时当地官府规定的利率是10％，如果超出这个规定，或者还有其他附加条件的话，就要在契约上写上"官有政法，人从私契"，即这份契约即使与"官府政法"不同，也是要遵守的。所以，写上这句话的契约，可能表明了契约内容条件等虽不同于官府规定，但它是当事人双方商议之后而立的契，双方都必须遵从。"官有政法，人从私契"这两句话似乎应该解读为：（虽然）官（府规定）有政（正）法，（但是当事）人（必须遵）从私（下订立的）契（约）。

第①件文书，由于同墓中没有出土类似的举练契，无从比较，只好从略了。

现在看③安环清卖地契。

在《辑校》的"买卖类"契约中没有找到和这件契约年代（未年是827年即吐蕃占领时期）一致的卖地契，不同时代没有"官有政法，人从私契"字样的一般卖地契则有5件，或者能稍微作些比较。由于契约的时代不同，价格比较没有意义，因此以下录文只录卖地之后的条件，并省略结尾"恐人无信，故立斯契，用为后验"之类套话。

天复九年（909）安力子卖地契：

---

① 此时似乎尚无后期契约常见的"若恩赦流行，不在论理之限"一类的话，而本契约中的"公私债负停征，此物不在停限"已经具备了这层意思。这也是不同于其他契约的地方。

自卖已后,其地永任进通男子孙息侄世世为主记。中间或有回换户状之次,任进通抽入户内。地内所著差税河作,随地祗当。中间若亲姻兄弟及别人诤论上件地者,一仰口承人男橘榷兄弟祗当,不忓买人之事。或有恩敕流行,亦不在论理之限。①

显德四年(957)吴盈顺卖地契:

自卖已后,永世琛家子孙男女称为主记。为唯有吴家兄弟及别人侵射此地来者,一仰地主面上并畔觅好地充替。中间或有恩赦流行,亦不在论理之限。②

太平兴国七年(982)吕住盈吕阿鸾兄弟卖地契(习字):

自卖余(已)后,任令? 狐[　　有。住盈阿鸾二人能辩修(收)渎(赎)此地来,便容许[　　兄弟及别人修(收)渎(赎)此地来者,便不容许修(收)渎(赎)。[　　便入户。恩敕流行,亦不在论理。③

年代不详阴国政卖地契:

　　]称为主者,一仰叔祗当。并畔觅上好地充替。如若[　　□已后,不许别房侄男寝(侵)劫,如若无辜非理诤论,愿你?[　　行?。④

卖地契样文:

□□乡□□时□[　　当房兄弟及别人[　　扰说论来者,一仰残儿并伴觅上好地充替。或有恩敕流行,亦不在论理之限。⑤

以上5件卖地契的共同点,一是规定了如果卖家兄弟来争论的话如何处理(大多是要用好地充替),二是大多规定了若有恩敕,不在论理之限。

现在看第③件安环清卖地契:

一卖已后,一任武国子修营佃种。如后有人忓怪识认,一仰安环清

---

① 《辑校》,第18—19页。
② 《辑校》,第30页。
③ 《辑校》,第35页。
④ 《辑校》,第40页。
⑤ 《辑校》,第51页。

> 割上地佃种与国子。其地及麦当日交相分付，一无悬欠。……已后若
> 恩敕，安清罚金伍两纳入官。**官有政法，人从私契**。

与前面5件卖地契不同的是：第一，没有涉及卖家的兄弟，也没有用好地充
替字样。第二，没有明确说若有恩敕不在论理之限，反而说有恩敕的话，要
罚卖主五两金并纳入官。或许这种不同即是特殊契约与一般契约规定项目
或条件的不同，所以才要特别写上"官有政法，人从私契"字样，以解释并保
护这种不同。当然，由于各契约的时代不同，以上比较出来的差异也许没有
意义，这里也只是一种无奈的推测而已。

第④件《曹大行回换舍地契》、第⑤件《张骨子买舍契》，由于《辑校》中没
有相同的"回换舍地契"和"买舍契"，无从比较。或许正是因为这类契约稀
少，才会特意写上"官有政法，人从私契"字样？

第⑥件《阿吴卖儿契》。《辑校》中也仅有这一件卖儿契。此外有一件卖
妮子契如下（依然只录相关部分）。

淳化二年(991)韩愿定卖妮子契：

> 自卖已后，任永(允)朱家男女世代为主。中间有亲情眷表识认此
> 人来者，一仰韩愿定及妻七娘子面上觅好人充替。或遇恩敕流行，亦不
> 在再来论理之限。两共面对商仪(议)为定。[①]

现在看第⑥件丙子年(916)阿吴卖儿契：

> 其儿庆德自出卖与(已)后，永世一任令狐进通家□充家仆，不许
> 别人论理。其物所买儿斛斗，亦须生利。或有恩　敕流行，亦不在论理
> 之限。官有政法，人从私契。

与上件卖妮子契明显不同的是契约中有"其物所买儿斛斗，亦须生利"的规
定。或许这种规定超出了一般契约规定的条件，所以才要着重写上"官有政
法，人从私契"，以维护这一超出官府政法的条件。

第⑦件《龙兴观道士杨神岳便麦契》有两点需要说明。第一，在敦煌所
有契约中，此件唐天宝十三载(754)的契约是很早的，因而很难找到与它相

---

① 《辑校》，第79页。

比较的契约。在同纸上本来另有一件《杨神岳便粟契》,①可惜相关部分较残,无法比较。顺便提一下,此件便麦契涉及的龙兴观与紫极宫,《敦煌学大辞典》释为敦煌的道观(李正宇撰写),但只有这一条证据,还是令人很怀疑的。第二,在《辑校》"便贷类"全部80余件契约中,只有这一件写有"官有政法,人从私契",是否说明从总的来说,在有关便贷的契约中,比起卖地卖儿等契约来,官府干涉的力度更小,以致不必特意写上"官有政法,人从私契"之类文字就可以维护私契中的各种条件了。

第⑧件是雇工契的样文。

样文虽然没有时代,但其实也是某一时代的样文。若不论时代,我们从《辑校》中找到比较完整的雇工契有8件,其相关内容为:

戊戌年(878)令狐安定雇工契:

> 其人立契,便任入作,不得抛工。一日勒物一斗。忽有死生,宽容三日,然后则须驱驱,所有农具什等,并分付与聪儿,不得非理打损。牛畜违打,倍(赔)在作人身。两共对面稳审平章,更不许休悔。如先者,罚羊一口,充入不悔人。②

乙酉年(925?)僧宝香雇工契:

> 从入雇已后,便须逐月逐日驱驱入作,不得抛却作功。如若忙月抛一日,勒勿(物)五斗,闲月抛一日,勒勿(物)壹斗。伴子手内所把陇(农)具一勿(物)已上,忽然路上违(遗)失,畔上睡卧,明明不与主人失却,一仰雇人祇当。如若有病患者,许五日将理,余日算价。节下依乡原例宽闲。如若当乡?用水 打 □□□他人庄舍苗子□□官罚羊来,一仰当官人祇当。一定已后,更不许休悔。如(先)悔者,罚麦伍硕,充入不悔之人。③

戊申年(948?)李员昌雇工契(习字):

> 自雇已后,驱驱造作,不得左南直北闲行。若忙时抛一日,克勿

---

①　《辑校》,第85页。
②　《辑校》,第248页。
③　《辑校》,第263—264页。

(物)二斗，闲抛一日，克勿(物)一斗。两共对平章，不许休悔。如先悔者，罚麦三驮，充入不悔。①

乙卯年(955)孟再定雇工契：

若(马)盈德抛敌，芒(忙)〔日?〕抛却二日，勒物一斗，闲日? 勒物一斗。两共面对平章，更不许休悔。如若先悔者，罚青麦两驮，充入不悔人。

有校记：忙日抛却二日，当为一日，勒物一斗，当为二斗。②

丁巳年(957)贺保定雇工契：

自雇已后，便须驱驱造作，不得忙时左南直北乱作，抛工一日，克物贰斗。忽若偷他人牛羊麦粟瓜果菜茹，忽以捉得，陪(赔)在自身祗当。更若畔上失他主人农具铧镂镰刀锹钁袋器什物者，陪(赔)在作儿身上。若分付主人，不忏作儿之事。或遇贼来打将，壹看大例。两共对面平章为定，准法不许休悔者。罚青麦伍驮，充入不悔人。③

甲戌年(974)窦跛蹄雇工契：

自雇如后，便须兢兢造作，不得抛功壹日。忙时抛工壹日，克物贰斗。闲时抛工一日，克物一斗。若作儿手上使用笼具镰刀铧镂凿钁袋器什等，畔上抛扶打损，裴(赔)在作儿身，不关主人之事。若收到家中，不关作儿之事。若作儿偷他瓜果菜如(茹)羊牛等，忽如足(捉)得者，仰在作儿身上。若作儿病者，算日勒价。作儿贼打将去，壹看大例。两共对面平章，准格不许番(翻)悔者。已已。若先悔者，罚青麦拾驮，充入不悔人。④

戊子年(988?)史氾三雇工契：

自雇已后，便须竟心造作，不得抛敝(敌)工扶(夫)〔 汗衫一礼

---

① 《辑校》，第272—273页。
② 《辑校》，第274—275页。
③ 《辑校》，第276页。
④ 《辑校》，第280—281页。

（领）。若忙时抛工一日，勒物贰斗。若闲时抛工一日勒〔物〕〔壹〕〔斗〕。①

后梁龙德四年（924）张厶甲雇工契（样文）：

> 入作之后，比至月满，便须竟心，勿〔存〕二意，时向不离。城内城外，一般获时造作，不得抛涤工夫。忽忙时不就田畔，蹭蹬闲行，左南直北，抛工一日，克物贰斗。应有沿身使用农具，兼及畜乘，非理失脱伤损者，陪（赔）在厶甲身上。忽若偷盗他人麦粟牛羊鞍马逃走，一仰厶甲亲眷〔祇〕当。或若浇溉之时，不慎睡卧，水落在〔他〕处，官中书（施）罚，仰自祇当。亦不得侵损他〔人〕田苗针草，须守本分。大例贼打输身却者，无亲表论说之分。两共对面平章为定，准法不许翻悔。如先悔者，罚上羊壹口，充入不悔人。②

此件契约虽是样文，但却是照抄了某件契约（结尾处雇身、口承人、见人也都有，但名字以厶甲代替），只是删去了名字，可以将其视为实际缔结的雇工契。

以上 8 件契约内容大致相似，都规定了契约立定之后，受雇者就要认真工作，不许闲逛，不许抛工，若抛工按忙时闲时克扣工钱；不许偷盗；农具自己准备；有病给假；意外死亡不负责；翻悔者有罚；等等。下面看第⑧件雇工契约：

> 立契已后，便须入作。所有笼具什物等，一仰受雇人愡？什？。若是放畜牧，畔上失却，狼咬煞，一仰售（受）雇人祇当与充替。若无替，克雇价物。一定已后，比年限满，中间不得抛直（掷）。若有抛直（掷），五日已外，便知算日克勿（物）。若有年未满蕃（翻）悔者，罚在临时，入不悔人。**官有政法，人从私契。**

其中有几点不同：第一，规定了若放畜牧被狼咬的情况；第二，抛工算日扣物没有区分忙时闲时；第三，对先翻悔者的惩罚是"罚在临时"。或者因为这些不同，才要在契约上写上"官有政法，人从私契"？但这件契约是样文，按理

---

① 《辑校》，第 285 页。
② 《辑校》，第 298—299 页。

说其他雇工契约都要按此撰写，但实际情况是前举 8 件雇工契约都没有写"官有政法，人从私契"类语言。或者样文只是简要写上了各种情况，实际缔结时各取所需？

第⑨件齐像奴出租地契，属于"租佃质典类"。《辑校》中出租地契不多，完整的大概只有 2 件。

唐天复二年(902)刘加兴出租地契：

> 是日一任祖(租)地人三年奠(佃)种，不谏刘加兴。三年除外，并不□刘加兴论限。其地及物，当日交相分付。两共对面平章，一定与(以)后，不许休悔。如先悔者，罚王？六入不人。

校记："谏"旁有删除符号，但删后难读通，疑当为"忓"字。又，最后"不人"中当脱一"悔"字。①

唐天复四年(904)僧令狐法性出租地契：

> 其前件地祖(租)与员子贰拾贰年佃种。从今乙丑年至后丙戌年末，却付本地主。其地内除地子一色余有所著差税，一仰地主祇当。地子逐年于官。员子迟纳。渠河口作，两家各支半。从今已后，有恩赦行下，亦不在语(论)说之限。更亲姻及别称忍(认)主记者，一仰保人祇当，邻近觅上好地充替。一定已后，两共对面平章，更不休悔。如先悔者，罚送纳入官。②

现在看第⑨件《唐咸通二年(861)齐像奴出租地契》：

> 共僧福智停头[　]两乡善[　　　蒿芸浇溉收拾等，两家辛苦，今[　抛功者看闲芒(忙)月，两家计算酬功。如后有人怪护，一仰弟齐兴清祇当。一定已后，不许翻悔。如先悔者，罚[　]军粮用。**官有政法，人从私契**。

此件契约由于残破，许多细节不明，若只与上两件出租地契比较，至少"抱(抛?)功者看闲忙月"之类不见于上两件契约，先悔者罚纳为军粮也比较特殊。当然，这也可能是时代不同所造成的差异。

---

① 《辑校》，第 324—326 页。

② 《辑校》，第 327—328 页。

第⑩件《寅年(834?)节儿为杨谦让打伤李条顺处置凭》,属于"凭约类"。一般凭约都是有关领物、欠物、付物等留下的凭证,像此"处置凭"一样的凭,只有1件,无从比较。从内容看,此凭涉及打人与被打者双方在养病、护理、药费支出计算等方面的商议条件,很是特殊,也许因其特殊,所以要写上"官有政法,人从私契"之类的话。其他30余件凭约均无此语。

第⑪件《从良书》是样文,属"分书放书遗书类"。分书、遗书均无"官有政法,人从私契"一类语言。放书中有4件涉及放良:

家童再宜放书(样文):

　　放汝出缠黑网,从今已往,任意宽闲,选择高官,充为公子。将次放良福分,先资亡过,不历三途,次及现存,无诸灾障。愿后代子孙,更莫改易。请山河作誓,日辰证如。日月倾移,誓言莫改。①

放家童青衣女书(样文):

　　放汝从良。从今已后,任意随情,窈窕东西,大行南北。将此放良福分,先荐过往婆父,不落三途。次及近逝慈亲,神生净土。合家康吉,大小咸安。故对诸亲,给此凭约。已后子孙男女更莫恠护。请山河作折(誓),日月证明,岳怀(坏)山移,不许改易。②

放良书(样文):

　　放汝出离。自今已后,如鱼在水,跃鳞翻波,似鸟出笼,高飞自在。后有子孙及诸亲,更莫口谈。一任从良,随欢快乐,宽行南北,逐意东西。自纵自由,高营世业。山河日月,并作证盟。桑田边(变)海,此终不改。谨立放书文凭,用为后验。③

放良书(样文):

　　放他出离。如鱼得水,任意沉浮,如鸟透笼,翱翔弄翼。娥媚秀柳,美娉窈窕之能(态),拔鬓抽综(丝),巧逞芙蓉之好。徐行南北,慢步东西,择选高门,娉为贵室。后有儿侄,不许忏论。一任从良,荣于世业。

①　《辑校》,第496—497页。
②　《辑校》,第499—500页。
③　《辑校》,第502页。

山河为誓，日月证盟。依此从良，终不相遗者。^①

这 4 件都是放良书，也都是样文。其共同的特点是：没有后面的亲族、保人等；除第 3 件有"立放书文凭，用为后验"的话外，其他都没有，也就是不具备契约的全部格式。

但第⑪件《从良书》不同，它具备完整的契约格式。其最后几行为：

6……放从良族。枯鳞见海，必遂腾波，
7 卧柳逢春，超然再起。任从所适，更不
8 该论。后辈子孙，亦无阑怪。**官有正**
9 **法，人从私断，**若违此书，任呈官府。年
10 月日郎父　　　　兄弟　　　　子孙
11　　　　　　　亲保
12　　　　　　　亲见
13　　　　　　　村邻
14　　　　　　　长老
15　　　　　　　官人
16　　　　　　　官人

此件与前述 4 件的不同，或者是因为《从良书》与《放良书》的不同，或者是内容条件的不同。像此件文书中的"若违此书，任呈官府"一句，就不见于前 4 件文书。后面的父兄子孙、亲保村邻、长老官人，也不见于前 4 件文书。所以此件文书也是有特殊性的，或者因此才要写上"官有政法，人从私断"。要注意的是，这里第二句是"人从私断"而非"人从私契"，这可能也是《从良书》与一般契约用词的不同。

四、结　　论

以上我们从 173 件敦煌吐鲁番契约文书中找到 11 件写有"官有政法，人从私契"的文书，并对其中 8 件文书作了初步分析，似乎可以得出以下结论。

---

① 《辑校》，第 504 页。

第一，在全部敦煌吐鲁番契约文书（也可以说是唐五代宋初契约文书）中，写有"官有政法，人从私契"的契约并不多。若以173件契约中只有11件来看，后者只占全部契约的6.3%。虽然这里没有梳理全部敦煌吐鲁番文书中的契约文书（相对而言，敦煌契约文书搜集得比较全面），但相信即使在全部契约文书中统计，这一比例也不会有更大增加。因此可以说：写有"官有政法，人从私契"的契约很少，并非在当时的契约中"往往有"或"常见"。

第二，分析写有"官有政法，人从私契"的契约文书，在与同时同类的契约比较中，可知写有这句话的契约，其内容或曰契约中所列条件，往往与其他同类契约不同，有其特殊性。也许正因为这种特殊性可能超出了官府所定政法（正法）的范围，所以要写上这句话，以强调在"私契"中这些特别的规定也应得到当事人双方的遵从。至于没有同时同类的文书，比较虽然意义不大，但除去无法比较者外，似乎写有这句话的契约也存在某种特殊性，所以需要写上这句话以强调"私契"所列条件的合理性，以及双方应遵从这些特殊规定的强制性。

第三，因此，"官有政法，人从私契"并非像冯卓慧等所理解的那样，意思是订立私契也要在官府政法的范围内，"契约是依法律规定而签订"，而是意味着所订立的契约内容虽然与官府政法不同，但只要私人之间签订了契约，就要遵从。这句话虽然不一定如陈永胜所说，反映了民间与官府的对立，但确实体现了民间契约与官府规定的不同或超越，并且这种不同或超越是社会所认可的。

同时我们要指出，实际上契约规定的内容中与官府政法（正法）不同或超越的其实并不多，大部分契约还基本是在官府政法（正法）的框架下，所以大部分契约中并没有写上这句话。换言之，写上这句话的契约是少数，具有某种特殊性，也就是说，与官府政法（正法）不同或超越官府政法（正法）的契约实际上还是比较少的。因此，从契约是否写上"官有政法，人从私契"可以看出民间与官府在契约签订方面的博弈。写上这句话就等于事先打了预防针，加了一重保险，迫使契约签订的双方承诺：即使契约规定的条件与官府政法（正法）不同，也要遵从。

以上结论有些只是推测，还有些遗留问题需要今后继续进行研究。这些问题包括：

一、应该将敦煌吐鲁番契约文书的全部都纳入统计范围，以检验上述

"写有'官有政法，人从私契'的契约所占比例很小"的结论是否成立。①

二、尽量寻找同时同类的契约进行比较，以检验是否写有"官有政法，人从私契"的契约在约定条件方面具有某种特殊性。

三、如果上述结论成立，那么这一现象意味着什么，对以往研究中认为当时民间惯习与官府政法之间存在对立的看法是否会有所修正？即使存在对立，也可以进一步探讨这种对立的程度究竟有多大。

四、这种写有"官有政法，人从私契"的契约从唐前期的高宗时期到五代乃至宋初都零星存在。如何解释这一现象？是否写有这句话的契约在前后期有所不同？或者意味着三百年来民间经济社会力量其实一直都还是比较微弱的，还不具有挑战官府政法的强大的普遍的力量？②

凡此种种，都需要再进行细致的研究和分析，希望以后能得出更有说服力的一些结论来。

本文为 2019 年第八届中国古文书学学术研讨会会议论文，后发表于《魏晋南北朝隋唐史资料》第四十二辑，上海古籍出版社，2020 年。

---

① 本文完成后，我又抽时间将《吐鲁番出土文书》(十册本，文物出版社，1981—1991 年)中的唐代契约查阅一遍，结果如下：完整者 37 件，结尾部分大致完整者 41 件，无结尾部分者 64 件，共计 142 件。在这 142 件唐代契约中，大致存有结尾和完整存有结尾的共 78 件，其中明确写有"官有政法，人从私契"的只有本文提到的 2 件。其他疑似的有 3 件，分别是第五册所收《唐张隆伯雇范住落上烽契》，第 7 行写有"　　]从私契。两主和可"(第 59 页)；《唐永徽四年傅阿欢从冯庆□边夏田契》，第 4 行写有"官有□法，获指为信"(第 81 页)；《唐贞观二十三年西州高昌县范欢进买马契》，第 6 行写有"　　]有政法，民[　　"(第 105 页)。加上这 3 件，上述 78 件契约中写有"官有政法，人从私契"的只有 5 件，仅占 6.4％。这一比例与上述"结论一"中认为写有"官有政法，人从私契"的契约只占全部契约 6.3％的结论基本一致。因此，我的这一关于全部吐鲁番文书中唐代契约的统计结果，证明本文关于唐代契约中写有"官有政法，人从私契"的契约只占全部契约极少数，属于特例的结论，是完全可以成立的。

② 前述韩森著作转引罗振玉《地券征存》中一件宋初(984)河北安喜县的契约，其中在末尾写道："官有政法，不取私约为定。"韩森认为这话"与吐鲁番契约中常见的'官有政法，民有私契'之类的句子不同的是，这份契约说：'官有政法，不取私约为定。'这就在官府正式承认的契约与个人互相订立的契约之间画了一条线"(第 75 页)。这里，除了韩森将"人从私契"错写成"民有私契"外(反映了她一直认为"官有政法，人从私契"是指存在私契与官契两类契约的看法，实际上很少能证明存在所谓的"官契")，如何理解这句很少见的契约用语，值得在核对原物并查找其他例证后，再进行更深入的分析。如果这句话是真实存在的，则反映了宋代以后官府对私人订立契约的高度干涉，并影响到民间契约的订立(与收取契税有关？)。再以后，"官有政法"之类的说法，可能就在古代契约的订立文本中消失了。

大谷占卜文书研究(之一)

——兼与敦煌占卜文书比较

前　言

大谷文书中含有二三十件占卜文书。由于这些占卜文书多为残片,内容不易判断,因此定名也很困难。《大谷文书集成》对它们往往就只笼统定名为"《阴阳书》断片""占书断片",甚至是"道教关系文书""性质不明文书"等。

20世纪末到21世纪初,笔者对敦煌占卜文书作过一次全面整理,搜集了270余件占卜文书并将其分为12大类48小类予以归类整理,于2001年出版了《敦煌占卜文书与唐五代占卜研究》①。2014年该书再版时,又补充了部分俄藏敦煌占卜文书、中国国家图书馆藏敦煌占卜文书,以及日本杏雨书屋藏敦煌占卜文书等共45件。这样,敦煌占卜文书增加至318件。②

也许因为笔者整理过敦煌占卜文书,因此21世纪初武汉大学的陈国灿、刘安志先生在编写《吐鲁番文书总目(日本收藏卷)》时,曾就其中的占卜文书定名问题征求过笔者意见。该书于2005年出版,其中若干占卜文书的定名吸收了笔者意见。

不过,由于当时时间紧,思考不周,又没有看到文书图版,因此一些定名现在看来存在某些问题,不够严谨。即使定名正确者,也因没有提供定名依据,恐不能为学术界信服。由于占卜文书是出土文献中很重要的一类,对于了解当时人的思想、习俗、生活等多有帮助,为了能更有效地利用这些珍贵资料,本文拟对大谷文书中的占卜文书进行深一步研究,希望能有助于对这批资料的正确解读。

---

①　黄正建:《敦煌占卜文书与唐五代占卜研究》,学苑出版社,2001年。

②　黄正建:《敦煌占卜文书与唐五代占卜研究(增订版)》,中国社会科学出版社,2014年。

研究大谷文书，离不开与敦煌文书的比较。实践证明，这两批文书有很紧密的联系：它们不仅大都是唐或五代的作品，而且都出自唐代的西北地区，两批资料有许多相似处。但同时，大谷文书（主体是吐鲁番文书）的年代要略早于敦煌文书，敦煌和吐鲁番又相隔甚远，因此两批文书也有许多不相似处。只有通过比较，才能更准确地理解两地所出文书的内容，找出其中的异同，为研究敦煌和吐鲁番地区典籍流传、习俗演变的异同提供证据。

鉴于此，本文在研究大谷占卜文书时，始终将敦煌占卜文书作为旁证。由于篇幅所限，本文仅选择几件占卜文书予以研究。

资料方面，大谷文书的录文主要参考《大谷文书集成》（以下简称为《集成》）①，以及上述《吐鲁番文书总目（日本收藏卷）》（以下简称为《总目》）②，图版使用"IDP（国际敦煌项目）"网上提供的图版。敦煌文书的图版除"IDP（国际敦煌项目）"所能提供者外，主要使用《英藏敦煌文献（汉文佛经以外部分）》③与《法国国家图书馆藏敦煌西域文献》④。录文多为笔者据图版移录，若参考了他人录文，随文注出。

一、大谷 3218＋3219 号文书：《推□阴阳要诀法残片》《推失物法》

这两片文书残片原属一件文书，没有疑问。《集成》定文书正面为《阴阳要诀断片》⑤和《阴阳要诀法》⑥。《总目》定名为《推□阴阳要诀法残片》⑦。《总目》定名的依据是 3219 文书明确写有"推□阴阳要诀法"字样，因此这个定名没有问题。但是，根据纸背文书，3218 文书在前 3219 文书在后，而"推□阴阳要诀法"数字写在 3219 号文书上。因此，将 3219 号文书定为"推□阴

---

① 《大谷文书集成》，法藏馆，第一卷，1984 年；第二卷，1990 年；第三卷，2002 年。
② 陈国灿、刘安志：《吐鲁番文书总目（日本收藏卷）》，武汉大学出版社，2005 年。
③ 《英藏敦煌文献（汉文佛经以外部分）》1—14 册，四川人民出版社，1990—1995 年。
④ 《法国国家图书馆藏敦煌西域文献》1—34 册，上海古籍出版社，1995—2005 年。
⑤ 《集成》第二卷，第 46 页。
⑥ 《集成》第二卷，第 47 页。
⑦ 《总目》，第 150 页。

阳要诀法"没有问题,但3218号文书就不能定此名了。但3218号文书如何
定名,就目前掌握的资料还不能确定。

3219《推□阴阳要诀法》是以口诀形式区分时日的阴阳,属于占卜基础
知识类。例如有"寅、申、辰、戌、子、午,已上并是阳"字样。按,占卜文书中
往往将一些基础知识抄入,告诉人们如何使用这些占卜基本概念。例如敦
煌占卜文书0612是一个杂抄了多种占卜术的长卷子,其中就有各种占卜基
础知识,如"十干法:甲乙丙丁戊己庚辛壬癸(已上干,一阳一阴),又十二支:
子丑寅卯辰巳午未申酉戌亥(已上支,一阳一阴),又五行相克法同"。此外
还有"推禄法""推驿马法""五行相生法""五行相克法""十二支相冲法""十
二支相克法"等。^① 大谷3219号文书正面也属此类文书。但敦煌占卜文书
中不见有"推□阴阳要诀法"。

3218V+3219V文书,《集成》定名为《风角阴阳书》^②;《总目》依据笔者
意见,定名为《推失物法》残片。笔者定名的依据如下:

占卜文书中有一类是"事项占",包括占病、占婚嫁、占死丧等,也包括占
走失。敦煌占卜文书中的"占走失"类文书有10件,其中P.4996V文书与大
谷3218V+3219V文书极相似。

P.4996V文书前有一图,图中心画一方框,中写"失物宫"三字,周写子
丑寅卯等十二支。每一支引出一条线连接一个方框,其中写该日失物的情
况,然后再画线连接另一方框,其中写能否找到以及在哪里找到等情况。这
一形式与大谷3218V+3219V文书极相似。查3218V,上面有一"亥"字,正
是"失物宫"方框下方"亥、子、丑"三字中残留的一字。两件文书上有若干朱
笔画的线,这些线与"失物宫"周围的十二支日相连接。例如"亥"下就有一
条朱笔线下画。与P.4996V文书不同的是:朱笔连接的不是方框,而是圆
圈,但文字均在圆圈内(这与P.4996V文书中文字均在方框内相同),且文字
也与敦煌P.4996V文书大体相同。大谷文书中的这两件文书共存8个圆
圈,下面我们就取这8个圆圈中的文字与敦煌文书所有相同的文字(其中一

---

① 参郝春文主编《英藏敦煌社会历史文献释录》第三卷,社会科学文献出版社,2003年,第
310—312页。
② 《集成》第二卷,第46—47页。

个圆圈中的文字在敦煌文书中缺如）进行比较：①

　　3218V：右上圆圈：　　　　　□日失者，东北②行③。其物尸？人可得，边
　　　　　　之去。

　　P.4996V：戌连接的方框：戌日者④，东北行，其物屋人可得，边之去。

　　3218V：右下圆圈：　　　　　奇若取土之家，为人可赏，得之。

　　P.4996V：右下独立方框：寄若取土之家，为人所赏，得之。

　　3218V：左上圆圈：　　　　　　寅日失者，东行，水中在，□□□方而□□。

　　P.4996V：寅旁连接的方框：寅日亡者，东行，水中在，亲家可方而觉。

　　3218V：左下圆圈：　　　　　申日失者，东行，尊者中旦⑤亡可得，夕亡难
　　　　　　得之。

　　P.4996V：申连接的方框：申日亡者，东行，尊者日中可得，夕难？得之。

　　3219V：右上圆圈：　　□□□□□□在树下作，饿？以作，旦进难得，春
　　　　　　夏男女取之。

　　P.4996V：子下连接的方框：子日亡，东行，藏树下作，依以上进难得，春
　　　　　　夏男子取之。

　　3219V：右下圆圈：　　　　　　　此人取藏在林木山石，冬卅日得之。或
　　　　　　过，难得之。

　　P.4996V：与戌日连接的方框：此人藏取在近山林，各卅日得之，或
　　　　　　难得。

　　3219V：左上圆圈：　　　　　　　女子取之，□为人数见难得，近日得之。

　　P.4996V：与辰日连接的方框：女？子取之，等？为人数见难得，近日
　　　　　　得之。

　　3219V：左下圆圈：青色女乐好道，得者应⑥高处□□之。

　　P.4996V：无

　　从以上录文可知，大谷文书中的这两件文书与敦煌P.4996V文书这几

①　录文从图版直接移录，参考了《集成》中的录文。
②　"北"，《集成》录作"比"。
③　"行"，《集成》录作"纤"。
④　"者"前漏一"亡"字。
⑤　"中旦"，若参考敦煌文书，当为"日中"。
⑥　"应"，《集成》录作"廉"。

段文字极相似,虽文字互有优劣,但两者很可能来自同一底本。不同的只是前者文字中的"失者",后者作"亡者"。由于敦煌此件文书有"失物宫"字样,后面所附内容也都与"占走失"有关,因此定名为"推失物法"。大谷文书中的这张图与敦煌文书中的图相同,都是用十二支日来推失物的。前者在图之后,还有用六十甲子日来推失物的占词(因此严格说,大谷这两件文书所存文字实为"推十二支日失物法"与"推六十甲子日失物法"),但后者没有。后者没有的原因可能是现在我们看到的卷子不完整。但即使有相关内容,也没有排在图的后面(可能排在图的前面)。因此,尽管大谷这两件文书与敦煌这件文书极为相似,但仅限于"失物宫"的内容,就整个卷子看,两者还是不同的。

占卜文书的特点是杂抄。当时人常将同类占卜术乃至不同占卜术杂抄在一张卷子上,因此虽然内容类似,但次序往往不同。从这一点说,大谷的这两件"推十二支日与推六十甲子日失物法"文书,也应该是一件杂抄文书中的一部分。

二、大谷 3273 号文书:《占卜文书残片》《六十甲子姓相法》

此件文书正背面,《集成》都定名为"道教关系文书断片"[①],《总目》亦定名为"道教文书残片"[②]。

按:此件文书的正面字迹漫漶不清,有"甲寅""姓常""妙相贵"等字样,应该与占卜文书相关,但为何种文书,则不明。我原来考虑,可能与敦煌占卜文书中的"六十甲子历"类文书相似。所谓"六十甲子历",是依六十甲子顺序叙每一干支的吉凶宜忌,每一甲子先述其神的姓名,然后排列吉凶等事项,几乎包括日常生活中遇到的所有宜忌。例如敦煌 P.3281 文书:"乙巳姓唐字文章(正月平、二月满……十二月定)。火,征,是朱雀。宫角二姓造举百事大富贵、宜子孙。"[③]等等。但是查 P.3281 文书,"甲寅姓明字文章",并

① 《集成》第二卷,第 62 页。
② 《总目》,第 157 页。
③ 参见黄正建《敦煌占卜文书与唐五代占卜研究(增订版)》,第 81 页。

非"姓常"，而且其中也没有"妙相贵"等字样，因此可能不是"六十甲子历"，但应该与"六十甲子神"有某种关系，或应定名为"占卜文书残片"而非"道教文书残片"。

文书背面据《集成》录文①有9行，其中可辨认且有意义的文字有："奈李等□果中之木也""海之咸水不堪饮用""人姓痴顽""慈悲之人也""六十甲子姓相己？意②己③丑年正月十日"等。

敦煌占卜文书在"禄命"类文书中有一类是"六十甲子纳音占人性行法"，内容是按六十甲子纳音五行来占人的性格命运，大约有3件文书。例如P.3175有云："纳音甲子占人姓行法：甲子乙丑金，石中金，强不伏人……壬戌癸亥水，海中水，咸煞万物，富贵。"又，S.6258文书："甲子乙丑石急金，坚急如石。千？陈（炼？）之金而不柔软，人性亦如之……戊辰己巳卧生木，性志卑下，不能高秀直上。人亦如之，多病。"④

大谷3273V文书也提到了"果中之木""海之咸水""人姓痴顽""慈悲之人"，即也是用五行来占人的性格。特别是结尾明确提到"六十甲子姓相"。因此我认为此件文书的性质与敦煌占卜文书中的"六十甲子纳音占人性行法"类似，用词也类似（前者的"海之咸水不堪饮用"后者作"海中水咸煞万物"之类），都是以六十甲子纳音（五行）来占不同人的不同性格及吉凶的。因此可以按文书原有的文字，定名为《六十甲子姓相法》。

但是此件文书与敦煌占卜文书还是有许多不同的。两者显然不是来自一种底本或者一种方法。因此我们在看到相似的同时也要看到两者的不同。

三、大谷3274号文书：《推人游年八卦法》

此件文书正背，《集成》都定名为《道教关系文书》⑤；《总目》接受我的意

---

① 《集成》第二卷，第63页。
② "意"或当录为"立见"。
③ 原文作"巳"，录文也为"巳"，当作"己"。
④ 参见黄正建《敦煌占卜文书与唐五代占卜研究（增订版）》，第115—116页。
⑤ 《集成》第二卷，第63页。

见,定名为"《推人游年八卦法》残片"①。

本件文书正面,大致存有三个卦的残写,其中第一个卦是"艮",下面分 5 行写游年岁数,如:六、十三②、廿一、廿九、卅七③、卌六……八十六、九十三④,然后注明游年、绝命的位置(其他残存文字表明,还有"祸害""天医"的位置),例如"绝命巽";最后注明"大厄"的月日。

这种以八卦为纲,以游年为目,写出绝命、祸害、生气、天医等所在,并推断吉凶的方法,叫"推人游年八卦法",在敦煌文书中有四五件的样子,但形式各不相同。例如俄藏 Дx02800 + 03183 号文书,也有"艮"卦,说"游年在艮","绝命在巽,巽为风,风为木。木石相克"。⑤ 其中说"绝命在巽",与大谷 3274 文书中的"绝命巽"相同,但说"忌十二月、正月"又与大谷此件文书中的"大厄四月"不同。至于"绝命巽"之后的文字,因为文书已残我们不知,因此不能与敦煌占卜文书比较,不过无论如何,此件文书正面属于《推人游年八卦法》应该没有问题。

文书背面也与此种占卜法有关。我们引几句:

1　气乾,祸害坎,绝命震。

2　离。此年内不宜着⑥青黑

3　青黑药及猪宾⑦,大凶⑧。

这其中,在"气"前可补"生"字。"离"前也许是"天医"。查敦煌 P.2830《推人游年八卦法》,与此相应的是"兑"卦。该卦的文字远远多于大谷 3274V 文书,但主体是相同的,即"游年在兑""祸害在坎""绝命在震""生气在乾",只是没有"天医"。治病和吃肉的吉凶,也与大谷此件文书不同。例如在"生气在乾,西北"之下写"宜西北白头老父持猪宾及医师来看病……忌北方黑衣

---

① 《总目》,第 157 页。

② "六、十三",《集成》录文作"六十三",误。

③ "卅七",《集成》录文作"廿七",误。前面已经有"廿九"了,此处不可能再有"廿七"。

④ "九十三",《集成》录文作"九日,十三",是不知数字排列规律。其中的"日"与数字无关,"十三"应该接在"九"的后面。

⑤ 参见黄正建《敦煌占卜文书与唐五代占卜研究(增订版)》,第 111 页。

⑥ "着",《集成》录作"若?"。

⑦ "宾"即"肉",《集成》录作"害"。

⑧ "凶",《集成》未能识别。

男子持水、东方青衣持兔宾鸡宾来"等。不过虽然有许多不同，但忌"青黑"倒是与大谷此件文书一样。

总之，大谷 3274 文书的背面，也可以定名为《推人游年八卦法》，但要注意，大谷此件文书的方法比起敦煌同类文书要简单得多，也潦草得多了。

四、大谷 3529＋3614 号文书：《行嫁大利月法》

大谷 3529 号文书，《集成》定名为"性质不明文书"，但注明"与 3614 号同类"，并怀疑是"具注历"①；将 3614 号定名为"阴阳书断片"②。《总目》接受我的意见，将大谷 3614 号定名为"《推择日嫁娶法》残片"③。当时我没有看到 3529 号文书，没有提供意见，因此《总目》将 3529 号定名为"文书残片"，但也吸收《集成》意见，注明"与大谷 3614 号同类"④。

按：这两件文书属于同类文书是没有问题的。结合两件文书看，都是先写"妨"某某，然后写月数。3529 号文书残存 5 行，可识别的字分别有"妨""正月""妨父母，五""八月，妨""四月十月⑤"等；3614 号文书亦残存 5 行，可识别的字有"三月九月妨⑥首⑦子""行嫁大吉""月，妨舅姑，三月""二月妨首子、妨媒⑧""大吉"。

敦煌占卜文书中有"占婚嫁"类。其中一件即 P.2905 号文书与大谷这两件文书相似。P.2905 号文书是一表格，前缺，残存四项：横列"妨姑嫜""妨女父母""妨女婿""妨女身"，纵列月数，如"四月十月""三月九月"等。不同的"女命"按干支分为"子午""丑未"等六组，每组的妨人月数不同。拿这件文书与大谷上述两件文书相比，两者显然性质相同，只是所"妨"人员的称呼

---

① 《集成》第二卷，第 118 页。
② 《集成》第二卷，第 133 页。
③ 《总目》，第 192 页。
④ 《总目》，第 185 页。
⑤ "月"，《集成》录作"日"，误。
⑥ "妨"，《集成》录作"妨"，误。
⑦ "首"，原字漫漶，《集成》标以□号，此据下文以及其他资料补出，详见正文。
⑧ "媒"，《集成》未能识读。

不同(如"舅姑"与"姑嫜"),此外大谷文书还多了"妨首子""妨媒人""行嫁"等项目。

大谷占卜文书多出的项目可能本应存在于敦煌占卜文书缺失的项目内,但所"妨"人员的不同却是事实。不过在传世史料中我们能看到与大谷占卜文书相同的项目。这就是唐代韩鄂编写的《四时纂要》。在这本书各月的"嫁娶日"中,记载了与前述大谷、敦煌占卜文书相同的内容。例如正月条中记载:"是月行嫁,卯酉女吉、丑未女妨夫、寅申女自妨、辰戌女妨父母、巳亥女妨舅姑、子午女妨首子媒人。"①文中不仅有敦煌文书阙如而大谷文书具有的"妨首子媒人""行嫁"等项目,而且其中的"妨父母""妨舅姑",都同于大谷文书而不同于敦煌文书。

这种占婚嫁的方法流传了下去,直到清代的《协纪辩方书》还记载了这一方法,并称其为"行嫁大利月"法。②这个定名是准确的。因为其占卜内容就是说哪个月出嫁大吉而不会妨害媒人、第一个孩子、公婆、女方父母、丈夫,以及女子自身。因此严谨地说,这类文书应该定名为《行嫁大利月法》。大谷3529+3614号文书也应该定名为《行嫁大利月法》。

要注意的是:大谷这两件文书在用词上不同于敦煌P.2905号文书,却同于《四时纂要》的记载。这其中是否有地区的不同? 即大谷文书记录的是中原传到吐鲁番的占卜典籍,而敦煌文书记录的则更具当地特色。这一问题,只有将"姑嫜"与"舅姑"、"女父母"与"父母"、"女婿"与"夫"等词汇用法的时代特征与地域特征作出细致研究后,或者才能得出结论来。

五、大谷 3747 号文书:《五姓宅经》残片

此件文书,《集成》定名为"阴阳书断片"③。《总目》定名为"《易占书》(?)残片"④。这两种定名都不够准确。

---

① 韩鄂编,缪启愉校释:《四时纂要校释》,农业出版社,1981年,第16页。又以上关于敦煌占婚嫁文书的情况,参见黄正建《敦煌占卜文书与唐五代占卜研究(增订版)》,第230—232页。
② 参见黄正建《敦煌占卜文书与唐五代占卜研究(增订版)》,第232—233页。
③ 《集成》第二卷,第147页。
④ 《总目》,第202页。

查《集成》的录文，①文书共5行，可识别的是画有一个图的底边，然后在下面分行写有"三坤""申司""酉□""戌□""三乾"，左侧则写有"尚玄明"三字。《总目》正确指出两个"三"并非"三"，而是八卦符号，但也认为"乃一残图，左右两面各写一'坤''乾'字。……或为《易占书》之类的文书"②。

实际这是一张与《宅经》有关的图。图应该竖起来看："坤"在上方（西南方），"乾"在下方（西北方），申、酉、戌在右方（西方）。"申"字下面应该是"司命"，"酉"下字应当是"勾陈"。下方（北方）应该是"亥"，《集成》误作"玄"。"亥"字下当是"明堂"，《集成》误作"明尚"。"司命""勾陈""明堂"都是黄黑道十二神的名字，表示各方位的吉凶。

敦煌占卜文书"宅经"类中有"五姓宅经"类多件。这些文书中往往依照宫商角徵羽五姓各宅，画出十二神所在及其吉凶。例如敦煌P.2632V号文书是《五姓宅经》，画有宫宅、商宅、羽宅各图。其中"宫宅图"为一方形框，框内按方位写"东舍、南舍、西舍、北堂"，正中写"宫宅十二神安置"，然后在方框外按方位右上写"坤"、右下写"乾"、左上写"巽"、左下写"艮"，四周写干支。在十二支下分别写十二神所在，比如"申、金柜；酉、天德；戌、玉堂"，以及"亥、玄武"；"寅、勾陈；卯、司命"；"午、明堂"等。

与此对照，大谷3747号文书应该也是一件《五姓宅经》残片，不过不是宫宅、商宅或羽宅，应该属于P.2632V文书缺失的角宅或徵宅中的一个。另外要注意的是，敦煌P.2632V文书的宅图，除依十二支列出十二神的位置外，还列出了十干的位置，以及宜忌，而这些都是大谷3747号文书所没有的。换言之，大谷3747号文书虽然也是"五姓宅经"类，但比敦煌占卜文书中的同类文书要简单一些。这一点也要引起我们的注意。

六、大谷3272＋3769＋3634号文书：《十二属性及五行命立成法》

以上研究的大谷占卜文书或多或少都与敦煌占卜文书有关，能在敦煌

---

① 《集成》第二卷，第147页。
② 《总目》，第202页。

占卜文书中找到相似内容。但也有找不到相似内容的，这 3 号文书就是其中一例。

这 3 号文书，《集成》将 3272 号文书正面定名为《唐代西州籍》，并说上有"景龙四年、景云二年的纪年"①，将背面定名为《道教关系文书》②；将 3769 号文书定名为"阴阳书断片"，并说"纸背有'令'字"③；将 3634 号文书定名为"性质不明文书小片"，并说"纸背可见'佐'字"④。《总目》将 3272 号文书正面定名为《唐西州籍残片》，并说"中有后人 3 行倒书：乙亥猪金命　景云二年……"。对 3272 号文书背面，接受我的意见，将其定名为"《禄命书》(?)残片"，并说"书法与内容与大谷 3769 号接近，二者似有关联"⑤。将 3769 号文书也定名为"《禄命书》(?)残片"，并说"纸背有一'令'字。本件似与大谷 3272V 号有关"⑥。将 3634 号文书定名为"文书残片"，说"纸背书有'佐'字"⑦。

《总目》说 3272V 号与 3769 号文书有关联，这是毫无疑问的。而实际上 3272 号文书正面以及 3634 号文书也应与这两件文书相关。我们来看 3 件文书的录文：⑧

大谷 3769 号文书：

1　甲午[

2　乙未羊，金命[

3　甲申侯(猴)，火命　　贞观十年⑨[

4　　]鸡，火命　　　　贞观十一年⑩[

大谷 3634 号文书：

---

① 《集成》第二卷，第 62 页。
② 《集成》第二卷，第 62 页。
③ 《集成》第二卷，第 151 页。
④ 《集成》第二卷，第 136 页。
⑤ 《总目》，第 157 页。
⑥ 《总目》，第 204 页。
⑦ 《总目》，第 193 页。
⑧ 录文参考了《集成》的录文，见第 151、136、62 页。
⑨ "年"字不清，《集成》录文大概是推算出来的。
⑩ "十一年"原文不清，《集成》录文大概也是推算出来的。

```
1                              ]观廿一①年[
2                              ]观□□□②[
```

大谷 3272 号文书正面：

```
1    癸酉鸡,□[
2    甲戌狗,□□③          景龙四年[
3    乙亥猪,金命            景云二年[
```

大谷 3272 号文书背面：

```
1    戊子□[
2    己丑牛,火命[
3    庚寅大虫④,木命[
4    辛卯兔,木命            天宝□[
5    壬辰龙,水命            天宝□[
```

从这些录文看,这 3 件文书是先列干支、十二属性,以及五行之命,然后给出具体年份,即某年生人就属于某五行之命。虽与"禄命"相关,但所言却不似推禄命的方法。

我们知道,将人分为五行,并以此来进行占卜,是一种常用的方法。例如敦煌占卜文书 S.2729V 号文书中就有"夫妻相法",其中记:"夫木女火,六百万石;夫木女土,凶"等。这就是按夫妻的五行来占算夫妇是否相合以及吉凶的。上述文书中的"火命、木命"等当即与此相关,但却又与十二支的五行并不相符。例如"亥",按五行当属水,可是这里写"金命";"丑"属土,这里写作"火命"。当然也有相合的:"寅、卯"均属木,这里也都写作"木命"。因此,这里的五行命,不是按十二支与五行的关系设定的,具体如何设定,不明。这种设定方法,似不见于敦煌占卜文书。此外,将五行命与十二属性如牛、虎、兔、龙、羊、鸡、猪等相连,也不见于敦煌占卜文书。尤为珍奇的是在十二支、十二属性、五行命之下,写下了具体的年份,如贞观某年、景龙某年、

---

① "廿一",《集成》录作"十一",恐误。
② 这 3 字原文缺损,识读不能,《集成》录作"十二年",恐误。
③ 这两字现在的图版上看不清,《集成》录作"水部",《总目》录作"水命"。
④ "虫",《集成》未能识读,疑为"玄",误。

景云某年、天宝某年，而且从排列看，基本是逐年排列。从这些现象判断，此件文书是供人查阅的、关于某年生人属于某属性某五行命的手册。由于唐朝人常将快速查阅吉凶年月日的方法称为"立成法"，例如敦煌占卜文书中的 P.2534 号《阴阳书·葬事》，最后就是"灭门大祸日立成法第十三"即查找"灭门大祸日"的表格。①因此大谷这 3 件文书似乎可以定名为《十二属性及五行命立成法》。又由于这件文书避"虎"讳，写作"大虫"，因此是撰写于唐代的占卜类文书。

总之，这 3 件文书首先可明确知道其创作于唐代；其次可知其中涉及的十二支与十二属性相连，并与五行命相连的占算方法，不见于敦煌文书和传世史籍，十分罕见。因此，大谷文书中的这 3 件占卜文书，在占卜典籍、占卜方法、占卜习俗，以及占卜术发展史等方面，具有非常重要的珍贵价值。

小　结

以上通过对大谷占卜文书中 6 件（实际是 10 件）占卜文书的研究，以及与敦煌占卜文书的比较，我们或可得出以下几点结论。

1. 大谷占卜文书的类型以及占卜方法，基本与敦煌占卜文书的类型和方法相同，有些文字几乎一样，例如推失物的方法、推算嫁娶吉凶与避免妨害他人的方法、推算游年八卦的方法等。说明在唐代，吐鲁番地区与敦煌地区的占卜大致采用了相同的方法。

2. 但同时，两个地区之间又有一些微小的不同。这些不同包括：① 文字的不同。例如大谷文书中的"失物"，在敦煌同类的一件文书中却作"亡物"。② 繁简的不同。例如推人游年八卦，敦煌占卜文书的内容显然大大多于大谷文书中同一件游年八卦的内容；大谷占卜文书中的《五姓宅经》只列十二支神，没有十干的宜忌，内容上也少于敦煌占卜文书中的《五姓宅经》。

3. 而且值得注意的是，大谷占卜文书有些内容不同于敦煌占卜文书，却与传世典籍中的内容一样。例如大谷文书中的《行嫁大利月法》，其中"舅姑""夫""父母"等词汇不同于敦煌同类文书中的"姑嫜""女婿""女父母"，却

---

① 　参见黄正建《敦煌占卜文书与唐五代占卜研究（增订版）》，第 71 页。

与《四时纂要》用词相同。我们不知《四时纂要》作者韩鄂在编写此书时从何处取得的这些资料，但想来应该采用了中原地区的资料。由此看来，唐代吐鲁番地区与中原有着非常紧密的联系，而敦煌地区到晚唐五代，也许地方特色反而增多。换句话说，敦煌在晚唐五代曾经"新编"了许多书籍，包括书仪，当然也包括占卜书籍。在新编过程中，可能增加了当地的特色。反而是唐代前期吐鲁番地区保存下来的典籍更忠实于中原，其中就包括大谷文书中保留下来的占卜典籍。

4. 更重要的是，大谷占卜文书中还有一些不见于敦煌占卜文书（或也不见于传世典籍），例如《十二属性及五行命立成法》。我们有时从史籍上可知某人本命为鸡（如唐玄宗），或某人是"火命"①，等等，但这"火命"如何而来，与十二属性是否有关，我们就不得而知了。大谷占卜文书保存的这一占卜术，将五行命与十二属性紧密相连，且年代明确，对我们了解这一占卜术，以及当时的占卜习俗，具有重要价值。它对我们更细致地梳理唐五代的占卜发展史也具有十分重要的意义。

原载《敦煌研究》2016 年第 6 期。

---

① 《旧唐书》卷七九《吕才传》，中华书局，1975 年，第 2722 页。

敦煌本《励忠节钞》性质浅议

——兼论其中《刑法部》的思想倾向

《励忠节钞》是发现于敦煌遗书中的一篇珍贵文献,为现存唐前期类书《艺文类聚》《初学记》之外的又一重要类书。《励忠节钞》自发现后就为学者所重视,研究论著甚多,其中集大成者是屈直敏的《敦煌写本类书〈励忠节钞〉研究》①(以下简称为《研究》)。依据此书,敦煌本《励忠节钞》共 37 部 1 592 行,约 4 万余字。② 其构成是:

序

忠臣部、道德部、恃德部、德行部

贤行部、言行部、亲贤部、任贤部、简贤部、荐贤部

将帅部、安国部、政教部、善政部

字养部、清贞部、公正部

俊爽部、恩义部、智信部、立身部

诚慎部、谦卑部、退让部、家诫部

谏诤部、梗直部、刑法部

品藻部、交友部、言志部、嘲谑部、阴德部

孝行部、人物部、志节部、贞烈部③

作者经过研究后认为《励忠节》可能为魏徵所作,成书年代大约在唐太宗中晚期,最迟不晚于魏徵去世的贞观十七年;④《励忠节钞》的编纂年代当在武周时期。⑤ 又认为《励忠节钞》是在唐朝统治者要重振儒学的大背景下,一些好事之臣或为了自励忠节、教诫子孙,或为了进呈御览、以表忠心,遂采集经

---

① 屈直敏:《敦煌写本类书〈励忠节钞〉研究》,民族出版社,2007 年。
② 《研究》,第 27 页。
③ 《研究》,第 82—83 页。
④ 《研究》,第 104 页。
⑤ 《研究》,第 108 页。

史、杂取群书而编纂的以道德伦理教育为主要内容的通俗读本。① 作者总结说：《励忠节钞》与传统类书不同，"传统类书构建了完整的宇宙自然秩序、人间社会秩序以及道德伦理秩序，而敦煌写本类书《励忠节钞》则凸显了人间秩序中君臣关系的道德标准是以'忠'为核心，以儒家的'圣忠贤孝、德让智信、勤学修身、诚意正心'等道德原则为重要内容，对广大臣民进行道德伦理教育，从而达到教化世人，维护'立身行事、齐家治国、平天下'等人间秩序的伦理规范，稳定社会政治统治的目的"②。

作者还比较了《帝范》《臣轨》和《励忠节钞》，认为"这三部书是作为社会秩序结构中的帝王、大臣、百姓三种不同等级的社会阶层的日常道德伦理教育读本"③，强调"《励忠节钞》是归义军时期在敦煌地区广为流传的道德伦理教育读本"，并且"极有可能"是归义军政权"用来当作道德伦理教育的教学课本"。④ 总之，《励忠节钞》的性质，第一是内容关系到道德伦理，第二是教育百姓或百姓使用的，第三是通俗读本或教学课本。

作者的以上议论，建立在对敦煌本《励忠节钞》文本的详尽研究基础之上，应该可以成立，但我在极粗略地翻阅了《励忠节钞》之后，也有一些疑问，特不揣浅陋，提出来请教各位方家。

一、《励忠节钞》是否百姓的"日常道德伦理教育读本"

《研究》强调《励忠节钞》具有"伦理道德"性质，指出它基本是为了"对广大臣民进行道德伦理教育"的，与《帝范》（用于帝王）、《臣轨》（用于大臣）不同，是百姓的"道德伦理教育读本"，主要用于"勤学修身"。

但是我们看《励忠节钞》的类目，其中有忠臣部、亲贤部、荐贤部、将帅部、字养部、公正部、谏诤部等，显然与大臣相关，恐怕不能说只是百姓的通俗读本。其实《研究》也指出《励忠节钞》中有 18 条与《臣轨》中引文相同，涉及忠臣

① 《研究》，第 101—102、109 页。
② 《研究》，第 84 页。
③ 《研究》，第 119 页。
④ 《研究》，第 197 页。

部、道德部、言行部、公正部、智信部、诚慎部。仅此即可说它也与大臣有关了。

除了《励忠节钞》也涉及大臣这一点外，更重要的是它还涉及帝王，包括大量帝王或臣下建议帝王施行的治国思想、方针、政策。这在类目中也能看出来，例如任贤部、简贤部、安国部、政教部、善政部、字养部、刑法部等，都是如此。这些安国、政教、刑法，与百姓的"道德伦理教育"似乎关系不大。我们可以举一些例子。[①]

道德部

2001：夫以道德驭人，故可大可久而福祚长远；以刑法驭人，故可浅可近而福祚短促。（第 219 页）

2013：严刑重赏不可以制人也。（第 225 页）

2014：能行一德者，可以驭人。（第 225 页）

按：这里讲的是如何"驭人""制人"，显然不是百姓的道德伦理读本，而是帝王治国的道理。

恃德部

3009：邓析曰：为人君有德于百姓者，若冬日之阳，夏日之阴。（第 229 页）

3012：语曰：为政以德，譬如北辰，居其所而众星拱之。（第230 页）

按：其中 3009 条，《太平御览》[②]六百二十《治道部·君》、《北堂书钞》[③]卷二九《政术部·君道》有引，都列为"君"或"君道"，可见与帝王相关；又归入"治道部"或"政术部"，也与治国相关，并非教育百姓的道德伦理。3012 条也是讲君德的，《太平御览》卷六二二《治道·治政》有引。

德行部

4021：徐陵云：陛下惟神不测，圣德无方，应物等于衢樽，虚心比于悬镜。（第 239 页）

4034：崔黄门云：恩泽之被，若时雨及苗；政化之行，如和风靡草。

---

① 　方便起见，所有引文都取校正后文字，具体校勘情况请参见《研究》一书。

② 　李昉等：《太平御览》，中华书局，1960 年。

③ 　虞世南：《北堂书钞》，中国书店，1989 年。

（第 241 页）

4038：卢黄门云：诘旦坐朝，諮请填凑，千端万绪，决断如流。（第 242 页）

按：这里明确说"陛下""恩泽""坐朝"，是指帝王无疑。

亲贤部

7004：周文王问太公曰：吾欲强于国，如何？对曰：……（第 258 页）

任贤部

8002：昔齐桓公问管仲：吾国之霸其若之何？仲曰：……（第 261 页）

8004：夫任人者，盖国之急务也。（第 262 页）

8012：晏子曰：国有三不祥也……有贤臣而不知，一不祥也；知贤而不用，二不祥也；用贤而不信，三不祥也。（第 266 页）

简贤部

9001：治国家者，先择佐，然后择人。（第 268 页）

9004：夫与人共其乐者，人必忧其忧……先王知独理之不能久，故简贤而共理之。（第 269—270 页）

荐贤部

10005：列子曰：理国之道在于知贤，而不在于自贤。（第 276 页）

按：这些议论都是讲如何治国，显然是为帝王服务的。其中 9004 条在《艺文类聚》[①]中被归入卷二一《帝王部·总载帝王》。

将帅部

11016：白起云：臣闻明主忧其国，忠臣忧其名……此古帝王御寇之术。（第 287 页）

按：这里讲的是"帝王"的御寇术。

安国部

12001：语曰：夫能扶天下之危者，则据天下之安；能除天下之忧者，则受天下之乐。（第 289 页）

12003：治国者若耨田，去其害苗而已。（第 290 页）（此条《艺文类

---

① 欧阳询：《艺文类聚》，上海古籍出版社，1982 年。

聚》卷五二归入《治政部·论政》;《太平御览》卷六二四归入
《治道部·治政》。)

12006:盛国之道,工无伪事,农无遗力,士无隐行……(第 292 页)
(《艺文类聚》归入卷五二《治政部·论政》)

12007:孔子曰:夫为国者,省刑则人寿,薄赋则人富。(第 293 页)
(《艺文类聚》归入卷五二《治政部·善政》)

12014:古贤臣圣主,皆安国养人为本。(第 296 页)

按:以上各条,都是讲帝王治国的道理或原则。

政教部

13001:夫为政者,必先择其左右,左右正,则人主自正矣。(第 297 页)

13003:古帝明王所以致官立政者……故立官以齐之,立政以制之。
(第 298 页)(《太平御览》归入卷七七《皇王部·叙皇王》)

13005:夫人之不善,吏之罪也;吏之不善,君之罪也。(第 298 页)

13010:汉景帝云:……饥寒并至,而能为理者,未之有也。(第
299—300 页)

13015:夫理人者,先诱进以仁义,束缚以刑宪,所以总一海内,而整
齐万人。(第 301 页)

13019:夫为政者,目贵明,耳贵聪……政之所行,在顺人心;政之所
废,在逆人心。(第 302 页)(《艺文类聚》归入卷五二《治政
部·善政》;《太平御览》归入卷六二四《治道部·治政》)

13021:帝与(张重)语,问为政之道,答曰:……(第 303—304 页)

13022:齐王能用田巴先生为相,将问政焉。巴对曰:……(第 304 页)

13025:仁义者,理之本也,政教之基,国以之存亡,身以之生死。
(第 306 页)

13026:愿大王选良吏,平法度,政无阿……(第 306 页)

13028:为政者,若拔乱抑强则先刑,扶弱虽新则先德,安平之则刑
德并用。(第 307 页)

13029:治人烦则乱。(第 308 页)

13030:舟非水不行……君非人不治。(第 308 页)

13032:政者,犹张琴瑟也。(第 308 页)(《太平御览》归入卷六二四

《治道部·治政》）

13033：夫政者，静也。（第308页）

13034：夫立政者有四焉……（第309页）

13035：政有三品，王者之政化之，霸者之政威之，强国之政胁之。（第309页）（《艺文类聚》归入卷五二《治政部·论政》；《北堂书钞》归入卷二七《政术部·论政》）

13036：孝宣皇帝明于君人之道，审为政之术。（第310页）（《艺文类聚》归入卷五二《治政部·论政》）

13038：哀公问政于孔子，对曰：政之急者，莫大于使人富且寿也。（第310页）

按：以上各条讲的都是帝王治国、为政的思想、原则等。

字养部

15001：周文王问安人之道，太公曰：臣闻王国富人，霸国富士。（第322—323页）

15002：管子曰：凡为国之道，必先富人，人富则易治，贫则难理也。（第323页）（《艺文类聚》归入卷五二《治政部·善政》）

15003：臣闻天下太平者先仁义，理扰攘者先权谋。（第323页）

15004：甘龙对秦孝公曰：圣人不易人而教，智者不变法而理。（第323页）

15008：臣闻昔者七十九代之君，法制不一，号令不同，然而俱王天下，何也？（第325页）（《艺文类聚》归入卷五二《治政部·善政》、卷五四《刑法部·刑法》；《太平御览》归入卷六三八《刑法部·律令》）

按：这几条讲的也是帝王治国的方略。

立身部

21013：笞不废于家，刑不损于国。（第366页）

诫慎部

22030：易曰：君不密则失臣，臣不密则失身。（第378页）

22065：张武为侍中，受赂金钱，汉文帝发御府金钱以赐之，以愧其

　　心,专以德化人。(第 387 页)(《艺文类聚》归入卷一二《帝王
　　部·汉文帝》;《太平御览》归入卷八八《皇王部·孝文皇帝》)

谦卑部

23015:元帝云:朕为人父母,德不能覆,而有其刑,甚自悼焉。(第
　　394 页)

按:以上几条均与帝王和治国相关。

刑法部

28010:勾践决狱不当,拔刀自割。(第 430 页)

28012:韩子曰:治大国而数变法,则人苦之。是以有道之君,贵虚
　　静而不重变法也。(第 431 页)

28013:明王之立法也,赏足以劝善,威足以胜残。(第 431 页)

28016:君之为法也,先礼而后刑。(第 432 页)

按:以上诸条也与帝王和治国相关。

　　通过以上举出的例子,可知《励忠节钞》中包含了大量与帝王及治国相
关的思想、原则、方法,不仅不是百姓的道德伦理读本,而且也并非只是服务
于帝王大臣的个人道德修身。"治国(安国)""为政""政教",是这部书的主
要内容之一。

　　通观《励忠节钞》残留下的类目,可以看到它实际是由两大部分构成,一
部分是"治国""为政",另一部分是"修身""养性"。从类目看,前者主要来自
《北堂书钞》,后者主要来自《艺文类聚》。下面我们将这三种类书中完全一
样的类目排列如下(其中《励忠节钞》简称"励";《北堂书钞》简称"北";《艺文
类聚》简称"艺"):

励:	德行部	任贤部	荐贤部	将帅部	善政部
北:	德行(后妃)	任贤(政术)	荐贤(政术)	将帅(武功)	
艺:				将帅(武)	善政(治政)
励:	公正部	诚慎部①		谏诤部②	刑法部

---

① 此类目为《研究》作者所拟,看起来所拟不误,但也可能是"戒慎"。

② 此类目为《研究》作者所拟。

北：公正(政术) 诚慎(后妃) 戒慎(政术)　　谏诤(艺文)　　刑法

艺：　　　　　　　　　　　　　　　　　　　　　　　　　刑法

励：品藻部　　　交友部　　　言志部

北：

艺；品藻(人)　交友(人)　言志(人)

从以上排列可知,除去"将帅""刑法"三书均有外,其他则各不相同。《励忠节钞》从《北堂书钞》中主要汲取了与治国、为政相关的类目,如任贤、荐贤、公正、戒慎等。这些类目在《北堂书钞》中都属于"政术"部。与此相对,《励忠节钞》从《艺文类聚》中主要汲取的是与修身、养性相关的类目,如品藻、交友、言志①等。这些类目在《艺文类聚》中都属于"人"部。

因此似乎可以说,《励忠节钞》是由两大部分构成的:一部分与"政术",即与治国、为政相关;另一部分则与"人",即与修身养性相关。它既不是百姓的伦理道德读本,也不仅仅是帝王将相的伦理道德读本,而是一种专门辑录有关"政术"与"修身"的事迹言论,服务于执政者的类书。②

二、《励忠节钞·刑法部》的思想倾向

无论《北堂书钞》还是《艺文类聚》,都有《刑法部》,《励忠节钞》也不例外。说明"刑法"在政治和社会中占有重要地位,为各种类书所重视。

同样是唐初类书,但若细读《励忠节钞》中的《刑法部》,会发现它和《艺文类聚》有一些不同。这种不同不仅是体例编排上的差异,更重要的是思想倾向的不同。

我们先看《励忠节钞》中的《刑法部》(简称《励刑》)。此部共收 21 条,其中只有 7 条见于《艺文类聚》的《刑法部》(以下简称《艺刑》)。其余 14 条有的缺损过多,端赖《研究》作者查找引文出处,才能大致明白。以下是这 14 条的内容:

①　"言志"之下,《励忠节钞》有"嘲谑部",而《艺文类聚》有"嘲戏",两者基本相同。更要注意的是:从品藻到嘲谑,两书顺序也是一样的。因此《励忠节钞》应该是有意模仿了《艺文类聚》。

②　但为何以"励忠节"为名,还需再探讨。另外,这一论断建立在现存类目的基础上,若还有其他类目,则又另当别论了。

28002：　　]人定,定则人信,畏严法则何众不齐,信审令[　　]独
安哉?

28003：夫圣人之用刑者,欲以警戒生人,肃[　　]寡而畏,明刑止
刑,至于无刑;以煞止煞,至于无煞[

28004：《汉书》曰:今法律贱商人,商人已富贵矣;尊农夫,农夫已
贫贱矣。故俗之所贵,士之所贱,吏之所卑,陛[

28005：贾谊曰:凡人之智,能见已然,未能见将然。夫礼志禁
于[

28006：《昌言》曰:故制不足则引之无所至,礼无等则用之不可依,法无
常则网罗当道,教不明则人无所信,网罗[

28007：张汤曰:设必违之教,不量人力之未能,是[　　]堪,是陷
人于罪,故谓之害人。

28008：庄子曰:举[　　]不足给,夫慕赏乃善,非善也;畏罚乃
忠,非忠也。

28009：禹见[　　]陛下何泣也? 禹曰:昔尧之人,以尧心为心,今
百姓各以其[

28010：　　]之日,不闻笑声,勾践决狱不当,拔刀自割。

28011：语曰:人□□□□□□□□相情以理□□。

28018：臣闻为农圃,伐一树之枝,除一苗之根,犹驻意商度,然后始
伐,何况绝人之体,加人以刑而不商度哉? 夫张仁义以开天
下之门,抑情欲以塞天下之户,明赏罚以随之,使赏足荣而
罚足畏也。

28019：臣闻自羲皇以来,即君臣道著,张礼以导人,设法以禁暴。

28020：夫巨兽离山则受困于罢网,游鱼失水则受制于蝼蚁,人犯宪
章则受拘于刑网。

28021：管子曰:地不辟者非吾地,人不农者非吾人。今地有余利,人
有余力,生谷之土未尽垦,山泽之利未尽出,游食之人未归
农,是以仓廪常空,囹圄恒实,岂不痛哉! (第428—433页)

从以上引文,我们看到的是《励忠节钞·刑法部》编者对刑法的疑虑,及对礼
义道德的倡导。前者如说"明刑止刑,至于无刑;以煞止煞,至于无煞";说

"今法律贱商人,商人已富贵矣;尊农夫,农夫已贫贱矣";说"设必违之教,不量人力之未能,是[　　]堪,是陷人于罪,故谓之害人";说"勾践决狱不当,拔刀自割"。后者如说"夫慕赏乃善,非善也;畏罚乃忠,非忠也";说"昔尧之人,以尧心为心";说"张仁义以开天下之门,抑情欲以塞天下之户";说"张礼以导人,设法以禁暴"。

这样一种提倡"礼义道德"在刑法之先,"张礼以导人"的思想,与《励忠节钞·刑法部》作者魏徵①的思想是契合②的。例如魏徵就曾经说过:"为国之基,必资于德礼"③;"仁义,理之本也,刑罚,理之末也……是以圣帝明王,皆敦德化而薄威刑也"④。《励忠节钞·刑法部》的思想与此颇相一致。

下面我们看《艺文类聚》中《刑法部》的引文。在《艺文类聚·刑法部》中,有大量引文不为《励忠节钞·刑法部》所引用,而且有些引文与《励忠节钞·刑法部》在思想倾向上是有所不同的。

例如:

(管子)又曰:凡国无法则众不知所为,无度则事无仪,有法不正,有度不直,则治僻,治僻则国乱。故曰:正法直度,罪杀无赦,杀戮必信,民畏而惧,武威既明,令不再行。⑤

又曰:法者,天地之象,象四时之行,以治天下。⑥

申子曰:君必有明法正义,若悬权衡以称轻重,所以一群臣也。⑦

又曰:尧之治也,善明法察令而已。圣君任法而不任智,任数而不任说。黄帝之治天下,置法而不变,使民而安不安,乐其法也。⑧

(韩子)又曰:释法术而心治,尧不能正一国。使中主守法术,拙匠

---

① 关于《励忠节》的作者是否魏徵,还有探讨的余地。
② 当然,我们不知道《励忠节》中《刑法部》的真实情况,不能排除《励忠节钞》的作者在节抄《励忠节》时有选择地抄录引文的可能性。
③ 吴兢:《贞观政要·诚信第十七》引魏徵贞观十年(636)上疏,上海古籍出版社,1978年,第180页。
④ 《贞观政要·公平第十六》引魏徵贞观十一年(637)上疏,第171页。
⑤ 《艺文类聚》卷五四《刑法部·刑法》,第967页。
⑥ 《艺文类聚》,第967页。
⑦ 《艺文类聚》,第967页。
⑧ 《艺文类聚》,第967页。

执规矩尺寸,则万不失一。①

　　申子曰:君子之所以尊者令,令不行是无君也,故明君慎令。②

　　慎子曰:尧为匹夫,不能邻家至,西南面而王,则令行禁止。由此观之,贤未足以服不肖,而势位足以屈贤也。③

　　又曰:法之功,莫大使私不行;君之功,莫大使民不争。今立法而行私,是与法争,其乱甚于无法;立君而尊贤,是贤与君争,其乱甚于无君。故有道之国,法立则私善不行,君立则贤者不尊。民一于君,断于法,国之大道也。④

《艺文类聚·刑法部》所引"诗""赋""赞""令""难""议""表""书奏""启""序""论"甚多,这里只是从类似总论的部分中摘录了几条。

　　按《艺文类聚·刑法部》总论部分引经、子共 20 条左右(与《励忠节钞·刑法部》的 21 条大致相当),其中 4 条见于《励忠节钞·刑法部》,余 16 条中我们引用了 8 条。这 8 条都是法家言论,高度肯定刑法的作用:说无法则国乱,应该"罪杀无赦";说如果不守法术,"尧不能正一国";说立法不能行私,立君不能尊贤,都完全是法家的思想和言论。

　　简言之,从以上比较可以看出,《艺文类聚·刑法部》反映的思想多是法家思想,是提倡以法治国,提倡尊君,提倡"罪杀无赦";而《励忠节钞·刑法部》反映出来的思想则多是儒家思想,提倡"张礼以导人",主张"以煞止煞",并对法律的效用持怀疑态度。

　　我们知道,《艺文类聚》完成于唐高祖武德年间,而《励忠节》可能完成于唐太宗年间,那么,以上两种类书中《刑法部》表现出来的法律思想的不同,是否反映了唐高祖与唐太宗治国理念的不同呢?

　　由于种种原因,唐高祖留下的文字不多,不能很好了解他的法律思想。

---

① 《艺文类聚》,第 968 页。四库本《艺文类聚》此段作"释法术而思治,尧不能正一国;去规矩而妄意度,奚仲不能成一轮;废尺寸而差长短,王尔不能命中。使中主守法术,拙匠执规矩尺寸,则万不失一",与《韩非子》同(王先谦撰:《韩非子集解》卷八,中华书局,第 220 页)。

② 《艺文类聚》,第 968 页。其中前面的"君子"疑当为"君",衍"子"字。《太平御览》卷六三八《刑法部·律令》即写作"君之[所]以尊者令"。第 2857 页。

③ 《艺文类聚》,第 968 页。四库本《艺文类聚》此段作"尧为匹夫,不能使家化,至南面而王,则令行禁止。由此观之,贤未足以服不肖,而势位足以屈贤也"。

④ 《艺文类聚》,第 968 页。

我们所能找到的唯一的文字,是武德七年(624)将编定的法典颁布时下的诏书,其中说到法律的作用是"所以禁暴惩奸,弘风阐化,安民立政,莫此为先"①,即把制定和施行法典放在"安民立政"的优先位置。《艺文类聚》也完成于武德七年,可能就是在这样的指导思想下完成的。

换言之,唐高祖可能比较赞成法家的思想和做法,在唐初大乱之时想用法家的办法治理国家。

但是唐太宗即位后,可能要改变高祖的既定政策,于是有过如何治理国家的大讨论,估计涉及了是以法为先还是以德为先,或者说是实行霸道还是实行王道的争论。唐高祖时的老臣封德彝等主张实行霸道,认为应该待到社会秩序好了以后再教化民众,而魏徵坚持认为"乱后易教,犹饥人易食也"。后来唐太宗听取了魏徵的建议,结果"数年间,海内康宁,突厥破灭",因此后来面对群臣时回忆道:"贞观初,人皆异论,云当今必不可行帝道、王道,惟魏徵劝我,既从其言,不过数载,遂得华夏安宁,远戎宾服。"②于是我们看唐太宗的法律思想,基本来源于魏徵,主张"立人之道,曰仁与义;为国之基,德归于厚",要"化民以德"。③ 又说"乐由内作,礼自外成,可以安上治民,可以移风易俗。揖让而天下治者,其惟礼乐乎!"④特别强调"上天之道,先德而后刑"⑤。

这样一种提倡"先德而后刑"的思想为后来的唐朝皇帝所继承,所以唐高宗永徽四年(653)完成的《唐律疏议》,开篇就说"德礼为政教之本,刑罚为政教之用"⑥。《励忠节钞·刑法部》完成于贞观年间,不能不受到这种思想的影响,因此在选择引文时就会多选"张礼以导人"一类的言论,而与《艺文类聚·刑法部》中的"释法术而心治,尧不能正一国"大相径庭。

以上我们从两种类书《刑法部》的比较,看到了唐太宗政治与唐高祖政治的区别,主要是"以法为先"还是"以德为先"。唐太宗经过询问臣下,展开讨论,最后否定了高祖的做法,从而造成了贞观之治的局面。这实际是对高

---

① 《旧唐书》卷五十《刑法志》,中华书局,1975 年,第 2134 页。
② 《贞观政要·政体第二》,第 18 页。
③ 董诰等:《全唐文》卷四太宗《谕崇笃实诏》,中华书局,第 53 页。
④ 《全唐文》卷六太宗《颁示礼乐诏》,第 70 页。
⑤ 《全唐文》卷七太宗《克高丽白岩城诏》,第 90 页。
⑥ 长孙无忌等:《唐律疏议》卷一《名例》,中华书局,1983 年,第 3 页。

祖时期治国政策的否定。我们还可以提供一个旁证。

　　根据记载,唐高祖从即位起就开始组织人员编纂法典,武德元年(618)到六年(623)先后任命裴寂、殷开山、郎楚之、沈叔安、崔善为、萧瑀、李纲、丁孝乌、陈叔达、王敬业、刘林甫、颜师古、王孝远、靖延、房轴、李桐客、徐上机等撰定律令,至七年完成,①可谓参与人员众多,规模宏大。到唐太宗即位,对武德律令进行了修订,但参与人员模糊不清,明确记载的只有李百药,其他还应有房玄龄、长孙无忌、裴弘献。于志宁可能也参加了,其他可能参加的还有令狐德棻和戴胄。我们看这个名单,就会发现唐太宗时期编纂法典的人员班子,没有一位是参加了高祖时编纂法典的人员。这是不是也意味着太宗有意要改变或区别于高祖的执政方针呢?②

　　总之,通过以上分析,我们可以清楚看到《励忠节钞·刑法部》与《艺文类聚·刑法部》引文所反映的法律思想的不同,并引申出唐高祖政治与唐太宗政治的区别。由于这些不同和区别是我们间接分析出来的,因此要想落实,还需要今后再作进一步的努力。

　　　　　　　　　　　　　　　　　　　　原载《敦煌学辑刊》2019年第4期。

①　参黄正建《有关唐武德年间修定律令史事的若干问题》,载《隋唐辽宋金元史论丛》第三辑,上海古籍出版社,2013年,第25—29页。
②　参黄正建《贞观年间修定律令的若干问题》,载《隋唐辽宋金元史论丛》第四辑,上海古籍出版社,2014年,第42—43页。

蒙书与童蒙书

——敦煌写本蒙书研究刍议

由于敦煌写本中保留了大量不见于现存史籍中的蒙书资料,因此自从敦煌遗书发现以来,蒙书研究就是敦煌写本研究的一个重点,历史学、文学、语言学等各领域专家对此进行了大量研究,涉及蒙书的定义、范围、叙录、校勘,蒙书具有的价值、与教育的关系,蒙书内容反映的各类思想,等等,成果众多,成就斐然。其中郑阿财、朱凤玉所著《敦煌蒙书研究》①是对敦煌蒙书全面研究的一个集大成者。该书许多观点给后来的研究以非常大的影响,在蒙书研究学术史上占有十分重要的地位。此书之后,似乎再也没有全面研究敦煌蒙书的比较厚重的著作了。

本文无力全面梳理对蒙书的研究,仅想就其中一个很小的方面谈谈自己不成熟的看法。

这个很小的方面就是关于蒙书与童蒙书的关系,兼及蒙书范围。

关于蒙书的范围,很多学者都进行过讨论。按照张新朋的梳理,主要有三家观点:②

> 东野治之《训蒙书》一文从抄手的角度入手,以"学仕郎(学士郎)""学郎""学生""学士"为标准,认定《毛诗》《论语》《孝经》《开蒙要训》《兔园策》《残卜筮书》《吉凶书仪》《太公家教》《百行章》《孔子项託》等26种,47件。

> 汪泛舟《敦煌的童蒙读物》认为有二十多种,二百多个卷号,按内容、性质、重点分为"识字""教育""应用"三类,并以《字书》《杂集时用要字壹阡叁伯言》《开蒙要训》《李氏蒙求》《姓氏书》《姓氏杂写》《太公家

---

① 郑阿财、朱凤玉:《敦煌蒙书研究》,甘肃教育出版社,2002年。
② 张新朋:《敦煌写本〈开蒙要训〉研究》,中国社会科学出版社,2013年,第16—17页。

教》《新集文词九经抄》《新集书仪①吉凶书仪》等为例，略作介绍。

　　郑阿财、朱凤玉《敦煌蒙书研究》主张结合写本内容、性质功能、编撰目的动机、流传抄写情况及抄者身份等因素来判断，认定《千字文》《开蒙要训》《杂抄》《蒙求》《新集文词九经抄》《百行章》等 25 种，250 件。

张新朋比较赞同《敦煌蒙书研究》的观点，认为该书所立标准较为全面具体，也相对严格一些。但他也没有否认其他两家的说法，最后的结论是：

　　唐五代时期敦煌地区的童蒙教材是较为丰富的，依其内容而言，有《千字文》《开蒙要训》《杂集时用要字壹阡叁伯言》《百家姓》等积字成篇、或韵或否的基础识字教材，也有《蒙求》《兔园策府》《杂抄》《古贤集》等兼顾知识、以广见闻的知识类教材；有《太公家教》《崔氏夫人训女文》《百行章》《夫子劝世词》等训诫为主、以求养正的德行类教材；也有《论语》《孝经》《残卜筮书》《书仪镜》《立成算经》等求取功名或经世致用的高级教材……我们不难看出当时敦煌地区的人们对教育的重视程度和教育繁荣的基本面貌。敦煌文献中数量众多、品类齐全的童蒙课本，正是在这种浓厚的兴学重教的氛围下产生的。

除这三家外，研究蒙书比较重要的还有牛来颖在张弓主编《敦煌典籍与唐五代历史文化》中写的一章《蒙书》。在此章中，牛来颖并没有给出蒙书的定义和范围，而主要由历代（特别是宋以后）书志来讨论蒙书，指出《中国丛书综录》将蒙书分别列入经部和子部，反映了"对蒙学内容的界定与性质划分的两难境况"；又说从宋以后"至张之洞《书目答问》，始于四部外，另立《童蒙初学各书》之目，收录《李氏蒙求》《十七史蒙求》"。从具体叙述看，特别叙述了蒙书中的"蒙求体""家教类"蒙书，以及蒙书中的类书与书抄。②

　　此外还有金滢坤《唐五代敦煌寺学与童蒙教育》一文。文章虽不是专门研究蒙书，但涉及童蒙读物，通过学士郎抄写的书籍，判定当时"敦煌 10 所寺学中学士郎所实用的读物可分为蒙书、儒家经典、诗文、书信、佛教等几大

---

① 此"书仪"二字衍，书名当为《新集吉凶书仪》。参汪泛舟《敦煌的童蒙读物》，《文史知识》1988年第 8 期，第 107 页。

② 张弓主编：《敦煌典籍与唐五代历史文化》之《儒学章·蒙书》，中国社会科学出版社，2006年，第 101—148 页。

类,共计58件,29种,其中蒙书21件,儒家经典8件,诗文类17件,书信类6件,佛教类5件,其他1件,基本上都属于童蒙的课本和读物"①。其中蒙书9种分别为《百行章》《太公家教》《崔氏夫人训女文》《王梵志诗》《千字文》《开蒙要训》《杂抄》《事森》。

我们注意到,上述研究中,张新朋将所举出的所有蒙书都称之为"童蒙教材"或"童蒙课本";汪泛舟则称之为"童蒙读物";金滢坤也称之为"童蒙的课本和读物",总之都将其视为儿童学习用的课本。但东野治之不同,只称其为《训蒙书》,不仅不视为童蒙书,而且区别了家训书与蒙书,合称"训蒙书"。《敦煌蒙书研究》也似有意不用《敦煌童蒙书研究》为书名,即似乎并没有完全将《蒙书》与童蒙书等同。②

但是我们要指出,由于蒙书性质的不确定性,因此《敦煌蒙书研究》在对蒙书的具体叙述中往往使用了蒙书、通俗蒙书、童蒙用书、启蒙教材、庶民教材、通俗读物、民间读物等不同说法。

特别是,除了一些被认定为童蒙读物(这种认定往往也是推测,例如《武王家教》《辩才家教》)的蒙书外,《敦煌蒙书研究》将大量的蒙书都说既是童蒙读物,也是一般民众的读物,例如《俗务要名林》《孔子备问书》《古贤集》《太公家教》《新集严父教》、一卷本《王梵志》等;还有的蒙书则只说是蒙书(通俗蒙书或民间教育的通俗读物),不说是童蒙书,如《杂抄》《新集文词九经抄》《百行章》等;更有连蒙书也不提,只说是"通俗字书"如《碎金》,以及"女训"类作品如《崔氏夫人训女文》等。③ 后来,郑阿财、朱凤玉在《开蒙养正》一书中,又将《上大夫》《千字文》《开蒙要训》《百家姓》《九九表》《古贤集》《孔子备问书》《太公家教》《新集严父教》《崔氏夫人训女文》《辩才家教》《新集文词九经抄》等明确列为"童蒙教材"。④

---

① 金滢坤:《唐五代敦煌寺学与童蒙教育》,载《童蒙文化研究》第一卷,人民出版社,2016年,第115页。

② 《敦煌蒙书研究》说认定蒙书的标准,应主要就写本内容、性质与功能分析;再据写卷原有序文,以窥知其编撰目的与动机;从写本实际流传与抄写情况,抄写者身份等,综合推论较为妥当(第4页)。这个意见十分正确。不过在具体认定时,似乎对原作的序文仍重视不够。

③ 详见《敦煌蒙书研究》对各种蒙书性质的判定,即第52、67、68、79、92、114、116、131、149、181、182、194、216、221、253、263、264、278、287、298、302、311、344、345、349、357、358、365、366、383、384、388、402、406、407、414、416、424、434各页。

④ 郑阿财、朱凤玉:《开蒙养正》,甘肃教育出版社,2007年,第14页。

之所以会产生这些不同说法，我想就是因为没有区别蒙书和童蒙书的缘故。就像《孝经》《论语》等都可以是童蒙学习的教材，但不宜称为童蒙书一样，童蒙书应该有它比较严格的范围，似乎不宜将用于一般庶民教育的民间读物称为儿童用的蒙书。

那么如何来区别呢？我想还是应该尊重当时人特别是作者的意见，通过作者的序言来予以区分。凡是作者为一般民众而编撰，没有特意指出是为儿童学习编撰的，属于一般民众的通俗读物、民间读物（或也可以说是通俗蒙书）；凡是作者明确说是为儿童学习而编撰的，则属于童蒙书。

先举几个非童蒙书的例子。像《崔氏夫人训女文》，一般都承认是"女子临嫁时，母亲的告诫训示"，则绝非儿童学习的教材是可以肯定的。① 此外如：

1.《碎金》序中说由于很多俗难字，"不在经典史籍之内"，导致常人"口则言之，皆不之识"，"至于**士大夫及转学之客**，贪记书传典籍之言计，心岂暇繁杂之字？"②编写这部《碎金》就是为这些"士大夫及转学之客"服务的。从编撰宗旨看，与儿童教育似乎没有关系。因此《敦煌蒙书研究》也不说它是童蒙书，只说它是通俗字书。

2.《杂抄》序中说编撰此书是为了"照察"天地之玄、祖宗之源、人事之浃，最后说"余因暇日，披览经书，略述数言，已（以）**传后代**云耳"③。从编撰意图看，是要编一种他认为很重要的知识性图书，以传后世，并非为儿童学习而编撰。《敦煌蒙书研究》有时认为它是"为庶民教育而编"的。

3.《兔园策府》是杜嗣先奉蒋王教而作，序中说"忽垂恩教，令修新策。今乃勒成一部，名曰《兔园策府》，并引经史，为之训注……**传之君子**，有惭安国之言；悬之市人，深乖吕韦之旨"④。由此而知，这是为君子而作（或曰为士人对策而作）的文字，最初与儿童教育无关。⑤

4.《新集文词九经抄》序言说是"包括九经，罗含内外，通阐三史，是要无

---

① 对此意见，金滢坤并不赞同，私下与我有所讨论，但我依然坚持自己观点，认为无论年龄大小，能够嫁人，表明在当时人眼里她已经是成人而非儿童了。
② 以下有关蒙书序言等的录文，均引自《敦煌蒙书研究》一书。此见第 107 页。
③ 《敦煌蒙书研究》，第 170 页。
④ 《敦煌蒙书研究》，第 266—267 页。
⑤ 关于此书性质的不同看法，《敦煌蒙书研究》有很好的梳理，参看第 277—279 页。

遗,古今参详,礼仪咸备",是"以群书纂义,**且济时须**",即以群书的要义来应付现实需要,最后达到"训俗安邦"和"正心"的目的,①并非为儿童学习而编撰,所以《敦煌蒙书研究》有时认为它是一部"撷取九经诸子之要言与圣贤文章之粹语,摘抄辑录**以资研读检索**的编著"②。

5.《文词教林》序言中说"故以鸠书摘义,理义相扶,删简繁文,通罗内外,援今引古,是要无遗,**政(正)俗匡家**,咸由此起"③,明确说编撰此书的目的是"正俗匡家",针对的是"俗"和"家",显然对象是整个社会和所有民众。《敦煌蒙书研究》就将其定位为"训诫类读物"或"通俗读物"。④

6.《百行章》为杜正伦所作,在序言中作者认为光学不做是不行的,"但以学而为存念,得获忠孝之名,虽读不依,徒示虚谈,何益存忠?"批评了"广学不仕明朝,侍省全乖色养,遇沾高位,便造十恶之愆;未自励躬,方为三千之过"的现象,然后说编写此书的宗旨为:"每寻思此事,废寝休餐,故录要真之言,合为《百行章》一卷。臣以情愚智浅,采略不周,虽非深奥之词,粗以**诫于愚浊**。"⑤可见《百行章》的编写是为了劝诫"愚浊",不仅要学习忠孝也要实行忠孝,与儿童教育无关。所以《敦煌蒙书研究》也说它是"庶民启蒙的教材"⑥。前述金滢坤文虽然认定它是童蒙读物,但也说"《百行章》……主要从《论语》《孝经》中摘引忠孝节义'要真之言',以'忠孝'等德行等标准指导儿童和士人的学习、生活和仕宦等'百行'"⑦。说它"指导儿童"并无证据,指导士人则是确然无疑的。

7.《辩才家教》序中说:"昔辩才者,是不可思议人也,是善知识,**教化**

---

① 《敦煌蒙书研究》,第 299 页。这一段全文为"故以群书纂义,且济时须,删简繁文,通阐内外,爰(援)今引古,是要无遗,训俗安邦,号名家教,题标举目,示之云尔。夫屋破者恒畏风雨,心邪者常忧祸患。若补得屋则风雨不入其室,心得意则祸患不入其门。世人悉补屋以却风雨,不知正心以除祸患,何其愚惑者矣"。明确说编撰此书目的是"训俗安邦"和"正心"。录文后半部分为笔者直接据图版移录。

② 《敦煌蒙书研究》,第 299 页。又,序言也说"号名家教",但这里的"家教"指对家中所有成员,并非只是针对儿童的。

③ 《敦煌蒙书研究》,第 315 页。

④ 《敦煌蒙书研究》,第 314、320 页。

⑤ 《敦煌蒙书研究》,第 326 页。

⑥ 《敦煌蒙书研究》,第 344 页。

⑦ 前述金滢坤《唐五代敦煌寺学与童蒙教育》,载《童蒙文化研究》第一卷,第 117 页。

阎浮提众生成道,免堕迷愚之中,痴顽之类。"①分明说是要"教化"众生,本与儿童教育无关,不知《敦煌蒙书研究》为何要说它是"寺院用来教育童蒙而编的德行教材"②。不过该书在后面又说"《辩才家教》是以普通老百姓为对象,以明哲保身为主要目的,内容多为品德陶冶与行为规范,是一本带有浓厚佛教劝世色彩的家教类蒙书"③,将此书的服务对象扩大到"普通老百姓"。

以上7种蒙书,从作者序中的编撰主旨看,都不是为儿童编写的,所以不是严格意义上的童蒙书,甚至是否蒙书都有疑问。那么真正的童蒙书有哪些呢? 我们再从作者序言出发举几个例子。

1.《新合六字千文》开头说"钟铢撰集千字文,唯拟**教训童男**"④,明确说出了编撰的目的是为了教育儿童。

2.《开蒙要训》结尾有云:"笔砚纸墨,记录文章。**童蒙习学**,易解难忘"⑤,也明确说用于"童蒙"的学习。

3.《蒙求》序中说"安平李瀚著《蒙求》一篇,列古之人言行美恶,参之声律,**以授幼童**……易于讽习,形于章句,不出卷而之(知)天下,其蒙求哉!"⑥这里更明确地说是为"授幼童"而编撰的。

4.《太公家教》在序中说:"讨论坟典,简择诗书,依经傍史,约礼时宜,为书一卷,**助诱童儿**,流传万代。"⑦也是明确说编写的目的是要"助诱童儿"。

以上4种,从作者序中的编撰旨趣看,都明确说是为了教育儿童的,是真正意义上的童蒙书。

虽然儿童可以读许多书,但并非儿童读的书都可以称为儿童读物,并非都是童蒙书,《孝经》《论语》《卜筮书》等不必说了,前述7种民间读物严格说也并非童蒙书。因此似乎应该区分儿童读的书和儿童读物,区分一般蒙书和童蒙书,甚至一般蒙书包含哪些,也还需要更进一步的讨论。

---

① 《敦煌蒙书研究》,第390页。
② 《敦煌蒙书研究》,第388页。
③ 《敦煌蒙书研究》,第397页。
④ 《敦煌蒙书研究》,第48页。
⑤ 《敦煌蒙书研究》,第60页。
⑥ 《敦煌蒙书研究》,第232页。
⑦ 《敦煌蒙书研究》,第350页。

前述牛来颖文指出蒙书在历代书志中的两难地位,其实这种两难是有原因的,即书志的归类并不以论著针对的对象为分类标准,不会因编写对象是儿童或是成人或是士人或是僧人而改变分类,所以一千多年来都没有专门的"蒙书"类。① 书志只能从书的内容出发分类,而不论读者对象。牛来颖文主要举了宋代以后书志的例子,其实从《隋书·经籍志》到《宋史·艺文志》(以下简称为隋志、旧唐志、新唐志、宋志)均是如此。例如:《千字文》《要用杂字》《童蒙训》等书,因其识字性质,无论《隋志》《旧唐志》《新唐志》还是《宋志》,都列入经部小学类;《蒙求》《续蒙求》等蒙求书,因其类书性质,在《新唐志》中归入子部杂家(实即类书),在《宋志》则归入子部类事类;《百行章》因其宣传忠孝,《新唐志》列入子部儒家,《宋志》列入子部杂家;权德舆《童蒙集》(这可能是"童蒙"一词的首次出现),其实是他儿童时的作品集,因此被《新唐志》归入集部别集类;《兔园策》只出现在《宋志》中,分别被归入集部别集类和文史类。之所以被归入"文史"类,是将其视为作文用著作了。由此可见,从书志来讨论蒙书或童蒙书所产生的困惑,原因在于我们现在的分类标准,与古人的看法是很不相同的。

本文的简短结论如下。

一、蒙书的定义似乎还要再严格一些,是启蒙书还是童蒙书,标准是什么,与民间读物、通俗读物如何区分(也许无法区分),都还要进一步地思考。在作性质判断时,要考虑当时人的想法,即考虑当时人将其视为什么性质的书(书志的分类也是一种参考意见)。

二、即使确定了蒙书范围,也要区别蒙书与童蒙书,要从作者的意见出发,将童蒙书与非童蒙书区别开来。

三、要区别儿童读过的书(如《孝经》《论语》)与儿童读物(如《千字文》《蒙求》),前者未必是童蒙书。

本文在提交到中国敦煌吐鲁番学会与浙江大学主办的"敦煌学学术史研讨会暨中国敦煌吐鲁番学会 2019 年理事会"时,得到郑阿财先生的肯定,并且通过交流,也知道了郑阿财先生在撰写完成《敦煌蒙书研究》大作后,一直在思考关于蒙书或童蒙书的界定问题,大致想法与我有共通之处,②期盼

---

① 到张之洞虽然立了此类,也不过只列入两种书。

② 因此本文随即进行了删改。

能早日见到郑先生的新作问世。

　　由于笔者关于蒙书的研究涉猎不多,因此以上提出的问题以及关于区分蒙书与童蒙书的建议是否妥当,是否切实可行,都希望能得到各位贤达的指教。

原载《敦煌研究》2020 年第 1 期。

敦煌经济文书中的"格"

唐代法律体系主要由律令格式组成,格是其中最活跃最难以琢磨的法律典籍或法律形式。近来关于格特别是格的条文体例的研究,形成一个小高潮,坂上康俊①、戴建国②、楼劲③等对此都有专论。不过他们的研究,针对的都是将诏敕编辑起来成为法典的格,而实际上唐代的格有两种:一种是对皇帝诏敕的编辑(可称为"诏敕编辑类格"),另一种是具有某种标准或条件意义的规则规格(可称为"非诏敕编辑类格")。④ 前者具有对律令式的增补修订作用,后者则是特定官司制定的特定制度。格到唐后期,诏敕编辑类格的大部分转为格后敕、编敕形式,剩下的格一方面向刑罚方面演变,不仅《刑部格》作用增大,类似《开成格》这样的格主要也是有关刑罚的格了;另一方面,各种非诏敕编辑类格的作用越来越大,甚至成了格的常态,以致到编写《新唐书·刑法志》时,就将唐代的格定义为"百官有司之所常行之事"⑤,到北宋神宗时,格更演变为"设于此以待彼之谓格"⑥,即完全是一种条件或标准的规则或规格了。

唐代史籍中常见有"准格""依格"类记载,对这些记载中的"格",要作具

---

① 坂上康俊:《有关唐格的若干问题》,先收入戴建国主编《唐宋法律史论集》,上海辞书出版社,2007 年,后收入赵晶主编《法律文化研究》第十三集,社会科学文献出版社,2019 年。最近又在大津透编《日本古代律令制と中国文明》(山川出版社,2020 年)中撰写了《日唐の格法典の编纂と体裁の特征》一章。
② 戴建国:《唐格条文体例考》,原载《文史》2009 年第 2 辑,后收入《法律文化研究》第十三集。
③ 楼劲:《魏晋南北朝隋唐立法与法律体系:敕例、法典与唐法系源流》,中国社会科学出版社,2015 年。
④ 这一点刘俊文在《唐代法制研究》第二章《唐代法典研究》第三节《唐格初探》(文津出版社,1999 年)中已经提到,他称之为"正格"和"杂格",但关于杂格的分析或还可商榷。第 145—146 页。文章原名《论唐格——敦煌写本唐格残卷研究》,载《敦煌吐鲁番学研究论文集》,汉语大辞典出版社,1990 年。
⑤ 《新唐书》卷五六《刑法志》,中华书局,1975 年,第 1407 页。
⑥ 《宋史》卷一九九《刑法一》,中华书局,1977 年,第 4964 页。

体分析：它是指诏敕编辑类格，还是指非诏敕编辑类格。一般而言，指诏敕编辑类格的时候比较少（多半是直接引用敕文），而指《刑部格》等刑罚类格，以及指非诏敕编辑格的比较多，后者例如选格、举格、勋格等。①

史籍记录的主要是制度和各种诏敕命令，其中提到要"准格"或"依格"之类，只是一种要求，那么，当时在实际政治经济活动中是如何使用格，又使用的是哪种格呢？要解决这个问题，就只能求助于敦煌文书等当时留下来的实际政务或事务运行的资料了。②

我们把文书资料限制在经济文书特别是籍帐文书和契约文书中。籍帐文书使用《敦煌社会经济文献真迹释录》③，契约文书使用《敦煌契约文书辑校》④。检查结果，有以下一些文书提到了"格"：

一、契约文书

① 两共对面平章为定，**准格**不许休悔者。——北生二五 V 号《宋开宝九年(976)莫高乡百姓郑丑挞卖宅舍契》⑤

② 两共面对商仪（议）为定，**准格**不许翻悔。——S.1946 号《宋淳化二年(991)押衙韩愿定卖妮子契》⑥

③ 两共对面，贷绢为定，不许谓（违）**格**者。——P.3565 号《甲子年(964?)氾怀通兄弟等贷绢契》⑦

④ 两共对面平章为定，**准格**不许悔。——P.2119V 号《年代不详贷

---

① 对此，笔者有专文论述。参见黄正建《唐代的两种格及其演变》，《史学月刊》2022 年第 5 期。
② 敦煌文书中的格大部分属于法典性质，例如《散颁刑部格》，而我们关注的则是实际经济等活动时使用格的情况，因此不包括法典类的格文书。
③ 唐耕耦、陆宏基编：《敦煌社会经济文献真迹释录》第一辑，书目文献出版社，1986 年。以下简称为《释录》。
④ 沙知辑校：《敦煌契约文书辑校》，江苏古籍出版社，1998 年。以下简称为《辑校》。
⑤ 《辑校》，第 33 页。此件文书现编号为 BD03925v11 号，据陈丽萍研究，此件契约应定名为《宋开宝九年三月一日莫高乡百姓郑丑挞卖宅舍契稿》，见陈丽萍《中国国家图书馆藏敦煌契约文书汇录》，载《中国古文书学研究初编》，上海古籍出版社，2019 年，第 130 页。
⑥ 《辑校》，第 79 页。
⑦ 《辑校》，第 224 页。

绢契》①

⑤ 两共对面平章为定，**准格**不许翻悔者。——北生二五Ⅴ号《甲戌年(974)慈惠乡百姓窦跛蹄雇工契》②

⑥ 若有违此条流，但将此凭呈官，**依格**必当断决者。——S.5647号《遗书样文》③

⑦ **依格**必当判决者。——ДХ2333B号《遗书样文》④

以上契约文书中提到的"准格""违格""依格"中的"格"，基本所指都是"法"，准格就是准法，依格就是依法。这是因为这些契约文书的年代都是唐代晚期乃至五代北宋。此时的格多以《刑部格》《开成格》形式出现，实际都是关于刑罚的规定，从某种意义上说，与"法"几乎就是同义语。所以我们看到敦煌契约文书中，在大致相同时间段相同契约中同样的套话里，在上举"准格"的文字处，往往又写作"准法"。例如：

① 两共对面平章，**准法**不许休悔。——S.3877V号《天复九年己巳(909)洪润乡百姓安力子卖地契》⑤

② 两共对面平章，**准法**不许休悔。——S.1285号《后唐清泰三年(936)百姓杨忽律哺卖舍契》⑥

③ 两共面对平章，**准法**不悔。——北乃76号《甲辰年(944)洪池乡百姓安员进卖舍契》⑦

④ 两共对面平章为定，**准法**不许休悔。——P.3649V号《后周显德四年(957)敦煌乡百姓吴盈顺卖地契》⑧

⑤ 两共面对平章，▢▢▢▢**法**不悔。——P.3573P1号《后梁贞明

---

① 《辑校》，第239页。

② 《辑校》，第280页。此件文书现编号为BD03925v4号，陈丽萍将其定名为《甲戌年正月一日慈惠乡百姓窦跛蹄雇工契稿》，见陈丽萍《中国国家图书馆藏敦煌契约文书汇录》，载《中国古文书学研究初编》，第130页。

③ 《辑校》，第532页。

④ 《辑校》，第641页。

⑤ 《辑校》，第19页。

⑥ 《辑校》，第22页。

⑦ 《辑校》，第24页。

⑧ 《辑校》，第30页。

九年(923)索？留住卖奴仆契》①

⑥ 两共对面平章为定，**准法**不许休悔者。——P.3649V 号《丁巳年(957)莫高乡百姓贺保定雇工契》②

⑦ ▢▢▢▢章为定，**准法**不悔▢▢▢▢。——P.3875A 号《年代不详兵马使曹庆庆雇工契》③

⑧ 两共对面平章为定，**准法**不许翻悔。——S.1897 号《后梁龙德四年(924)敦煌乡百姓张厶甲雇工契(样文)》④

两相比较，写有"准格"不许休悔，与写有"准法"不许休悔的契约，无论是用词还是意义，都是基本相同的。由此可知这些契约中"准格"的格并非"诏敕编辑类格"，也不是"非诏敕编辑类格"，而就是"法"。"格"与"法"在这里是通用的。考虑到这些契约文书多是唐后期以后的文书，因此这里的"法"主要指与刑罚相关的规定，那么这里的"格"也就是指与刑罚相关的规定，即唐后期五代时通行的《刑部格》《开成格》之类。⑤

二、籍 帐 文 书

P.3898、P.3877 号《唐开元十年(722)沙州敦煌县悬泉乡籍》：⑥

① 13男思宗年　贰拾贰岁　卫士(续前籍，年廿一，开元八年帐后，貌加就实。〔开〕元七年帐后，被十二月十三日符，从尊合贯附。开元九年〔帐〕后，**奉其年九月九日格，点入**。)

② 48男守忠年贰拾伍岁　卫士(开元九年帐后，**奉其年九月九日格，点入**)。

③ 80〔户〕主赵玄表年伍拾捌岁　白丁(开元九年帐后，**奉其年九月**

---

① 《辑校》，第 77 页。

② 《辑校》，第 276 页。

③ 《辑校》，第 287 页。

④ 《辑校》，第 299 页。

⑤ 与此可为旁证的是：宋初编定的《宋刑统》引用的格共 10 条，其中《开成格》2 条，《刑部格》7 条，此外只有《户部格》1 条，因此《宋刑统》引用的格主要就是《刑部格》和《开成格》。

⑥ 《释录》，第 146—151 页。

九日格,卫士十周已上间放出。下下户。课户见输)。

P.2684 号《唐开元十年(722)沙州敦煌县莫高乡籍》:^①

④ 1 户主王万寿年伍拾壹岁　　白丁(神龙元年全家没落。开元九年帐后,**奉其年九月九日格,卫士没落放出**。下中户。课户见输)。

以上《开元十年沙州敦煌县悬泉乡籍》和《开元十年沙州敦煌县莫高乡籍》中所写"奉其年(开元九年)九月九日格"中的"格",池田温认为可能是当时名为"简点格"之类的敕令,并非属于成文法典的格;而刘安志则认为"此格即为有关卫士简点之'格',属成文法典无疑"^②,并认为这个"开元九年(721)所发简点府兵的格文,与开元七年(719)所修之《开元后格》当存在一定的关联"^③,也就是认为这个开元九年的格属于诏敕编辑类的成文法典的《格》。

如果承认唐代的格有两类,那么很清楚,此件《开元十年沙州敦煌县悬泉乡籍》和《开元十年沙州敦煌县莫高乡籍》中提到的开元九年的格既非敕令(因为明确提到是"格")也非诏敕编辑类《格》,而是具有标准、条件意义的非诏敕编辑类格,与《开元后格》等诏敕编辑类《格》没有关系。

以下略作分析。

首先要指出的是,这个开元九年格与唐代其他的礼部举格、吏部选格等一样,属于一种专门的格,即由兵部制定和颁发的"简点格"或"简格"。按,简点格或简格是有关卫士简入军和放出军的条件的规定,明确见于吐鲁番文书。前引刘安志文章讨论的吐鲁番鄯善县出土《唐开元五年(717)后西州献之牒稿为被悬点入军事》文书有云:

6……献之比在部落检校,今承西州牒□

7点,遂被悬点入军。□**准简格文,不许悬**

8名取人。献之□□检校部落,身不在州,

9即不在取限。今见此□□府史令狐慎行,贯隶西

---

① 《释录》,第 154 页。

② 池田温与刘安志的看法,并见刘安志《跋吐鲁番鄯善县所出〈唐开元五年(717)后西州献之牒稿为被悬点入军事〉》一文,原载《魏晋南北朝隋唐史资料》第十九辑,2002 年,后收入《敦煌吐鲁番文书与唐代西域史研究》,商务印书馆,2011 年,第 185—186 页。

③ 刘安志:《唐代府兵简点及相关问题研究》,原载《魏晋南北朝隋唐史资料》第二十二辑,2005 年,后收入《新资料与中古文史论稿(修订本)》,上海古籍出版社,2020 年,第 148 页。

10 州，其人悬点入军，即经采访使陈牒，**准简格文，**

11 不合悬名取人。其时，使牒西州：**准格**放□军讫。又

12 杨奉璿，亦贯西州，□□□□已西，简点之时不在，既

13 □公使，**准格**免军……①

这里明确提到了《简格》。牒稿作者就是"准"这个《简格》条文，才提出自己不当被简点入军的。文书中举例所写的"准格"，准的也是这个《简格》。

这种带有标准、条件的规格意义上的"格"，适应时代变化，需要经常变动，往往每年或每几年就要编纂修订一次，从唐前期到唐后期持续不断（而不是像诏敕编辑类格那样，到唐后期基本就不再编纂了），因此在引用这种格的时候，通常要加上日期。这是非诏敕编辑类格与诏敕编辑类格的最大不同。

例如吏部选格，可能是一年一修，"天下之治，在能官人，古今以还，委重吏部。自循资授任，衡镜失权，立格去留，簿书得计。比缘今年三月，选事方毕。四月已后，方修来年格文，五月颁下"②。似是说每年三月结束选事后，就开始修来年的选格，五月颁下，所以我们往往在史籍中能看到"今年所造选格"［这里的今年指元和元年（806）］③；"其今年选格，仍分明标出近例，冀绝徼求"［这里的今年指大和二年（828）］④；"况去年选格，改更新条，许本郡奏官，便当府充职"［这里的去年指会昌元年（841）］⑤；"准今年选格节文，经考停罢者，一选集，准旧格，两选集"［这里的今年指大中五年（851）］⑥等记载。因此在引用选格时，一般要注明该选格的时间。

礼部举格也是一样。唐代舒元舆曾说"臣又见每岁礼部格下天下，未有不言察访行实无颇邪，然后上贡，苟不如格，抵罪举主"⑦，似也是一年一修，所以我们也能看到有礼部奏"伏请先试帖经，通数依新格处分"［这里的新格

---

① 录文采自前引刘安志《跋吐鲁番鄯善县所出〈唐开元五年（717）后西州献之牒稿为被悬点入军事〉》一文，见《敦煌吐鲁番文书与唐代西域史研究》，第178页。

② 《唐会要》卷七四《选部上》开成二年四月中书门下奏文，上海古籍出版社，2006年，第1590页。

③ 《唐会要》卷二四《朔望朝参》元和四年御史中丞李夷简奏文，第546页。

④ 《唐会要》卷七四《选部上》大和二年都省奏文，第1596页。

⑤ 《唐会要》卷七五《选部下》会昌二年四月敕文，第1620页。

⑥ 《唐会要》卷八二《考下》大中五年吏部奏文，第1787页。

⑦ 舒元舆：《上贡士书》，《全唐文》卷七二七，中华书局，1983年，第7488页。

指大和八年(834)举格]①;"条流进士人数,及减下诸色入仕人等,准大和四年(830)格"②等记载。特别是史籍中保留了一份相对完整的举格节文,即《会昌五年(845)举格节文》,内容包括各地送进士和明经的人数规定,例如"所送人数:其国子监明经,旧格每年送三百五十人,今请送三百人;进士,依旧格送三十人"③。这个举格也是前面要冠以日期的,以与"旧格"相区别。

其他还有如《开元二年(714)军功格》④,也是格的前面冠以日期。我们通过阅读检索,发现凡在"格"前冠以时间(年号或日期)者,基本都不是诏敕编辑类格,而是非诏敕编辑类格,比如选格、举格之类,无论"建中二年(781)格"(吏部选格)⑤、"长庆二年(822)格"(礼部举格)⑥还是"大和四年格"(举格)、"会昌五年举格"(见上),都是如此。

回到《唐开元十年(722)沙州敦煌县悬泉乡籍》和《唐开元十年(722)沙州敦煌县莫高乡籍》里面提到的"奉其年九月九日格"中的格,应该是与卫士的点选和放出有关的"简格"。例如第①②例,是奉格点入的卫士;第③④例则是奉格从卫士放出而成的白丁。这里的"格"显然不是诏敕编辑类格,也不是当年颁布的诏敕,而是某官司(如兵部)制定的有关卫士拣选和放出的标准,即简格。这种简格应当是在简点卫士的年份编制颁布,每次各不相同,⑦虽然也是法典,但和开元年间修定的"诏敕编辑类"开元前格、开元后格、开元新格无关,自然也就和开元七年修定的《开元后格》没有什么关系了。

三、财政文书⑧

P.3348V:《唐天宝四载(745)河西豆卢军和籴会计牒》

① 《唐会要》卷七六《贡举中》大和八年十月礼部奏文,第1636页。
② 《唐会要》卷七六《贡举中》大和九年中书门下奏文,第1636页。
③ 王定保撰、姜汉椿校注:《唐摭言校注》卷一《会昌五年举格节文》,上海社会科学院出版社,2003年,第3页。
④ 傅璇琮、周建国校笺:《李德裕文集校笺》卷一六《请准兵部式依开元二年军功格置跳荡及第一第二功状》,河北教育出版社,2000年,第304页。
⑤ 《唐会要》卷七四《选部上》贞元二年五月吏部奏文,第1600页。
⑥ 《五代会要》卷二二《进士》后唐天成二年中书奏文,上海古籍出版社,1978年,第358页。
⑦ 按照刘安志的观点,开元六年以后是三年一简点,则简格或也当为三年一编制。
⑧ 此据《释录》的分类名称。又,此条材料承蒙李锦绣先生提示,谨表谢意。

第二件：

44 柒仟陆伯陆拾壹屯匹叁丈伍尺四寸匹段，

45　　　行纲别将张处廉三月十八日于武威

46　　　郡领到，充　旨支四载和

47　　　籴壹万段数，春季新附。其

48　　　匹给百姓和〔籴〕斛斗，并**准金部**

49　　　**格**给副使禄直，破用并尽。

50　　壹仟柒佰匹陕郡绝

51　　壹仟陆佰屯大绵

52　　肆仟叁佰陆拾壹匹叁丈伍尺肆寸大[练]。

53 捌拾叁匹壹丈玖尺壹寸大练，**准格**

54　　　给副使李景玉天宝四载春

55　　　夏两季禄：粟壹佰贰拾硕

56　　　直(斗估卅二文)，计叁拾捌贯肆佰

57　　　文，折合上件练(匹估四百六十文)，不籴斛斗。①

此件会计牒是讲河西掌握的匹段如何使用。44 行到 52 行是说 7 661 屯匹 3 丈 5 尺 4 寸匹段(由 1 700 匹陕郡绝、1 600 屯大绵、4 361 匹 3 丈 5 尺 4 寸大练构成)，用于从百姓手中和籴粮食，以及付给副使的禄直，已经用完了。53 行到 57 行是说应该付给副使李景玉春夏两季禄直，共计粟 120 硕，换算为钱，值 38 贯 400 文，现在用 83 匹 1 丈 9 尺 1 寸大练(约合 38 贯 268 文)支付，不用和籴粮食。

在上交户部的这份牒文中，出现了"准《金部格》"和"准格"字样，后者也应该是准《金部格》。我们知道，金部是"掌库藏出纳之节、金宝财货之用"的，百官的月俸归它管，即所谓"百司应请月俸，则符、牒到，所由皆递覆而行之"②。上述《会计牒》说准《金部格》支付官员(副使)的禄直，或许这里的"禄直"相当于月俸，因此要准《金部格》执行。③

––––––––––––––––

① 《释录》，第 432—433 页。

② 《唐六典》卷三《尚书户部》，中华书局，1992 年，第 81 页。

③ 也有一种可能，即金部掌财政支出，而给官员的禄直，是支出的一部分，因此需要金部制定相应标准。

　　那么,这里的《金部格》是属于诏敕编辑类格呢,还是属于非诏敕编辑类格? 这个问题由于《金部格》存世太少,很难判断,现在略作推测如下。

　　从"准《金部格》"或"准格"看,这里所"准"的《金部格》,一定规定了给各级官员的禄直标准。我们知道,官员的"禄"额,由《禄令》按品级规定额度,①但"禄直"按什么标准呢? 本官不同因而品级不同的"副使",其"禄直"又按什么标准呢? 想来这些标准规定在天宝年间的《金部格》中,支付这些本官不明的"使职"类官员的"禄直"时,要按《金部格》的标准执行。从这个意义上说,《金部格》具有非诏敕编辑类格的性质。

　　但是我们看到也有《金部格》属于诏敕编辑类的格。比如《白氏六帖事类集》在"羌互市格"条目下引《金部格》云:敕:松、当、悉、维、翼等州熟羌,每年十月已后,即来彭州互市易法时,差上佐一人于蚕崖关外,依市法致市场交易,勿令百姓与往还②。此件《金部格》有"敕"字,内容有要求有禁止,属于诏敕编辑类格,显然与规定支付"副使""禄直"额度的上述《金部格》不同,明显不具有制定某种系列条件或标准的性质。

　　如何解释存在两种《金部格》的现象? 初步考虑,这是否反映了"散颁格"与"留司格"的不同呢?《散颁格》是诏敕编辑类格,已经有确切的文书证明,即敦煌发现的《散颁刑部格》(P.3078 + S.4673 号文书),其"散颁刑部格"是法典原名,③真实可靠,但《留司格》至今没有发现有确切题名的法典文书原件。唯一写有"留司格"的法条,见于日本《倭名类聚抄》,在其书卷四"坩"条中引《杨氏汉语抄》的话说:"垂拱留司格云:瓷坩廿口,一斗以下五升以上。"④从这条"留司格"的引文看,显然不属于诏敕口气,而是某种标准和规格,因而当属于非诏敕编辑类的格。

　　那么,散颁格和留司格真有这样的区别吗? 目前缺乏直接证据,但既然有明确记载"垂拱"年间的"留司格"的条文存世,我们就来分析一下垂拱年

---

① 敦煌文书 P.2504 号《天宝令式表残卷》记:"禄令:正二品禄五百石,从二品禄四百六十石……正八品禄六十石,从八品禄五十五石,正九品禄五十五石,从九品禄五十石。"参见刘俊文《敦煌吐鲁番唐代法制文书考释》,中华书局,1989 年,第 357 页。
② 《白氏六帖事类集》卷二四,汲古书院,2012 年,第三册,第 204 页。文字有不可通处,暂不作讨论。
③ 参刘俊文《敦煌吐鲁番唐代法制文书考释》,第 246 页。
④ 《笺注倭名类聚抄》卷四,见《诸本集成倭名类聚抄》,临川书店,1968 年,第 225 页。

间的格的构成。《旧唐书·刑法志》在提到垂拱年间的法典时说："又以武德已来、垂拱已前诏敕便于时者,编为《新格》二卷,则天自制序。其二卷之外,别编六卷,堪为当司行用,为《垂拱留司格》。"①这就是说,编辑诏敕形成的格,称为《新格》,可能就是散颁格,②而诏敕之外编辑的格,则形成留司格。换言之,同样是以各部各司命名的格,如果是散颁格,就是诏敕编辑类格;如果是留司格,就是非诏敕编辑类各司行用的格。③到开元天宝年间,虽然可能已经没有了散颁格和留司格的严格区分,但两种类型的格依然以某种形式(或留有某种痕迹)保留了下来,而且其中非诏敕编辑类格的比重可能越来越大。

当然,这个意见也只是一种推测。

通过以上的简单探讨,或可得出一个小小结论。

从敦煌经济文书看,在唐代直到五代北宋初,在实际经济事务运行中提到的"格"(准格、依格)有几种含义:一种是与"法"同义,主要表现在契约文书中,且主要是唐后期特别是唐晚期到五代北宋时期;另一种直接写有某年某月日的"格",指的是有司制定的带有标准或条件意义的规则规格,与选格、举格、勋格等属一类。第三种是写有尚书省二十四司名称的"格"。这种格比较复杂,就文书中所见用例看,很可能也是有司制定的带有标准或条件意义的规则规格(可能是属于"当司行用"的留司格,而非散颁格)。经济文书中所见实际使用的这三种用例的"格",似乎均非"诏敕编辑类"性质的《格》。

本文为 2021 年"敦煌文献整理与研究的新视野"学术研讨会会议论文,后经较大幅度的修改增补,发表于《敦煌研究》2022 年第 5 期。

---

① 《旧唐书》卷五十《刑法志》,中华书局,1975 年,第 2143 页。

② 史籍又记垂拱时有"《散颁格》三卷"(《旧唐书·刑法志》第 2138 页等),有学者认为这里的"三卷"当作"二卷",《日本国见在书目录》即记作"垂拱格二卷",故这个垂拱《散颁格》应当就是垂拱《新格》。详细考证见孙猛《日本国见在书目录详考》,上海古籍出版社,2015 年,第758—759 页。

③ 也就是说,散颁格与留司格的区别并非其所涉事务是全国还是本司,而在于是否为诏敕的编辑。

本书所收文章出处一览表

　　15　敦煌吐鲁番契据文书中的署名画指与画押——从古文书学的视角
《隋唐辽宋金元史论丛》第八辑

　　16　唐代制敕文书起草者署名等问题浅析　《隋唐辽宋金元史论丛》第
十一辑

　　17　吐鲁番出土唐代文书中"保证语"浅析　《敦煌学辑刊》2018 年第
2 期

　　18　唐代契约中"官有政法，人从私契"用语再析　《魏晋南北朝隋唐史
资料》第四十二辑

　　19　大谷占卜文书研究（之一）——兼与敦煌占卜文书比较　《敦煌研
究》2016 年第 6 期

　　20　敦煌本《励忠节抄》性质浅议——兼论其中《刑法部》的思想倾向
《敦煌学辑刊》2019 年第 4 期

　　21　蒙书与童蒙书——敦煌写本蒙书研究刍议　《敦煌研究》2020 年第
1 期

　　22　敦煌经济文书中的"格"《敦煌研究》2022 年第 5 期

后　记

自从 2010 年社科院历史所的"古文书研究班"开班,我就开始思考并撰写有关古文书和古文书学的文章。从 2012 年第一届古文书学学术研讨会开始到 2019 年第八届古文书学学术研讨会,每次我都参加,并要求自己每次都提供一篇新的论文。在这期间参加其他会议如中国敦煌吐鲁番学会理事会等,也要求自己每次都撰写新的论文。这样下来,十几年时间中,有关古文书和古文书学的论文发表了十几篇。到 2021 年我主持的国家社科基金重大项目"中国古文书学研究"结项后,我就想把这些论文,加上与广义文书相关的一些研究论文结集出版,一方面作为我这十几年有关古文书学研究的阶段总结,另一方面也想将这个结集视为宣传和普及古文书学的类似入门或基础性的一本读物。

由于没有经费资助,出版并不顺利。结果还是中西书局,像几年前接受了我那本也没有经费资助的《走进日常》一样,伸出援手,接受了这部著作。对此,我要对中西书局表示深深的谢意。

中国古文书学的建立,是一个新生事物,需要广大学界同仁支持,也需要我们自己不断地思考和进行研究实践,才能将这一学科推广发展下去。由此缘故,有一本入门性或基础性的著作就显得十分重要了。我的这部拙作显然还承担不了这一职责,但也希望抛砖引玉,能让更多学者了解古文书学,加入古文书学的研究,齐心协力,最终出版一部中国古文书学的入门著作,以及中国古文书学的通论著作。这是我所深深期待的。好在现在有越来越多的学者已经在关注和支持古文书学,并从事相关的古文书研究了。我所在的历史研究所(现改称古代史研究所)编辑的《中国古文书学研究》第一辑也已于 2023 年 10 月出版。相信在众多相关学者的努力下,中国古文书学一定会发展壮大。我愿意支持它的发展和壮大。

日本学者下面的话,对我们也是一种激励:

　　"中国古文书学"发展起来的话,将会影响到世界各国的古文书学。现在日本古文书学的方法论有时会被外国史(研究者)参考,但不久的将来,我以为日本史研究者从中国古文书学学习方法论的那一天也将会来到。①

　　最后,再次衷心感谢中西书局特别是副总编辑李碧妍先生,以及责编吴志宏先生。正是在她们的帮助下,这部小书才能顺利与读者见面,为中国古文书学的发展贡献一点微薄的力量。

黄正建

2024 年 2 月于天通苑陋室

---

①　佐藤雄基:《"中国古文书学"の胎动と日本古文书学——第七回中国古文书学国际学术研讨会に参加して》,(日本)《古文书研究》八十七号,2019 年 6 月,第 69 页。